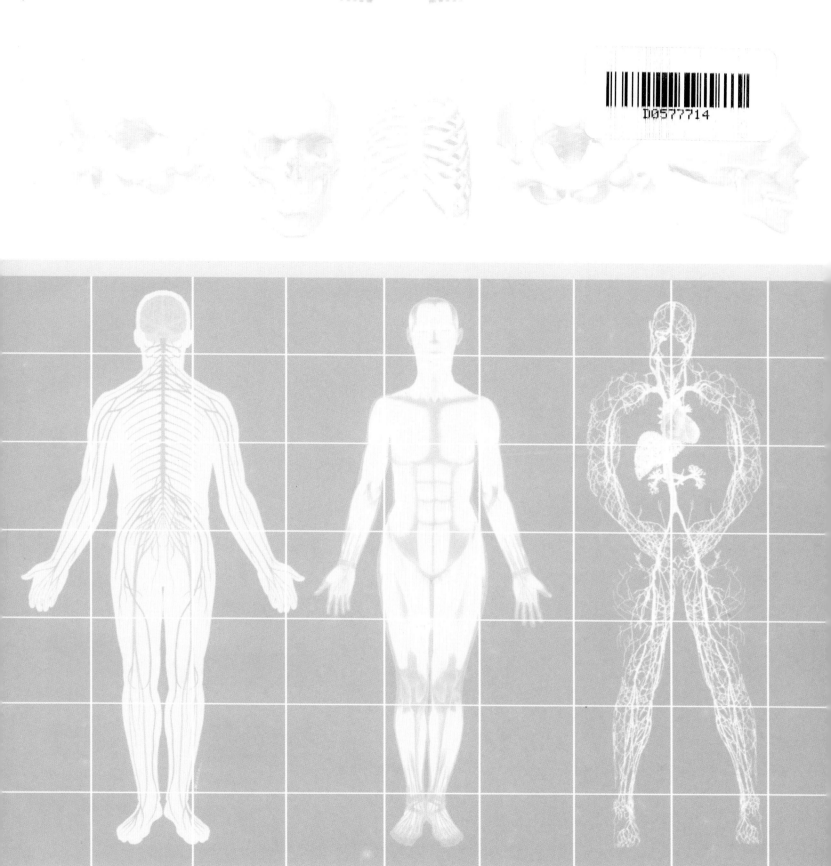

NUEVO Atlas DEL CUERPO HUMANO

NUEVO Atlas
DEL
CUERPO
HUMANO

REDACTOR GENERAL: THOMAS MCCRACKEN
REDACTOR ASISTENTE: RICHARD WALKER

VISOR

Nuevo atlas del cuerpo humano / coordinado por Alberto Figueroa -
1a ed. 1a reimp. - Buenos Aires : Visor Enciclopedias
Audiovisuales, 2006.
240 p. : il. ; 34x27 cm.

ISBN 987-522-084-1

1. Atlas del Cuerpo Humano. I. Alberto Figueroa, coord.
CDD 611.054

Fecha de catalogación: 07/11/2006

REDACTOR GENERAL: Thomas O. McCracken, Maestro en Ciencias

Vicepresidente de Producto y Desarrollo

Visible Productions, LLC, Fort Collins, Colorado

Ex-Ayudante de Cátedra de Anatomía, Facultad de

Medicina Veterinaria y Ciencias Biomédicas,

Universidad Estatal de Colorado

REDACTOR ASISTENTE: Richard Walker, bachiller en Ciencias, doctor en Filosofía
REDACTOR: Martin Griffiths, Bachiller en Ciencias, doctor en Filosofía
DISEÑADOR: Peter Laws
TAPA DISEÑADA POR Kevin McGuiness
Agradecemos a la Biblioteca Nacional de Medicina por su visión al financiar y dirigir "The Visible
Human ProjectTM", en el que se basan los modelos utilizados en este libro.

También quisiéramos agradecer al Dr. David Whitlock y al Dr. Vic Spitzer (Centro de Estimulación
Humana, Centro de Ciencias de la Salud de la Universidad de Colorado) por realizar la ardua tarea de
reunir los datos originales.

Agradecemos especialmente a los miembros de Visible Productions que ayudaron a realizar las
imágenes extraordinarias que se incluyen en este libro:
PHILLIP GUZY: Director de Producción de Modelos Tridimensionales, Animador Senior, Ilustrador Médico
SEAN McCRACKEN: Asistente de Producción de Modelos Tridimensionales
GALE MUELLER: Ilustrador Médico
SHERRA COOK: Ilustrador Médico
CONERY CALHOON: Ilustrador Médico

■ ÍNDICE ■

CONTENIDO

ANATOMÍA SISTÉMICA

ANATOMÍA REGIONAL

■ INTRODUCCIÓN ■

DESCRIPCIÓN GENERAL

INTRODUCCIÓN

POR THOMAS O. MC CRAKEN

"QUÉ OBRA DE ARTE ES EL HOMBRE", PROCLAMABA EL HAMLET DE SHAKESPEARE. NO SOLAMENTE DURANTE LA ERA ISABELINA, SINO DESDE MUCHO ANTES, EL ESTUDIO DEL HOMBRE, Y ESPECÍFICAMENTE DEL CUERPO HUMANO, HA SIDO UN CAMPO DE GRAN INTERÉS CIENTÍFICO PARA LOS ERUDITOS, LOS PROFESIONALES DE LA SALUD Y LAS PERSONAS EN GENERAL. EL DESARROLLO DE LA ANATOMÍA ILUSTRADA ES UN SIGNO DE ESTE INTERÉS, REFLEJANDO A TRAVÉS DE LA CANTIDAD Y CALIDAD DE LAS ILUSTRACIONES EL GRADO DE INTERÉS POPULAR EN DISTINTOS MOMENTOS DE LA HISTORIA. DE HECHO, NUNCA HA HABIDO TANTO INTERÉS POR ESTE TEMA COMO EN LA ACTUALIDAD.

La historia de la anatomía ilustrada está marcada por extraordinarias innovaciones, seguidas por períodos de refinamiento y desarrollo. Una de las innovaciones más importantes tuvo lugar a principios del siglo XVI, cuando Andreas Vesalius publicó su colección de dibujos anatómicos detallados, la cual estableció el realismo que se ha impuesto hasta la actualidad. Otra innovación coincidió con el desarrollo de la imprenta y la tecnología de reproducción gráfica, a fines del siglo XVIII y principios del siglo XIX, que permitió que imágenes con hermosos colores y extraordinariamente detalladas fueran más accesibles para todos. En el siglo XX, también se produjo una importante evolución, con hitos tales como el uso de la fotografía en los atlas de anatomía y de radiografías, tomografía axial computada y resonancia magnética en la ciencia médica. El uso de la endoscopia y el video para filmar los tejidos vivos internos representa un paso más en el desarrollo de nuestra apreciación visual del cuerpo humano, desde el interior, en lugar del exterior.

Con la llegada del milenio, nos encontramos en medio de otro acontecimiento extraordinario, celebrado por este libro en su forma impresa, aunque el suceso en cuestión abarca varios medios. Ésta es la primera reconstrucción, anatómicamente exacta, completa, tridimensional y generada por computadora de un cuerpo humano.

Esta técnica se acerca mucho a la representación anatómica ideal, que consiste en recrear visualmente las formas exactas del cuerpo humano y todas sus partes. Lo que es aún más extraordinario es que las imágenes, como la de la página siguiente, se han generado mediante un método digital y computarizado, abriendo de esta forma una nueva vía para la siguiente etapa del desarrollo: la creación de la imagen no solamente en forma visual, sino también virtual. La era de la anatomía virtual finalmente ha llegado.

Sistema respiratorio humano. Las recientes técnicas de generación digital de imágenes permiten visualizar los órganos y sistemas del cuerpo humano tal como son en la realidad, desde los senos nasales en la frente y las mejillas hasta la tráquea y los pulmones.

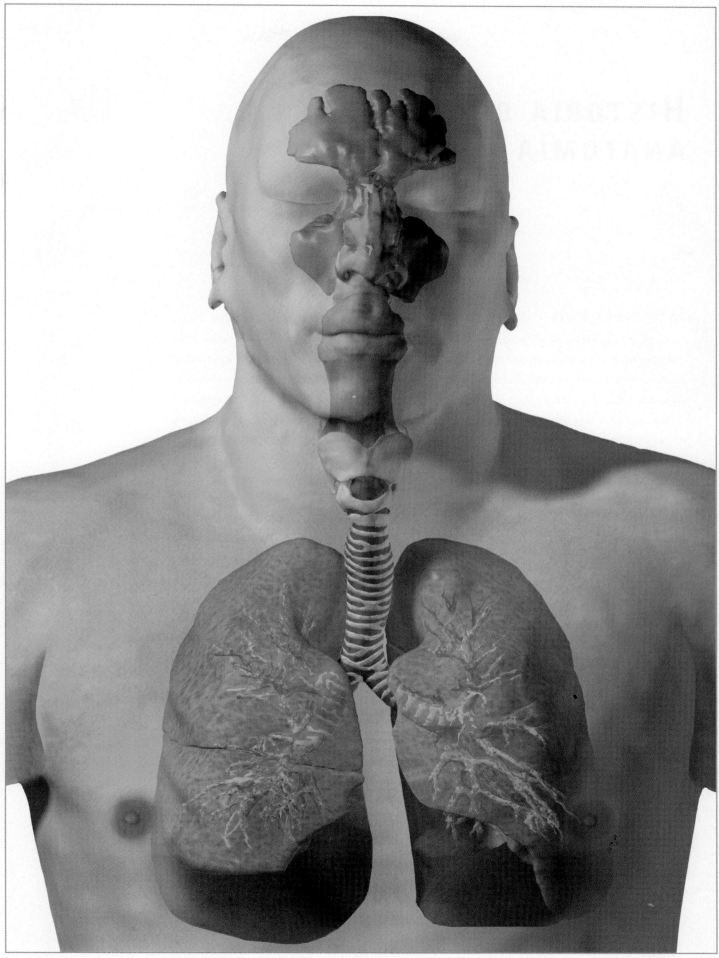

HISTORIA DE LA ANATOMÍA ILUSTRADA

Para poder apreciar plenamente el contexto y la importancia de las imágenes sorprendentes de este libro, resulta útil retroceder en el tiempo y analizar brevemente la evolución del arte y la ciencia de la anatomía ilustrada.

LA TRADICIÓN EUROPEA

En Occidente, la tradición del estudio de la anatomía humana, en la cual la ilustración tiene un papel preponderante, se remonta a las escuelas de medicina de Alejandría, donde la disección y la ciencia anatómica se practicaron y estudiaron desde por lo menos el año 300 a.C. Sin embargo, ya se había adquirido un profundo conocimiento de anatomía mucho antes de esta época, no solamente en esta parte del mundo, donde los egipcios habían preparado a sus muertos para momificarlos durante cientos de años, sino también en el Lejano Oriente, donde especialmente la tradición médica china requería el estudio detallado del cuerpo humano y de sus partes.

La enseñanza tradicional antigua se basaba en la transmisión del conocimiento de persona a persona, de maestro a estudiante, de experto a aprendiz, y este tipo de comunicación poco deja en términos de registros permanentes. Es por ello que existe escasa evidencia de una anatomía ilustrada de esa época. La codificación del conocimiento médico en el mundo romano se llevó a cabo varios cientos de años más tarde, por un médico griego llamado Galeno. Vivió desde alrededor del año 130 d.C. hasta el 200 d.C., y los títulos de sus dos obras más famosas sobre el cuerpo humano se pueden traducir como *La utilidad de las partes* y *Sobre los procedimientos anatómicos*. Estos estudios se basaron en gran parte en el trabajo de investigación realizado en Alejandría.

Cuando Alejandría fue capturada por los árabes, en el año 642 d.C., la riqueza del saber que se había concentrado en la ciudad pasó a sus manos. El desarrollo de este conocimiento por parte de los árabes fue de gran importancia para asegurar su continuidad, hasta su redescubrimiento en la Europa medieval bajo la forma de tradiciones árabes y sus manuscritos asociados, que se habían conservado y desarrollado durante la dominación de los moros. Sólo en la parte este del Mediterráneo se preservaron los textos griegos originales, generalmente en manos de cristianos.

LA ANATOMÍA EN LA EUROPA MEDIEVAL

Las escuelas de medicina de Italia (Boloña y Salerno) y Francia (París y Montpellier) se crearon a principios del siglo XIII. El trabajo sobre anatomía humana más importante en esa época era un manual de disección, *Anatomia corporis humani*, de Mondino de' Luzzi. Las primeras ilustraciones conocidas de esta obra datan del siglo XV, pero éstas aportan más información acerca del proceso de disección que detalles anatómicos.

Una dificultad se presentaba en el momento de representar la anatomía humana real: la diferencia que existía entre las descripciones generalizadas de Galeno y otros, y lo que verdaderamente se podía ver cuando los tejidos se levantaban o retiraban. La visión humanista de los filósofos y científicos del Renacimiento los enfrentó a objetivos potencialmente conflictivos: por un lado, estaban ansiosos por restablecer la autoridad clásica de los griegos, pero, por otro lado, valorizaban el proceso científico de la observación empírica. Los dibujos anatómicos de Leonardo da

Vinci reflejan esas contradicciones, ya que algunos idealizan el cuerpo humano y sus partes, siguiendo la visión tradicional, mientras que otros representan meticulosamente lo que sus ojos observaban.

EL NACIMIENTO DE LA ANATOMÍA MODERNA

El cambio más significativo en la historia de la anatomía ilustrada se atribuye a un casi contemporáneo de Leonardo da Vinci, Andreas Vesalius, que nació en Bélgica en 1514, cuatro años antes de la muerte de Leonardo. Luego de estudiar medicina en París y en otros grandes centros de enseñanza en Europa, Vesalius se estableció en Padua, en el norte de Italia, y allí creció su reputación como anatomista. Su obra principal, *De humani corporis fabrica*, traducida como *Sobre la estructura del cuerpo humano*, se publicó en 1543 y estableció definitivamente la ciencia de la anatomía basada en la observación.

De humani corporis fabrica es, sin lugar a dudas, una de las más grandes contribuciones a la ciencia médica, y marca el principio de la ciencia médica y biológica moderna. Aunque su impacto iba a socavar los preceptos de anatomía de éste, ésta no fue la intención de Vesalius. En lugar de oponerse totalmente a las enseñanzas de Galeno, intentaba corregir las descripciones anatómicas de éste cuando no concordaban con sus propios descubrimientos y observaciones. Sin embargo, fue a partir de las ilustraciones de Vesalius que se inició la búsqueda del realismo en la anatomía ilustrada.

Los siguientes siglos fueron testigos de un creciente refinamiento en la representación de la anatomía humana, tanto en términos de las técnicas utilizadas como de los detalles resultantes. Un hito de gran importancia en este sentido fue el desarrollo de técnicas de impresión y coloración más económicas que permitieron que la impresión de grandes láminas en color con extraordinarios detalles y sorprendente belleza fuera ampliamente accesible, ya desde principios de la década de 1830. Otro acontecimiento fue la primera edición de *Anatomy Descriptive and Surgical* (Anatomía descriptiva y quirúrgica), de Henry Gray, publicada en 1858. Esta obra pasó inadvertida en la época, ya que las ilustraciones eran relativamente pequeñas y no tan artísticamente ejecutadas como otros trabajos de anatomía descriptiva. Sin embargo, Gray inició una nueva tradición, la de la anatomía fundamentalmente didáctica para la enseñanza de estudiantes de medicina y médicos practicantes.

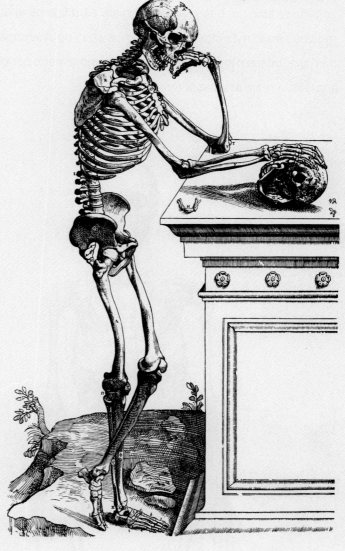

Placa 22 de *De humani corporis fabrica*, de Vesalius, quizás la más famosa entre las ilustraciones de Vesalius. Las ilustraciones de ese período generalmente intentaban presentar la disección como si se la hubiera realizado sin pérdida de vida, de ahí la pose shakespeareana del esqueleto de Hamlet dirigiéndose a Yorrick.

ILUSTRACIONES DE LIBROS DE TEXTO

Los libros de texto médico han dominado el campo de la anatomía ilustrada a partir del siglo XIX hasta la actualidad. Dos tradiciones prevalecieron: la primera, todavía generalizada en los trabajos de anatomía sistémica, enfatiza las representaciones diagramáticas de partes más grandes, especialmente sistemas completos, y reserva los dibujos más detallados para componentes pequeños y detalles anatómicos significativos; la segunda tradición, que prevalece en los estudios de anatomía regional, en la más alta tradición de los atlas de anatomía humana, busca otorgarle al cuerpo humano y a sus partes una apariencia realista y hasta de vida.

Mientras la serie de ediciones de la *Anatomía de Gray* sigue ejemplificando la tradición sistémica, el estilo más realista defiende su posición en los atlas de anatomía humana de Johannes Sobotta, de Wurtzburg en Alemania y de Eduard Pernkopf en Viena, Austria.

Sin embargo, a pesar de que las hermosas obras de anatomía regional, iniciadas por estos dos eminentes profesores, y continuadas por sus sucesores, ofrecen una apariencia de realidad, tal como quisiéramos que fuera: luminosa, clara y limpia, en realidad también son idealizaciones y, en este sentido, tienen más en común con las espectaculares ilustraciones de principios del siglo XIX que con las realidades de la mesa de disección que los estudiantes de hoy en día deben enfrentar.

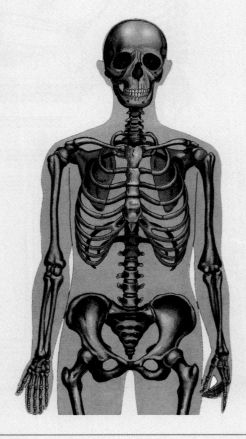
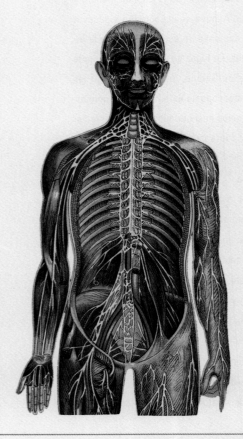

En brutal contraste, esta realidad se refleja en la innovación, posible gracias a la cámara fotográfica, del atlas fotográfico de disección anatómica. El resultado es particularmente efectivo cuando se lo combina con dibujos explicativos; de esta forma, los estudiantes pueden atravesar la brecha intelectual entre el diagrama generalizado y el tejido generalmente confuso que aparece bajo la hoja del bisturí de disección. Otros atlas de anatomía, especialmente los que siguen la tradición iniciada por J. C. Boileau Grant –que nació y estudió en Escocia pero que logró fama en Toronto, Canadá, donde fue profesor de Anatomía de 1930 a 1956–, se concentraron plenamente en la tarea de enseñar la relación de los órganos entre sí, simple y claramente, como sólo un experto podría explicárselo a un estudiante.

Estos atlas en color con fotografías ilustraban la experiencia de la sala de disección con mayor realismo aún, aunque los colores representados fueran los de un cadáver preservado en lugar de los de la carne viva que cualquier estudiante que se recibe de cirujano puede esperar.

En términos de ilustración anatómica pura, se puede decir que el equilibrio ideal entre la visión realista y la visión explicativa lo logra el norteamericano Frank H. Netter. Capacitado como artista comercial y cirujano, Netter eligió continuar su vida laboral dentro del primer campo, como ilustrador médico. El resultado se puede ver como la cúspide del arte del ilustrador científico, en el que la belleza de la forma artística se modifica para cumplir la función propuesta, es decir, revelar y explicar.

Serie de ilustraciones anatómicas tradicionales que revelan distintos aspectos de la anatomía humana. Obsérvense los rostros serenos y sonrientes típicos de este tipo de obras.

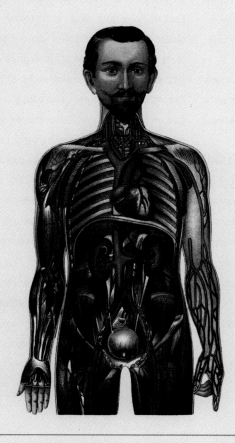
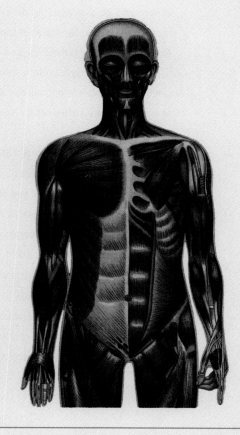

UNA NUEVA PERSPECTIVA

A fines del siglo XX, un nuevo medio ha surgido con particular relevancia para la ciencia y la enseñanza. La computadora no sólo ofrece a los ilustradores una nueva paleta de colores, que con la iluminación de la pantalla permite lograr un brillo y una luminosidad que parecerían irreales si se las representara en pintura, sino que también hizo posible la elaboración de nuevas técnicas de generación de imagen. Como consecuencia, en el campo de la medicina, nuevas técnicas visuales trasladan nuevamente la belleza gráfica absoluta de la imagen anatómica al reino del arte, en la misma forma en que la tecnología de la impresión y el color lo hicieron dos siglos atrás.

La extraordinaria producción de imágenes anatómicas de este libro se ha realizado en Colorado, donde técnicas innovadoras de modelado por computadora se han combinado con nuevas investigaciones en el campo de la ilustración anatómica, a fin de echar nueva luz a los misterios del cuerpo humano, en formas que a su vez iluminarán el camino para el estudio de la anatomía y la medicina en el futuro.

Además, el desarrollo de la computadora como medio visual ofrece la oportunidad de representar la anatomía en tres dimensiones en lugar de en sólo dos.

EL IDEAL DE LA ANATOMÍA TRIDIMENSIONAL

Las ilustraciones presentadas en este libro, y en otros como él, son tan bellas que muchas personas coincidirán en considerarlas obras de arte, más que imágenes científicas. Sin embargo, desde principios del siglo XVIII, la anatomía ilustrada se ha concentrado en la enseñanza de la medicina en lugar de en valores estéticos.

Históricamente, tres tipos principales de publicaciones han satisfecho las necesidades de la enseñanza. El primero es el texto sistémico, que se concentra en los sistemas del cuerpo humano, su ubicación, su descripción y función, en forma separada o en conjunto. Las obras pioneras en este campo fueron la ya citada *Anatomía de Gray*, publicada por primera vez en 1858 y la *Anatomía de Cunningham*, publicada en 1902. Estos trabajos han sido revisados, actualizados y reimpresos muchas veces, y existen muchas otras obras de este tipo. El enfoque de una anatomía sistémica debe ser inevitablemente generalizado, con variaciones anatómicas a partir de la supresión de un estándar idealizado. El resultado otorga al estudiante de medicina una concepción falsa pero comprensible del cuerpo humano y sus componentes, que se espera que interprete correctamente al encontrarse con la realidad.

El segundo tipo es el texto estrictamente regional, como las publicaciones *The Hand* y *The Foot* (La mano y El pie), de Wood Jones, y el libro de Raymond Last *Regional and Surgical Anatomy* (Anatomía regional y quirúrgica). Como lo sugiere este último título, la obra está dirigida a estudiantes avanzados de medicina y cirujanos practicantes. El nivel de detalles es extremadamente elevado, y las variaciones que un cirujano puede encontrar de una persona a otra se tratan con especial cuidado. La recopilación de imágenes de radiografías se puede considerar como una versión más especializada del mismo tema. Aunque este tipo de enfoque trate casos específicos, el estudiante deberá lograr una comprensión generalizada a partir de estos casos a fin de poner en práctica lo que ha aprendido.

Un tercer tipo es el atlas anatómico, esencialmente una guía visual para los estudiantes en lo que se refiere a los órganos y componentes del cuerpo humano, que sirve de mapa para aquellos que exploran el cuerpo humano tanto desde fuera

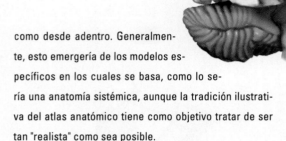

como desde adentro. Generalmente, esto emergería de los modelos específicos en los cuales se basa, como lo sería una anatomía sistémica, aunque la tradición ilustrativa del atlas anatómico tiene como objetivo tratar de ser tan "realista" como sea posible.

Un nuevo tipo de guía visual ha surgido en los últimos treinta años, que se concentra en la anatomía de corte transversal, un concepto muy difícil de entender antes del desarrollo de las tecnologías de generación de imágenes, como la tomografía axial computada y la resonancia magnética. Como estas publicaciones utilizan imágenes reales, su fundamento en la realidad es seguro. Sin embargo, la presentación de un corte transversal tiene poca similitud visual con una persona real, ya sea viva o muerta, de manera que la veracidad se sublima a la fascinación de la imagen en sí misma.

ANATOMÍA DIGITAL

La creación del "hombre virtual" ilustrado en esta obra deriva en efecto de cortes transversales de cadáveres reales. Esos cortes transversales se realizaron como cortes físicos y luego se fotografiaron. El proceso de digitalización fue un paso revolucionario, ya que llevó a descubrir los "contornos" revelados en las microsecciones ilustradas, para poder reconstruirlos como imágenes tridimensionales.

El cuerpo humano totalmente reconstruido se obtuvo de esta manera. En realidad, es una enorme recopilación o conjunto de datos de coordenadas, líneas de conexión y superficies modeladas almacenadas en forma fotográfica y electrónica, es decir, digital.

Las imágenes de este libro se obtuvieron a partir de este conjunto de datos, generándolas en la computadora, presentándolas en la pantalla y luego reproduciéndolas en papel. Sorprendentemente, este proceso invierte el método convencional de creación de imágenes, que empieza con una fotografía o una imagen gráfica, ambas bidimensionales, las convierte a la forma digital y luego las reproduce en una pantalla de computadora.

El paso del formato electrónico a la impresión posee una gran desventaja, por supuesto: pierde la tercera dimensión que existe en el original, ya sea el cuerpo original o la versión digital original. Gráficamente, las imágenes impresas parecen sólidas, al igual que cualquier ilustración modelada o sombreada. Pero es importante recordar que, mientras que las pinturas convencionales empiezan siendo planas y luego toman forma gracias al artista, estas imágenes sólo se hacen "planas" si se las captura y se las hace estáticas, aproximadamente de la misma forma en que la fotografía "aplana" un rostro. La innovación fundamental que encontramos aquí es que las versiones originales de las imágenes representadas en este libro son tridimensionales y en su formato digital también son realmente "virtuales". El cuerpo que representan se puede girar, abrir e incluso atravesar. Los sistemas se pueden ver en forma aislada, como las pie-

E stas dos imágenes digitales de un cerebro humano verdadero muestran el increíble nivel de detalle y las posibilidades de la anatomía virtual. En la imagen superior, se ha eliminado la sustancia gris del cerebro, revelando por debajo la sustancia blanca. Al cerebro de la imagen inferior se le extrajo el hemisferio cerebral derecho, revelando las estructuras subyacentes. La capacidad para producir imágenes con tanto detalle y precisión es de enorme importancia para la enseñanza de la medicina.

Una secuencia a través del brazo y la mano que revela los músculos, los tendones y el sistema vascular en las dos primeras imágenes, y los huesos, nervios y vasos sanguíneos en la tercera imagen. Esta secuencia demuestra de qué manera las capas de tejido se pueden "eliminar" para revelar las estructuras subyacentes.

zas de un rompecabezas y (al contrario de lo que sucede con un cadáver en una sala de disección) se los puede volver a armar una vez que se haya completado el examen. Las regiones se pueden "disecar" progresivamente, retirando cada capa o incluso observando "a través" de algunos tejidos para descubrir otros que se encuentran por debajo.

Desde el punto de vista académico, este ser humano virtual posee una enorme ventaja sobre cualquier otro cuerpo o parte del cuerpo generado digitalmente: este cuerpo es real, basado en un cuerpo real, sin generalización. Es tal como era.

Por supuesto, estas imágenes permitieron realizar algo que nunca antes se había logrado en un medio impreso, es decir, mostrar tanto una anatomía sistémica como regional, producida a partir de la misma fuente física.

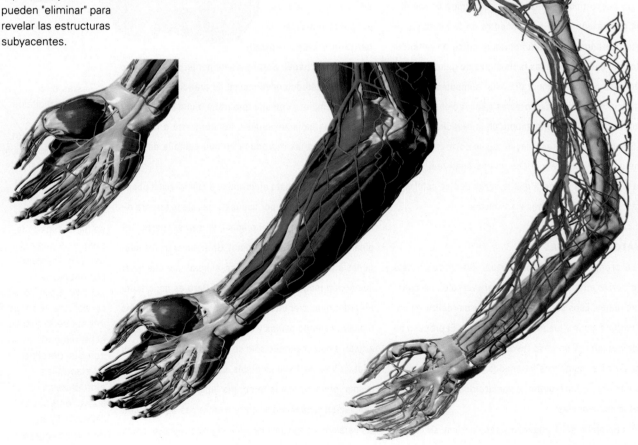

Historia de Visible Productions

El Proyecto Vesalius

Los orígenes de la anatomía virtual se remontan al Proyecto Vesalius, iniciado en 1986 por un equipo de científicos e ilustradores anatómicos de la Universidad Estatal de Colorado, compuesto por Thomas Spurgeon, ayudante de cátedra de Anatomía; Stephen Roper, profesor y catedrático del Departamento de Anatomía y Neurobiología, y el que esto escribe, en ese entonces ayudante de cátedra e ilustración anatómica.

En especial, era mi sueño poder convertir las ilustraciones artísticas bidimensionales de la enseñanza de la anatomía moderna en imágenes gráficas computarizadas tridimensionales que se pudieran girar y ver desde cualquier ángulo. Empezó entonces el estudio y la creación del proceso necesario para lograrlo.

Nuestro equipo tenía fondos para tres años para desarrollar las aptitudes, las técnicas y la tecnología necesarias para pasar de dos dimensiones a tres. Desde un principio, nos concentramos en la anatomía simple y utilizamos una rodilla (debido a su disponibilidad) como prototipo. Realizamos cortes transversales de la rodilla y luego los fotografiamos y digitalizamos identificando y resaltando las estructuras de interés con un digitalizador electrónico. El digitalizador convierte los datos en una serie de coordenadas en dos dimensiones que luego la computadora organiza y agrupa bajo la forma de imágenes tridimensionales, proporcionando una representación exacta del objeto real.

En la culminación del proyecto, el equipo modeló y generó la cabeza de un perro en tres dimensiones a partir de tomografías computadas. La imagen tridimensional resultante fue simple, de baja calidad y baja resolución, pero permitió demostrar el potencial futuro.

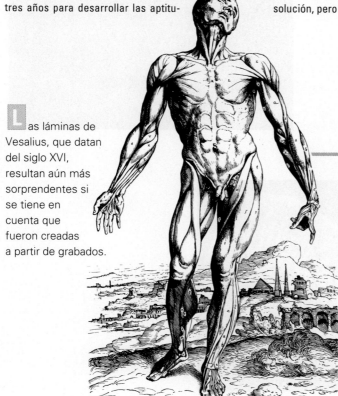

Las láminas de Vesalius, que datan del siglo XVI, resultan aún más sorprendentes si se tiene en cuenta que fueron creadas a partir de grabados.

Andreas Vesalius de Bruselas

Andreas Vesalius de Bruselas (1514-1564) fue un médico y anatomista del siglo XVI que revolucionó la enseñanza de la anatomía. También ilustró sus trabajos presentando grandes esquemas sobre los cuales dibujó sus descubrimientos, lo que fue recibido con entusiasmo por sus estudiantes y compañeros de cátedra. A fin de proteger sus intereses, Vesalius decidió publicar sus dibujos y, con la ayuda del artista compatriota Jan Stefan van Kalkar, alumno de Tiziano, preparó una serie de seis grabados, que se publicaron en 1543 y se conocieron como *Tabulae anatomicae sex*.

En 1543 Vesalius publicó la que sería su obra más importante y la cúspide de su carrera, *De humani corporis fabrica*.

Para cada estructura, se genera una imagen "entramada" increíblemente detallada (imagen superior izquierda, imagen superior derecha detallada). A esta superficie, se le agrega mediante el trazado de contornos, en forma envolvente, una superficie alrededor de cada estructura para producir la imagen final (imagen inferior).

En 1992, ejecutivos de marketing de la empresa farmacéutica Glaxo Welcome plantearon un desafío: ¿es posible introducir un cuerpo humano en una computadora para generar una imagen informatizada en tres dimensiones? Bob Butler, de Butler Communications, había oído hablar del Proyecto Vesalius y contrató un equipo de expertos para lograr este objetivo. Es así como se inició el Proyecto de Anatomía Virtual.

Pronto fue evidente que los complejos programas para el desarrollo de esta idea no estaban disponibles y que, por lo tanto, sería necesario reunir varios expertos, ya que, a pesar de tener la visión y saber dónde queríamos llegar, no teníamos la capacidad necesaria para hacerlo. Es así como se formó un grupo de matemáticos, ingenieros en informática, programadores, anatomistas e ilustradores médicos para lograr el objetivo.

Los anatomistas eran Tom Spurgeon, uno de los mejores profesores de Anatomía de la Universidad Estatal de Colorado y una importante fuente de información sobre anatomía, y yo. Biographics, que tenía la experiencia en la creación de imágenes realistas, aportó los ilustradores biomédicos y una visión artística y anatómica al proyecto. Rick Miranda, especializado en matemática topográfica, el estudio de la superficie de las estructuras, se ocupó de los algoritmos matemáticos sumamente complejos y detallados necesarios para que el proyecto funcionara. Dave Alciatore es un profesor de Ingeniería especializado en robótica, inteligencia artificial y simulación informatizada. Los programadores fueron Dan Steward y Chris Fedde. Un aspecto importante ha sido el desarrollo de aplicaciones postmarketing del proyecto. Visible Pro-

ductions tiene un interés genuino en la enseñanza de la medicina y la aplicación de la anatomía virtual para este fin, a partir del nivel elemental hasta alcanzar el nivel más científico: investigación que permite el manejo de medicamentos dentro de la comunidad médica. Tomamos distintas imágenes y las colocamos en distintas situaciones para analizar su aplicación.

El siguiente problema consistía en obtener un cuerpo y tener acceso al equipo necesario para dividirlo en cortes transversales. Afortunadamente para el equipo, Victor Spitzer y Dave Whitlock, colegas de la Facultad de Medicina de la Universidad de Colorado en Denver, Colorado, se integraron al proyecto. Ellos disponían de las instalaciones necesarias y acababan de ganar un contrato para el proyecto Visible Human Project ™ (Proyecto Humano Visible), cuyo objetivo era desarrollar una base de datos de imágenes visuales del cuerpo humano. Como práctica para rea-

lizar la disección del Humano Visible, seccionaron el tórax de un hombre de 59 años que había muerto de un infarto. Tomando secciones de 500 mm (la mitad del espesor de las secciones utilizadas para el Visible Human Project), el equipo construyó un modelo en 3D del tórax. Éste fue el principio.

Las técnicas y el conocimiento del equipo les permitió utilizar un tórax humano real e introducirlo en la computadora en tres dimensiones, para luego obtener la información más compleja y detallada que exista en la actualidad. Esta información podía y puede enviarse a cualquier sistema computarizado, compatible con IBM o Apple Macintosh, para imprimirlo, pasarlo a video, CD-ROM, CDI, laptop o realidad virtual, es decir, a cualquier plataforma tecnológica.

El Visible Human Project™ (Proyecto Humano Visible) se planteó por primera vez en 1988, en una reunión realizada en la Biblioteca Nacional de Medicina

Un aspecto importante de la anatomía virtual es su capacidad para hacer que las estructuras sean "transparentes", para que revelen los complejos detalles de su interior. En la imagen que aparece debajo, se pueden ver con claridad los ventrículos dentro del cerebro.

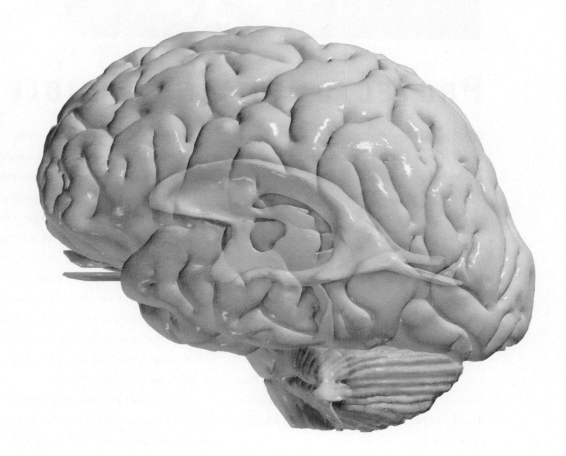

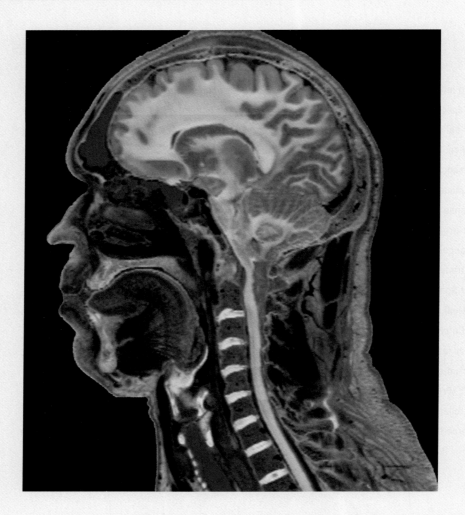

Una sección sagital a través de la cabeza del Humano Visible. Fotografías bidimensionales como ésta se escanearon y se convirtieron en una serie de imágenes digitales para generar las imágenes tridimensionales de la anatomía virtual.

PROYECTO HUMANO VISIBLE

(NLM) de Bethesda, Massachusetts (que alberga una de las mayores colecciones de títulos médicos del mundo), donde se decidió recopilar información médica para crear una base de datos digital de datos volumétricos que representaría bajo el formato de modelo computarizado a un hombre o una mujer adultos en su totalidad. A esta reunión asistieron representantes de ocho centros de enseñanza especializados en el área de la generación de imágenes anatómicas tridimensionales. El contrato para el desarrollo del conjunto de datos se presentó a licitación y se recibieron más de cien ofertas por parte de distintas facultades de medicina. Finalmente se otorgó a Victor Spitzer y Dave Whitlock, de la Facultad de Medicina de la Universidad de Colorado, quienes recibieron U\$S 1,4 millón por el contrato.

Una vez obtenido el contrato, el primer problema era encontrar un cuerpo. El objetivo era utilizar un cuerpo representativo del sexo masculino (más tarde, se generaría el modelo femenino). Sin embargo, resulta sorprendentemente difícil conseguir cadáveres adecuados. Lo que se necesitaba era el cuerpo de un hombre de entre 21 y 60 años de edad, con menos de 1,80 m de altura, menos de 35 cm de ancho y menos de 25 cm desde la parte delantera del cuerpo a la parte trasera, y con una altura normal para su peso corporal. Estos criterios se plantearon principalmente sobre la base de las limitaciones del equipo necesario para generar la imagen o dividir el cuerpo.

La oportunidad se presentó en 1993, cuando el cuerpo del convicto Joseph Paul Jernigan, ejecutado por inyección letal, se donó a la ciencia médica. Jernigan era uno de varios reclusos condenados a muerte en Texas que habían donado su cuerpo a la ciencia. Por la naturaleza de la ejecución (el estado de Texas realiza las ejecuciones mediante inyección letal), los órganos no eran aprovechables para trasplantes, pero por otro lado se obtenía el cuerpo de un hombre joven, relativamente sano.

Después de la ejecución, el cuerpo de Jernigan se envió a Colorado en avión y posteriormente se lo documentó y se generaron imágenes utilizando distintos procedimientos radiológicos comúnmente utilizados en la profesión médica. Se utilizaron formatos como radiografía tradicional, tomografía axial computada, resonancia magnética, ultrasonido y tomografía por emisión de positrones. El cadáver se colocó en una caja de madera y se lo envolvió en una espuma que se endureció para formar un receptáculo donde se pudo mantener el cuerpo en una posición estable mientras se realizaban los procedimientos de generación de imagen. Posteriormente se lo congeló a -94 °C, se lo descuartizó y se lo sumergió en una mezcla de gelatina y hielo. El equipo empezó a trabajar por los pies, ya que se consideró que se debería empezar por la parte menos complicada. Utilizando un ciromacrótomo, un dispositivo de corte altamente sofisticado, se cortaron secciones coronales (horizontales) de 1 mm de cada miembro dejando ver capa por capa los complejos detalles internos.

Después de cada corte las superficies expuestas se rociaron con alcohol y luego se fotografiaron mediante una cámara digital. Las 1.878 fotografías en color resultantes se almacenaron entonces como imágenes electrónicas digitales de alta resolución que representarían 15 gigabytes de información.

Una vez realizadas las secciones y generadas las imágenes del Hombre Visible, se empezó a trabajar en la Mujer Visible, una desconocida de 59 años, originaria de

Maryland, que murió en 1993 por un bloqueo arterial coronario: las imágenes que se pueden ver en este libro de la forma femenina provienen de ese conjunto de datos. El proyecto Visible Human Project™ fue un logro en sí mismo. Sin embargo, en términos de anatomía virtual, fue sólo el principio.

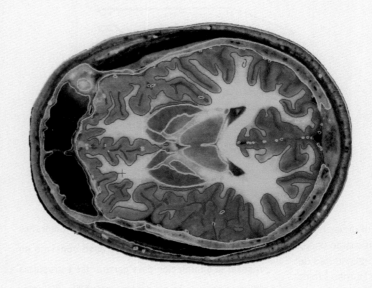

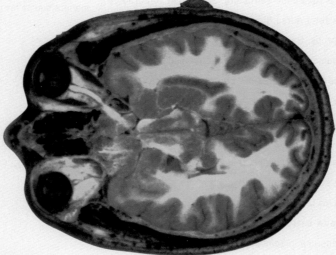

Secciones horizontales (transversales) de la cabeza del Hombre Visible. En la fotografía superior, los senos frontales se pueden ver con claridad ya que están representados por el espacio que se encuentra delante del cerebro. La fotografía inferior muestra los ojos y los nervios ópticos así como la nariz y parte de una oreja.

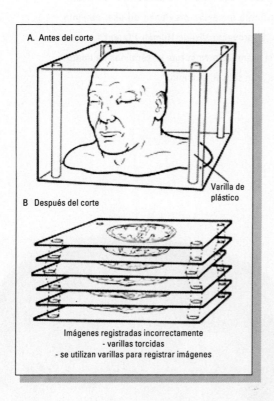

A. Antes del corte

B Después del corte

Varilla de plástico

Imágenes registradas incorrectamente
- varillas torcidas
- se utilizan varillas para registrar imágenes

Parte de las notas explicativas de uno de los investigadores del Visible Human Project. El cadáver humano se dividió en una serie de secciones de 1 mm y se lo fotografió. La nota explica cómo se sujetó al cadáver para poder alinear las siguientes fotografías.

DE DOS DIMENSIONES A TRES

Una vez que se obtuvieron los cortes y las fotografías del Humano Visible, el siguiente paso consistía en procesar la información para generar las estructuras tridimensionales. Se generaron entre 500 y 700 fotografías para cada estructura. Se trazó el contorno de estas fotografías digitales mediante un trazador de contornos, transformando de esta manera la anatomía humana en puntos que describen una estructura. Después de generar los contornos que definían la parte externa de la estructura, se los apiló para formar una imagen entramada. Se generó una superficie para conectar las formas mediante líneas de enlace entre los contornos, creando un efecto de celosía. Esto se conoce como triangulación, ya que las líneas entre los contornos crean formas triangulares.

Cada estructura genera miles de triángulos, creando una imagen muy compleja. Para que la computadora pueda manejar este vasto conjunto de datos y permitir una rápida manipulación de las imágenes tridimensionales, fue necesario simplificar las imáge-

nes. Esto se logró generando algoritmos de decimación que "decimaron" los puntos o triángulos innecesarios dando como resultado una menor cantidad de triángulos de mayor tamaño que la computadora pudo manipular con rapidez. Sin embargo, a simple vista las imágenes serían idénticas.

Una vez que se completó la decimación, se pudieron agregar las superficies y el sombreado para hacer que las imágenes fueran más realistas. Fotografiando especímenes de tejidos idénticos a los que se estaban analizando y luego trazando la textura ("envolviendo" la superficie alrededor de cada estructura), se pudo generar una imagen viva y real.

Como los objetos individuales se crean a partir de archivos separados, se los puede, por lo tanto, colorear o sombrear, eliminar o hacerlos transparentes. Esto significa que los objetos se pueden hacer con apariencia de vida tan real como sea posible, o "disecarlos" para descubrir las estructuras subyacentes. Por ejemplo, la piel y los músculos se pueden eliminar para ver los órganos subyacentes, o se puede iluminar el sistema cardiovascular. Como las imágenes son en 3D, anatómicamente correctas y en tiempo real, esto significa que son totalmente precisas y que el usuario las puede manipular. Las imágenes se pueden girar de manera que se las puede ver desde cualquier ángulo.

EL HÍGADO EXPUESTO

Esta fascinante secuencia de imágenes a través de un hígado virtual muestra el poder, así como la belleza, de la anatomía virtual.

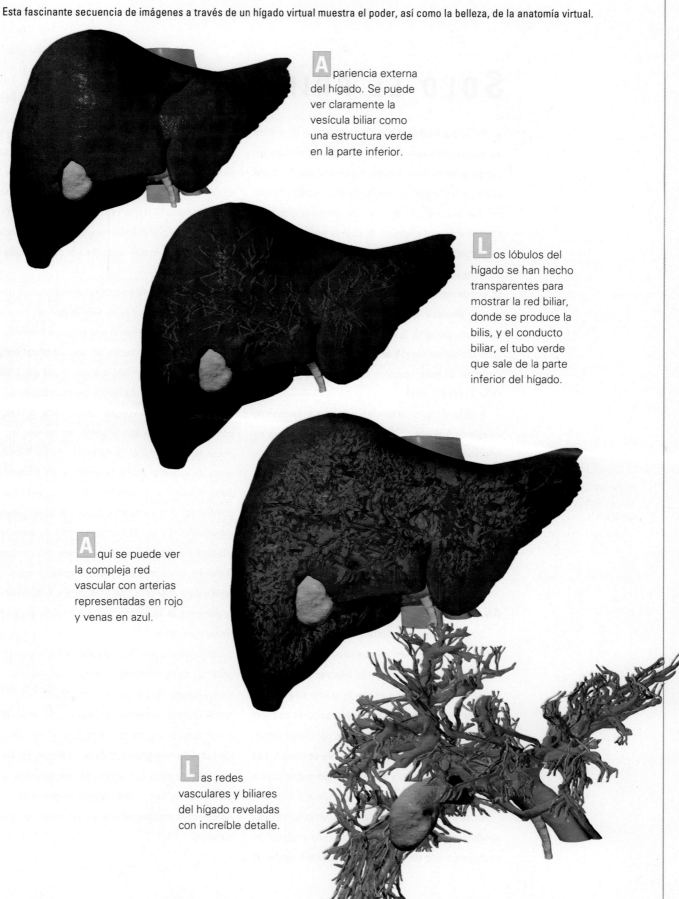

Apariencia externa del hígado. Se puede ver claramente la vesícula biliar como una estructura verde en la parte inferior.

Los lóbulos del hígado se han hecho transparentes para mostrar la red biliar, donde se produce la bilis, y el conducto biliar, el tubo verde que sale de la parte inferior del hígado.

Aquí se puede ver la compleja red vascular con arterias representadas en rojo y venas en azul.

Las redes vasculares y biliares del hígado reveladas con increíble detalle.

SÓLO EL PRINCIPIO

El Visible Human Project™ es único en el sentido de que las imágenes se obtuvieron a partir de un cuerpo humano real: cualquier persona que lo utilice sabe que las imágenes son precisas, exactas y realistas. Sin embargo, en términos de anatomía virtual, el VHP™ fue sólo el principio. Al usar la anatomía virtual de Visible Productions, se pueden seleccionar distintos aspectos, y la anatomía de la parte seleccionada se puede ver tal como es en la realidad, no en una versión dibujada. Es posible hacer que las imágenes parezcan realmente las de un cadáver (en contraposición, el objetivo común de la ilustración anatómica en los libros de texto es hacer que la imagen parezca la de una persona viva).

Debido al hecho de que las imágenes provienen de un cuerpo humano real, son precisas en términos de relación espacial con respecto a los órganos y sus componentes: son correctos en términos de ubicación de cada cosa. Sin embargo, también son precisos en términos de apariencia del órgano dentro de una persona viva. Esto no es así en la disección de un cadáver. Las imágenes serán, por lo tanto, de gran ayuda al utilizar cadáveres en la enseñanza de la anatomía.

ANATOMÍA Y ENSEÑANZA DE LA MEDICINA

Otro aspecto importante del uso de la anatomía virtual en la educación es que la anatomía se puede reutilizar o redisecar. En efecto, una vez que un cadáver se ha utilizado ya no se puede utilizar otra vez. Un cadáver no se puede disecar dos veces. El cadáver virtual se puede usar una y otra vez, por tantas personas como se desee y cuantas veces se desee. Los usuarios de la anatomía virtual no están restringidos a lo que se ve en una página o en una pantalla.

Lo que el usuario tiene disponible en la pantalla es simplemente el punto de partida para una posterior investigación con un producto de anatomía virtual. El usuario puede investigar a un nivel más profundo con sólo apretar un botón. Esto significa un enorme paso para el sistema educativo. La enseñanza actual se basa casi completamente en los dibujos bidimensionales de la anatomía humana. La disponibilidad del material informatizado tridimensional permitirá un progreso considerable en lo que respecta a la comprensión y la enseñanza.

Al contrario de la enseñanza convencional, donde cada vuelta de página de un libro lo lleva un paso más adelante y le permite ver lo que sigue, la anatomía virtual no es lineal. Es posible ver una parte del programa que trata, por ejemplo, sobre el esqueleto, y luego avanzar para ver cómo funcionan los músculos y las articulaciones en una región determinada; o, bien, ver cómo se conectan dos órganos, de manera que se pueda tener una mejor comprensión de sus funciones antes de volver al punto de partida para comprender mejor el papel que desempeñan en el organismo. Se pueden estudiar sistemas enteros o sus componentes individuales. El uso de tal herramienta de enseñanza ayudará a aclarar las conexiones, que resultan tan difíciles de entender y que son sin embargo tan importantes para el proceso de aprendizaje. Este programa le permitirá al estudiante unir los hechos para desarrollar conceptos.

Un aspecto particularmente ventajoso para los usuarios de la anatomía tridimensional generada por computadora es que pueden interactuar con los datos. El aspecto interactivo de la anatomía virtual no se puede ignorar y constituye una herramienta muy poderosa para la enseñanza de la medicina. En efecto, una cosa es tener que mirar una imagen plana de un pulmón en un libro, y otra, totalmente diferente, es ver un pulmón virtualmente vivo y respirando en la computadora.

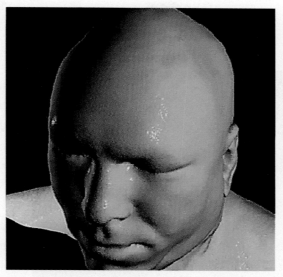

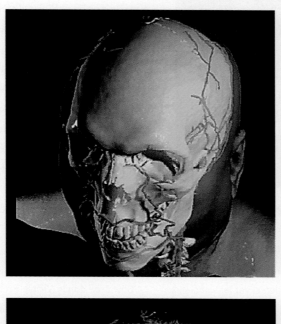

Secuencias como ésta a través de la cabeza son herramientas didácticas sumamente poderosas. A medida que se extrae cada capa, se revela la interrelación entre los distintos aspectos de la anatomía.

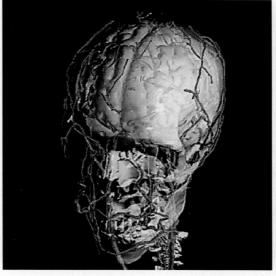

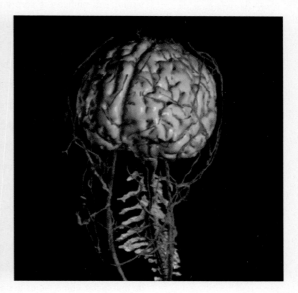

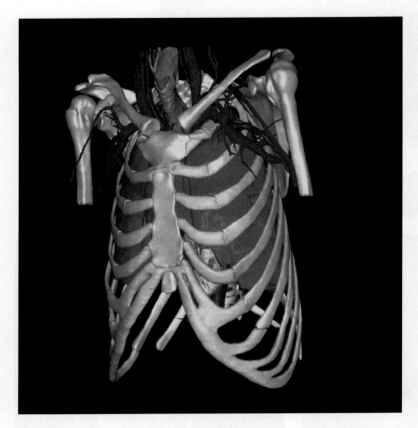

os sorprendentes detalles de estas imágenes las hacen muy útiles como material didáctico, pero a su vez tienen valor en sí mismas como obras de arte.

La reacción de la comunidad médica ante esta anatomía tridimensional no tiene precedentes y demuestra las diferencias claras que existen entre los materiales de anatomía disponibles en la actualidad y la anatomía virtual. Los médicos se sorprenden al ver las imágenes, y muchos han comentado que los modelos de Visible Productions superan de lejos a los materiales disponibles hasta el momento y les brindan la oportunidad de profundizar sus propios conocimientos, así como de ayudar en la enseñanza de otras personas. También les brinda la oportunidad de mostrar y enseñar a los pacientes los procedimientos quirúrgicos a los que deberán someterse, a fin de que comprendan mejor su condición y puedan aliviar sus temores acerca del resultado de algún procedimiento quirúrgico.

Las posibilidades de la anatomía virtual son ilimitadas. Los modelos son simplemente el comienzo. Una vez introducidos en la computadora, cada uno los puede manipular como mejor le parezca, cambiar su forma e incluso animarlos. Con el uso de modelos muy precisos y realistas es posible idealizar la acción de un de-

terminado medicamento dentro de un tejido en particular. Éste es un aspecto que puede ser significativo y de gran relevancia para las compañías farmacéuticas, así como para los estudiantes que estén analizando la acción de un medicamento.

Es posible "navegar" a través de los tejidos y observar su estado normal. El siguiente paso sería observar un tejido enfermo y analizar las diferencias entre dicho tejido y la versión sana. Finalmente, el observador puede "recorrer" el tejido enfermo mientras se aplica la medicación a fin de observar el efecto de una determinada droga. Este aspecto en particular puede ser de gran utilidad para la industria farmacéutica al comercializar sus productos. Todo esto se realiza a partir de modelos basados en seres humanos reales.

El conjunto de datos derivados de los modelos (el Visible Human Project™) es un recurso potencial a partir del cual se pueden obtener otros productos para transmitir la información. Los datos están disponibles sin cargo en Internet y, de hecho, cualquier persona con mucha paciencia y determinación puede bajarlos: ¡esto llevaría unas dos semanas!

BIOMECÁNICA

Otra área donde Visible Productions está trabajando es en el campo de la biomecánica. Ahora que existen los modelos de órganos y tejidos, se les pueden aplicar los principios de la biomecánica. Esto significa que la computadora puede mostrar ahora un pulmón respirando o un corazón latiendo. Es posible mostrar el cadáver en movimiento. Visible Productions está llegando al punto en que puede aplicar atributos físicos a los modelos a fin de otorgar propiedades físicas a los tejidos, es decir que los profesionales médicos o los estudiantes pueden, en un mundo virtual, utilizar un bisturí virtual para realizar un corte, realizando el simulacro de una operación quirúrgica en la computadora.

Un paciente virtual que se pueda operar, al que se le pueda realizar una disección o estudiar su anatomía, que pueda caminar, que se pueda descuartizar, observar de cualquier forma, bajo cualquier aspecto o desde

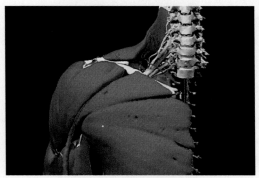

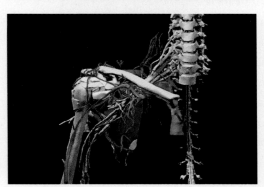

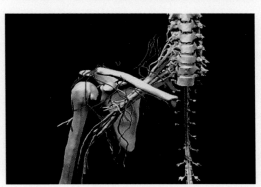

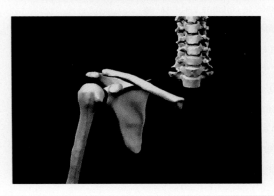

cualquier ángulo, es un paciente ideal. Para los cirujanos, tales técnicas pueden resultar sumamente valiosas, ya que les permitirían practicar operaciones de gran complejidad antes de realizar la cirugía, tomando conciencia de las posibles dificultades antes de que aparezcan, permitiéndoles anticiparse a los problemas antes de que se produzcan. También permite la planificación médica y la capacitación para actuar con rapidez en caso de posibles desastres o accidentes masivos.

Otra área donde estos pacientes virtuales podrían ser de gran importancia es la de la investigación y el desarrollo. Permitirían el rápido desarrollo y la demostración de procedimientos quirúrgicos, de nuevos equipos e instrumentos médicos, e incluso el diseño y desarrollo de salas de emergencia o quirófanos.

Las imágenes mismas son extraordinarias. En realidad, el proyecto en su totalidad es extraordinario. En efecto, aunque se pueda decir que el simple desarrollo de las imágenes es un logro en sí mismo, y efectivamente lo es, Tom y sus colegas no están satisfechos todavía. Están dando otro paso adelante en un intento por revolucionar la enseñanza de la anatomía y de la medicina. Cualquier persona con experiencia en la disección de cadáveres o que tenga algún interés en la anatomía o la medicina tendrá gran interés en estas imágenes. No solamente son extraordinarias a la vista sino que además son reales, provienen de un cuerpo real. Sólo hay que mirarlas con atención para darse cuenta de que existen pequeñas discrepancias entre estas imágenes y el ejemplo del libro de texto (el diente faltante, el apéndice extirpado), pero esto sólo demuestra que todos somos individuos con características propias.

Los que han trabajado en el proyecto no ignoran que la fuente del material, un asesino condenado, ha finalmente hecho una contribución valiosa a la sociedad. Una contribución que se ha repetido a lo largo de los siglos, ya que los cuerpos de los criminales ejecutados han sido también material de estudio para muchos anatomistas del pasado.

Se ha eliminado la parte superior del pecho y el hombro. Lo interesante de ver estas imágenes en pantalla es que se las puede girar y visualizar desde cualquier ángulo: de esta manera, el usuario interactivo puede comprender mejor el funcionamiento de las estructuras y cómo se relacionan entre sí.

CÓMO UTILIZAR ESTE LIBRO

El *Nuevo atlas del cuerpo humano* se divide en dos secciones principales: la primera, de anatomía sistémica, y la segunda, de anatomía regional.

La anatomía sistémica analiza el cuerpo humano en términos de sistemas (por ejemplo, el sistema endocrino, que comprende todos los órganos endocrinos del cuerpo). En comparación, la anatomía regional se concentra en regiones individuales o "partes" del cuerpo (por ejemplo, la cabeza y el cuello).

TERMINOLOGÍA

Es necesario utilizar nombres universalmente aceptados para las distintas estructuras del cuerpo y para sus distintas relaciones espaciales. Los nombres anatómicos se derivan del latín o el griego, debido a la estandarización y a precedentes históricos.

Algunos nombres anatómicos se explican en el texto, pero para una comprensión más profunda, se ha incluido un glosario de términos al final del libro.

PLANOS DE SECCIÓN

Para estandarizar la forma en que un anatomista ve el cuerpo humano, se supone que el cuerpo anatómico estándar se encuentra en posición vertical, con los brazos al costado del cuerpo y los ojos y palmas de las manos mirando hacia adelante. En esta posición, el cuerpo se puede imaginar en tres dimensiones. Existen términos específicos para la forma en que estas tres dimensiones se pueden dividir: las líneas de división se denominan planos de "sección".

• El plano medio (o sagital) divide el cuerpo verticalmente en mitades (izquierda y derecha);

• Los planos verticales perpendiculares con respecto al plano medio se conocen como planos coronales.

• Los planos horizontales atraviesan el organismo perpendicularmente con respecto a los planos coronales y medios.

Una vez que se han establecido los planos de sección, se utilizan distintos términos para describir la forma en que las distintas partes se distribuyen en el espacio en relación con otras partes.

• Los términos anterior (ventral) y posterior (dorsal) se utilizan para referirse a las superficies delanteras y traseras, respectivamente, de la cabeza, el tronco y las extremidades. Por lo tanto, la columna vertebral es dorsal con respecto a la pared del abdomen y ventral con respecto a la piel de la espalda.

• Los términos superior (craneal) e inferior (caudal) se refieren a las posiciones relativas en el plano vertical donde una superficie superior se encuentra arriba de (o craneal con respecto a) una inferior.

Estos términos se utilizan generalmente para referirse a la posición de un órgano o estructura en rela-

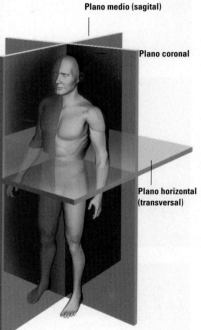

Plano medio (sagital)

Plano coronal

Plano horizontal (transversal)

Planos de sección

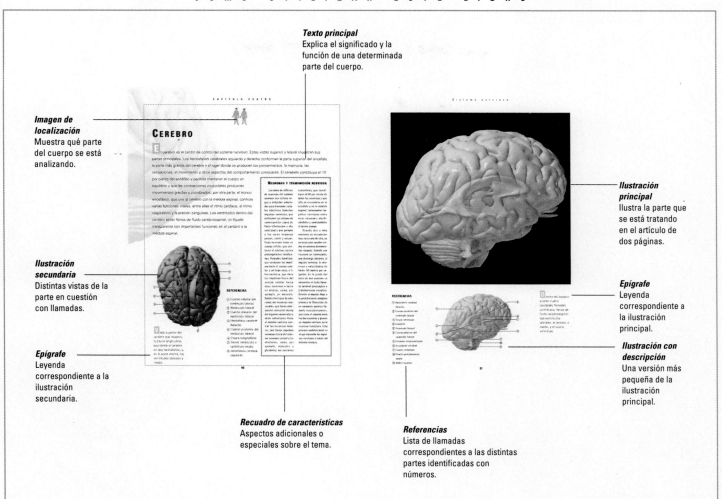

Texto principal
Explica el significado y la función de una determinada parte del cuerpo.

Imagen de localización
Muestra qué parte del cuerpo se está analizando.

Ilustración secundaria
Distintas vistas de la parte en cuestión con llamadas.

Epígrafe
Leyenda correspondiente a la ilustración secundaria.

Ilustración principal
Ilustra la parte que se está tratando en el artículo de dos páginas.

Epígrafe
Leyenda correspondiente a la ilustración principal.

Ilustración con descripción
Una versión más pequeña de la ilustración principal.

Recuadro de características
Aspectos adicionales o especiales sobre el tema.

Referencias
Lista de llamadas correspondientes a las distintas partes identificadas con números.

ción con otro órgano o estructura. Por ejemplo, los riñones son inferiores (es decir, se encuentran por debajo) al hígado, pero superiores (es decir, sobre) a la vejiga y laterales (hacia el costado de) a la columna vertebral, la cual es medial (se encuentra más hacia el medio) con respecto a los riñones. La posición relativa de las estructuras se puede definir más profundamente utilizando una combinación de términos; es decir, posterolateral (o dorsolateral) y anterosuperior (o ventrocraneal).

• En las extremidades, proximal se utiliza para referirse a algo que se encuentra cerca de la raíz del miembro (es decir, cerca del hombro o de la cadera), mientras que la zona que se encuentra más alejada (hacia la mano o el pie) se denomina distal.

• Los términos palmar o plantar se refieren a la superficie que se dobla (flexora) o delantera (anterior) de la mano o el pie, es decir, la palma de la mano y la planta del pie.

• En el antebrazo, es posible que se usen los términos radial y cubital o ulnar después de nombrar los huesos, en lugar de lateral y medial, y en las extremi-

dades inferiores se utilizan con frecuencia peroneo o fibular y tibial por la misma razón.

• Finalmente, superficial y profundo se refieren a la distancia relativa de los órganos entre la superficie y el centro del cuerpo.

El libro también describe estructuras en términos de su función. La anatomía sistémica, en particular, se presta muy bien para las descripciones de función y, en efecto, se basa en el reconocimiento de funciones (por ejemplo, el sistema digestivo, cuya función es la ingestión, descomposición y absorción de nutrientes de los alimentos y la consecuente eliminación de los residuos). Resulta difícil considerar las relaciones anatómicas entre estructuras distintas pero conectadas, sin estudiar su relación funcional. En efecto, si un órgano está adherido a o conectado con otro, ¿por qué ocurre esto?, ¿cuál es el propósito?

Página representativa del libro con llamadas explicativas referentes al diseño de la página.

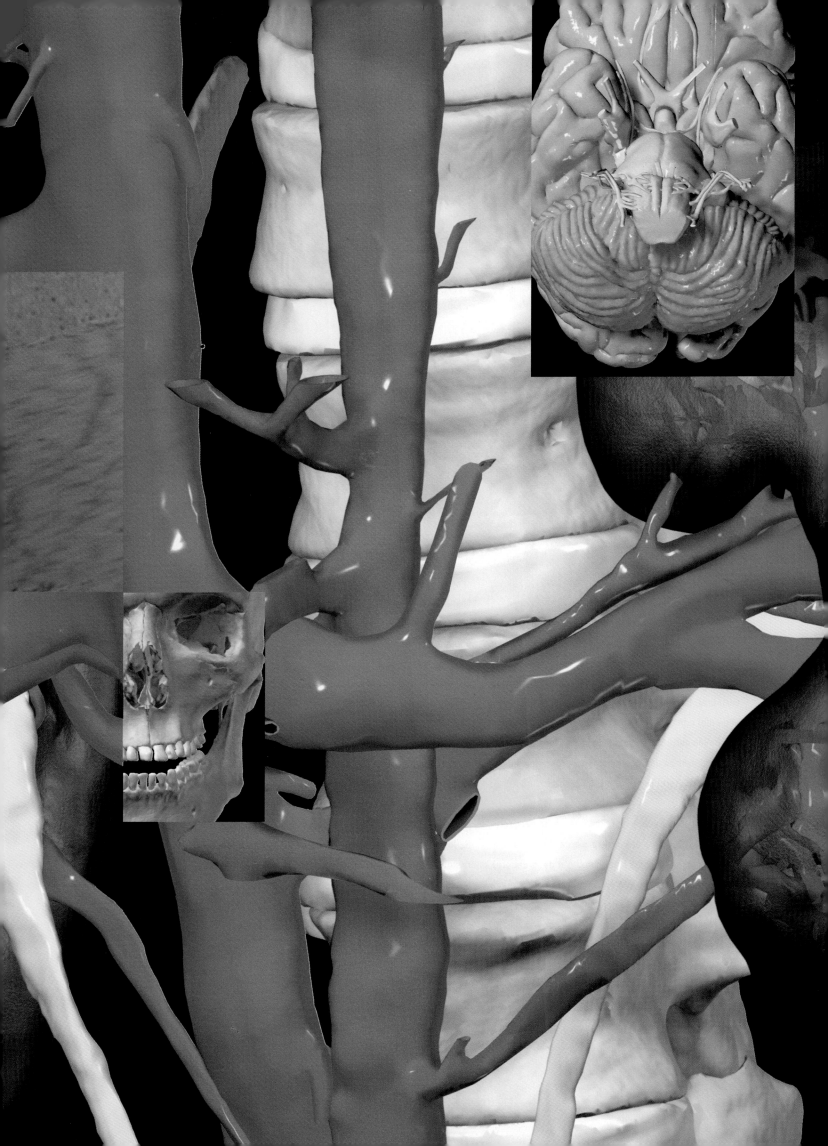

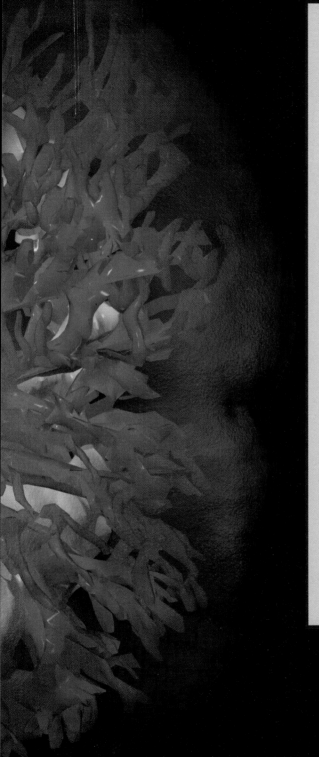

■ ANATOMÍA SISTÉMICA ■

La piel cubre y protege el cuerpo y, junto con sus derivados, pelo y uñas, forma el sistema integumentario. Como barrera física, la piel impide la pérdida o ingreso de agua desde o hacia los tejidos del cuerpo, ayudando a mantener la homeostasis. También evita la entrada de microorganismos nocivos causantes de enfermedades; se repara a sí misma cuando se corta o se daña; filtra los rayos ultravioletas (UV), nocivos, de la luz solar; actúa como una estructura sensorial en la detección del tacto, la presión, el dolor, el calor y el frío; y desempeña un papel preponderante en el mantenimiento de la temperatura corporal en alrededor de 37 °C, independientemente de la temperatura ambiente.

SISTEMA INTEGUMENTARIO

Todas las partes del cuerpo están recubiertas y protegidas por un "sobretodo" de células vivas formado por la piel. En la piel también se produce intercambio sensorial entre el cuerpo y su entorno, lo que permite al ser humano experimentar una amplia gama de sensaciones.

ESTRUCTURA DE LA PIEL

La piel se compone de dos capas, la epidermis y la dermis. La epidermis, superficial, es en primer lugar protectora y se compone de una serie de capas o estratos. La capa más externa, el estrato córneo, se compone de células muertas, planas, envueltas en queratina, una proteína resistente y a prueba de agua que también se encuentra en el pelo y las uñas. Como esta capa protectora se desgasta y se elimina constantemente a medida que la piel se descama, las células vivas que se encuentran en la capa más profunda de la epidermis, el estrato basal, se dividen para reemplazar estas células. A medida que se las empuja hacia la superficie a través de otros estratos, se van aplanando, se llenan de queratina y mueren.

Otras células en la epidermis profunda producen gránulos de una pigmentación marrón llamada melanina, que protege contra los efectos nocivos de los rayos UV.

La dermis, más espesa, es una capa flexible y resistente que contiene fibras de colágeno y elastina, que le confieren elasticidad y flexibilidad. También contiene terminales y receptores nerviosos sensoriales, vasos sanguíneos, glándulas sudoríparas, que producen la transpiración refrescante y la eliminan a través de conductos en la superficie de la piel; folículos pilosos, pozos profundos donde crecen los pelos; y glándulas sebáceas, que segregan un líquido aceitoso llamado sebo, que ayuda a mantener la piel y el pelo suaves, flexibles y a prueba de agua.

Se encuentran dos tipos de piel en el cuerpo humano. La piel gruesa, de hasta 4 mm de ancho, no tiene pelo, y allí la epidermis es más gruesa y ofrece mejor protección. Se encuentra en zonas como las palmas de las manos, las plantas de los pies y las yemas de los dedos, relacionadas con el movimiento y la manipulación y con mayor necesidad de resistir a la abrasión. La piel con vello que cubre el resto del cuerpo tiene una epidermis mucho más delgada y carece de una de las cinco capas, el estrato lúcido, que se encuentra en la piel gruesa.

PELO Y UÑAS

Salvo los labios, parte de los genitales, la palma de las manos y la planta de los pies, el resto del cuerpo está cubierto por millones de pelos. Las células en el bulbo o base de los folículos pilosos se dividen para producir células que se mueven hacia el folículo para formar el eje del pelo. Las terminales gruesas del pelo de la cabeza son protectoras, mientras que el vello más fino del resto del cuerpo ayuda en la captación de sensaciones. Las uñas son especializaciones de la epidermis que sirven para proteger los extremos de los dedos de los pies y de las manos y ayudan a los dedos a asir los objetos.

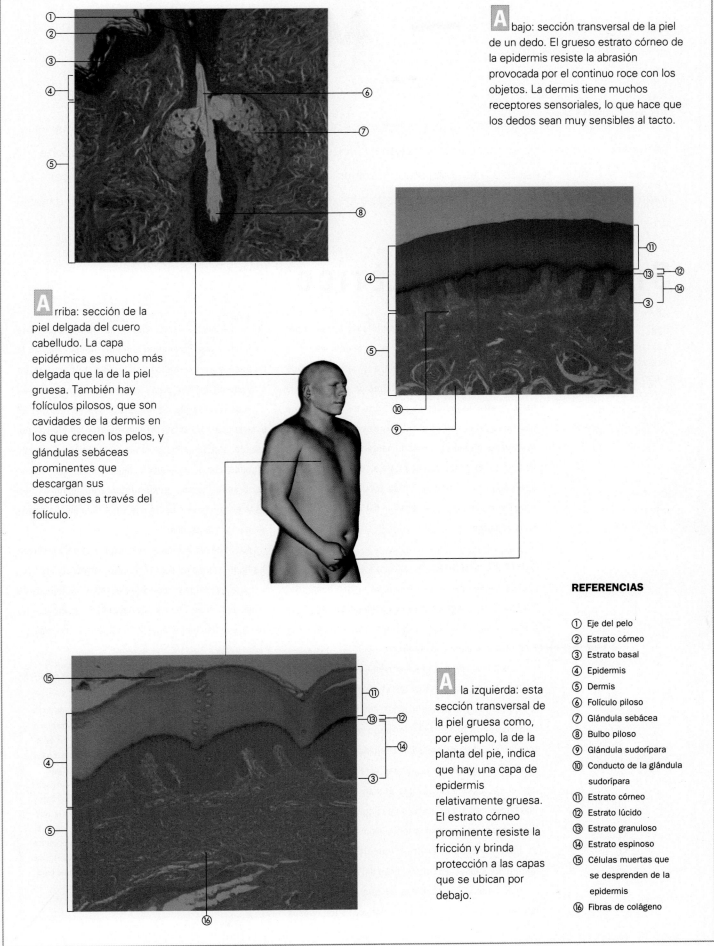

Arriba: sección de la piel delgada del cuero cabelludo. La capa epidérmica es mucho más delgada que la de la piel gruesa. También hay folículos pilosos, que son cavidades de la dermis en los que crecen los pelos, y glándulas sebáceas prominentes que descargan sus secreciones a través del folículo.

Abajo: sección transversal de la piel de un dedo. El grueso estrato córneo de la epidermis resiste la abrasión provocada por el continuo roce con los objetos. La dermis tiene muchos receptores sensoriales, lo que hace que los dedos sean muy sensibles al tacto.

A la izquierda: esta sección transversal de la piel gruesa como, por ejemplo, la de la planta del pie, indica que hay una capa de epidermis relativamente gruesa. El estrato córneo prominente resiste la fricción y brinda protección a las capas que se ubican por debajo.

REFERENCIAS

① Eje del pelo
② Estrato córneo
③ Estrato basal
④ Epidermis
⑤ Dermis
⑥ Folículo piloso
⑦ Glándula sebácea
⑧ Bulbo piloso
⑨ Glándula sudorípara
⑩ Conducto de la glándula sudorípara
⑪ Estrato córneo
⑫ Estrato lúcido
⑬ Estrato granuloso
⑭ Estrato espinoso
⑮ Células muertas que se desprenden de la epidermis
⑯ Fibras de colágeno

A diferencia de los esqueletos secos y polvorientos que se encuentran en los museos arqueológicos, el esqueleto de un ser vivo es una estructura liviana y fuerte, dinámica y flexible. Además de brindar soporte y modelar el cuerpo, el esqueleto también proporciona un lugar para que se fijen los músculos, que se contraen para producir movimiento, y rodea y protege a los órganos internos que, de otro modo, sufrirían daños en el transcurso de la vida diaria.

SISTEMA ESQUELÉTICO

E l esqueleto, fuerte pero al mismo tiempo liviano y flexible, es la estructura ideal para brindar soporte, movimiento y protección.

El sistema esquelético humano está formado por 206 huesos, muchos de los cuales se pueden ver en la página opuesta; cartílago flexible, que cumple una función estructural en los pabellones de las orejas, la nariz y parte de las costillas, y cubre los extremos de los huesos en las articulaciones; y ligamentos resistentes que lo estabilizan, manteniendo unidos los huesos en las articulaciones, que es el lugar donde se unen dos o más huesos. En su totalidad, el sistema esquelético constituye alrededor del 20 por ciento de la masa corporal.

TIPOS DE HUESOS

Los huesos se pueden dividir en cuatro tipos principales –largos, cortos, planos e irregulares– según su forma. La forma también sirve para indicar cuál es la función mecánica de los huesos.

•Los huesos largos, que incluyen a todos los huesos de las extremidades, salvo los huesos de la muñeca, los del tobillo y la patela (rótula), son más largos que anchos. Cada hueso está formado por una diáfisis (cuerpo o eje) y una epífisis (extremidad del hueso) en cada extremo, que por lo general está más expandida que el eje. Los huesos largos actúan como palancas que hacen que el cuerpo se mueva cuando los músculos se contraen, y algunos, principalmente los huesos de los miembros inferiores, cumplen una función importante, que es soportar el peso del cuerpo.

•Los huesos cortos, entre los que se incluyen los huesos del carpo (huesos de la muñeca) y los huesos

del tarso (huesos del tobillo), tienen aproximadamente forma de cubo. Forman un "puente" de conexión en la muñeca y en el tobillo, donde sólo se necesita un movimiento limitado pero cuya estabilidad es esencial.

•Los huesos planos, entre los que se incluyen el esternón, las costillas, las escápulas y los huesos del cráneo, son delgados, aplanados y levemente curvos. Algunos, como, por ejemplo, las costillas y los huesos del cráneo, forman jaulas protectoras, mientras que cada escápula suminista una superficie amplia donde se insertan músculos.

•Los huesos irregulares, entre los que se incluyen los huesos faciales del cráneo, las vértebras (los huesos que forman la columna vertebral), y los huesos de la pelvis o de la cadera, son aquellos huesos que no se incluyen en ninguna de las otras tres categorías.

CARTÍLAGO

El cartílago es un tejido conectivo especializado que recubre los extremos de las articulaciones y que cumple una pequeña función estructural en la oreja, la nariz y las costillas, así como también en la formación de un colchón esponjoso entre las vértebras. Esta sustancia flexible y elástica de tipo gelatinoso es rígida, y posee una gran resistencia a la tracción y a las fuerzas de compresión y de corte. En las articulaciones, el cartílago es altamente resistente al desgaste, es liso y tiene una superficie pulida humedecida con un líquido sinovial lubricante con un coeficiente de fricción sumamente bajo.

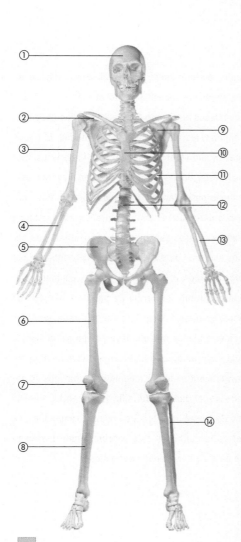

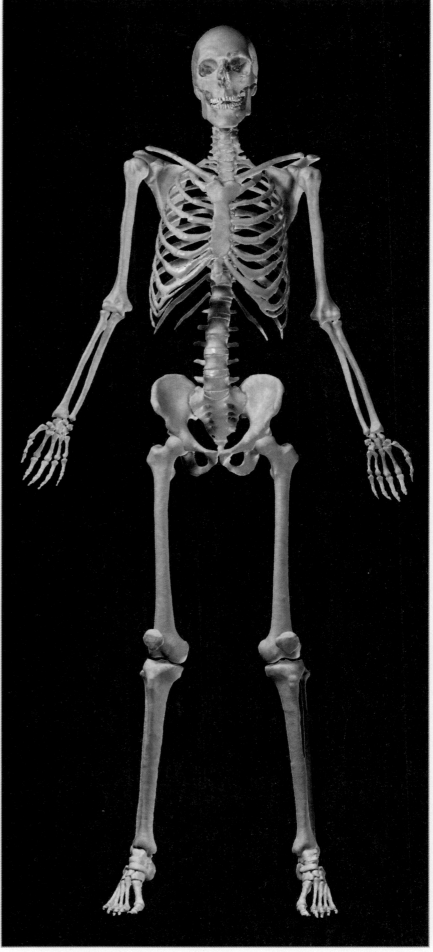

Vista anterior del esqueleto.

REFERENCIAS

① Cráneo
② Clavícula
③ Húmero
④ Cúbito o ulna
⑤ Cintura pélvica (cadera)
⑥ Fémur
⑦ Rótula o patela
⑧ Tibia
⑨ Escápula
⑩ Esternón
⑪ Costilla
⑫ Columna vertebral
⑬ Radio
⑭ Fíbula o peroné

El esqueleto evolucionó hasta su forma actual hace unos cinco millones de años, cuando los ancestros de la humanidad caminaron por primera vez en dos piernas. La columna vertebral, en forma de "S", mantiene el cuerpo erguido y sostiene la cabeza, permitiendo al mismo tiempo la inclinación. La pelvis, casi vertical, equilibra la parte superior del cuerpo directamente sobre los pies, mientras que los fuertes huesos del miembro inferior soportan su peso.

ESQUELETO

La curvatura del cuerpo implica soporte mecánico y fuerza, desde la columna vertebral, que tiene forma de "S" y es similar a un resorte, hasta la leve curvatura de los huesos largos de las extremidades.

REFERENCIAS

① Escápula
② Vértebra
③ Radio
④ Cúbito
⑤ Fíbula
⑥ Cráneo
⑦ Húmero
⑧ Ilion
⑨ Sacro
⑩ Isquión
⑪ Pubis
⑫ Tibia
⑬ Calcáneo

Para fines descriptivos, el esqueleto se puede dividir en dos categorías amplias. El esqueleto axial (la columna vertebral, el cráneo, las costillas y el esternón) forman el eje principal del cuerpo. El esqueleto apendicular está compuesto por los huesos de las extremidades y los huesos de la cintura escapular o pectoral (hombro) y pélvica (cadera), que conectan las extremidades superiores e inferiores al esqueleto axial.

ESTRUCTURA DE LOS HUESOS

Los huesos están compuestos por tejidos vivos que, además de sus funciones mecánicas, almacenan calcio y otros minerales para la formación de las células sanguíneas. Los huesos están formados por células rodeadas de una matriz. Esta matriz está compuesta por alrededor de un 35 por ciento de proteínas, en especial colágeno, que suministra dureza y flexibilidad; y por alrededor de un 65 por ciento de sales minerales, en especial calcio y fosfatos, que le confieren dureza al hueso. Peso por peso, esta combinación hace que los huesos sean cinco veces más duros que el acero. Las células óseas incluyen los osteocitos, que son las células que mantienen la matriz; los osteoblastos, que son las células que producen tejido óseo; y los osteoclastos, que son las células que erosionan la matriz ósea, moldeándola. Los osteoblastos y los osteoclastos remodelan los huesos constantemente de acuerdo con las fuerzas que los

músculos ejercen sobre ellos, y liberan o almacenan calcio, según las necesidades del cuerpo.

Los huesos contienen dos tipos de tejido óseo que, en conjunto, les otorgan fuerza y liviandad. El hueso compacto, que es el que se ubica en la parte exterior de los huesos, donde las exigencias son mayores, está compuesto por osteonas, formadas por cilindros concéntricos de matriz. El canal central de cada osteona contiene los vasos sanguíneos que la nutren. Los pequeños espacios dentro de los osteonas contienen osteocitos aislados. El hueso más liviano y esponjoso tiene una estructura en forma de panal de abejas con espacios y puntales óseos formada por trabéculas. Los espacios contienen médula ósea de tipo gelatinoso; la médula ósea amarilla constituye un almacenamiento de grasa, mientras que la médula ósea roja, que se encuentra en los huesos del niño y sólo en los huesos planos de los adultos, produce células sanguíneas. La mayor parte del hueso está recubierta por una membrana delgada denominada periostio.

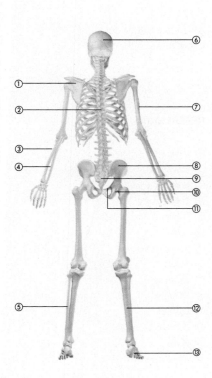

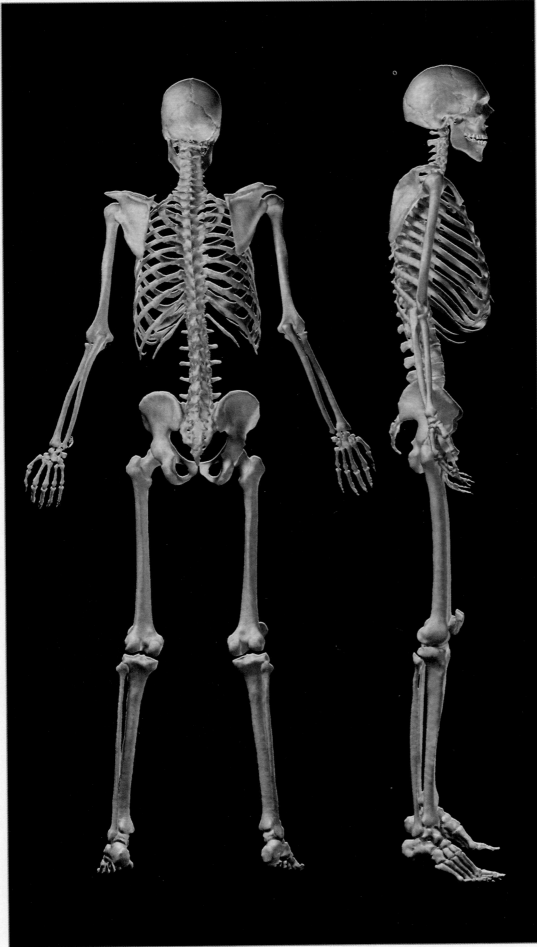

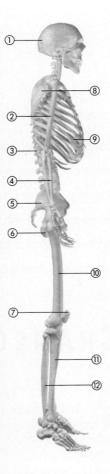

Vistas posterior (izquierda) y lateral (derecha) del esqueleto completo. En la vista lateral, se puede observar la curvatura en forma de "S" de la columna vertebral, que mantiene el tronco sobre los pies para facilitar el equilibrio.

REFERENCIAS

① Cráneo
② Húmero
③ Vértebra
④ Radio
⑤ Ilion
⑥ Isquión
⑦ Rótula
⑧ Escápula
⑨ Costilla
⑩ Fémur
⑪ Tibia
⑫ Fíbula

El cráneo, que alberga el centro de control del cuerpo (el cerebro) y la mayoría de los órganos de los sentidos (ojos, oídos, lengua y epitelio olfatorio), es la estructura ósea más complicada del esqueleto. Está formado por un conjunto de 22 huesos que se dividen en dos grupos: 8 huesos craneales que forman el cráneo, que rodea al cerebro, y 14 huesos faciales que forman la estructura de la cara.

CRÁNEO

El cráneo alberga y protege no sólo al cerebro sino también a los órganos de los sentidos, que son los que permiten que una persona pueda oír, ver, percibir el sabor y oler.

Además de la gran cavidad que forman los huesos craneales, hay otras cavidades más pequeñas en el cráneo, incluyendo las cavidades nasales, las cavidades orbitales, que contienen los globos oculares, y los orificios auditivos en el hueso temporal. Cada oído alberga unos pequeños huesos, denominados osículos, que transmiten sonidos hacia la parte sensorial, en el oído interno.

Los orificios pequeños de los huesos del cráneo, denominados forámenes, y los canales permiten que los vasos sanguíneos (como, por ejemplo, la arteria carótida interna) y los nervios entren y salgan del cráneo. La médula espinal pasa a través del orificio de mayor tamaño, el foramen magno, ubicado en la base del cráneo, para unirse al tronco cerebral. Los cóndilos occipitales que se ubican a ambos lados del foramen magno, se articulan con la primera vértebra de la columna, lo que permite mover la cabeza hacia arriba y hacia abajo (como para decir "sí").

FORMACIÓN DE LOS HUESOS DEL CRÁNEO

En la etapa temprana de desarrollo, el esqueleto del feto humano está formado por membranas de tejido conectivo fibroso o cartílagos. Gradualmente, estas estructuras se reemplazan por tejido óseo; este proceso se denomina osificación. El reemplazo de tejido fibroso se denomina osificación intramembranosa ("que se desarrolla dentro de la membrana"), mientras que el reemplazo del cartílago se denomina osificación endocondral ("que se desarrolla dentro del cartílago").

Los huesos del cráneo se forman a través de la osificación intramembranosa. Los osteoblastos secretan la matriz ósea directamente dentro de la membrana fibrosa en un "centro de osificación" para formar en primer lugar el hueso esponjoso y luego una capa externa de hueso compacto. En el cráneo de un bebé recién nacido, este proceso no se ha completado aún: los huesos del cráneo están unidos por áreas de membrana fibrosa que todavía no se ha osificado, denominadas fontanelas. Este tejido flexible permite que el cráneo se comprima levemente durante el parto y que aumente de tamaño con el crecimiento del cerebro durante la infancia temprana. A la edad de un año y medio, la osificación intramembranosa se completa y las fontanelas desaparecen.

VISTA INFERIOR DEL CRÁNEO

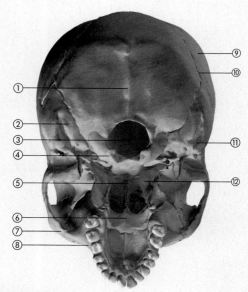

REFERENCIAS

1. Hueso occipital
2. Hueso temporal
3. Foramen magno
4. Cóndilo occipital
5. Vómer
6. Hueso palatino
7. Hueso cigomático
8. Maxilar superior
9. Hueso parietal
10. Sutura lambdoidea
11. Meato acústico externo
12. Hueso esfenoides

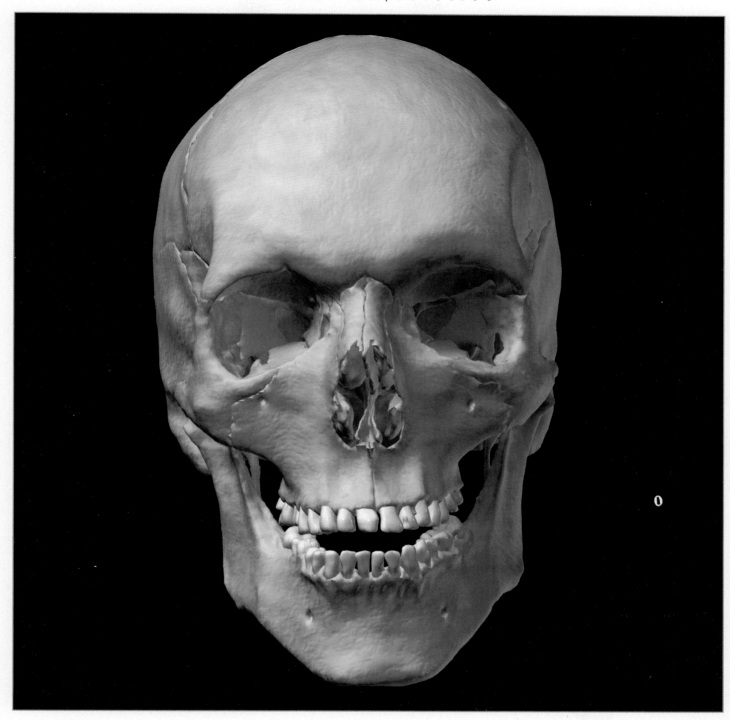

O

Pequeños orificios (forámenes) en el espesor de los huesos permiten que los vasos sanguíneos, y los nervios ingresen al cráneo o salgan de él.

REFERENCIAS

① Hueso frontal
② Hueso parietal
③ Hueso temporal
④ Órbita
⑤ Hueso lagrimal
⑥ Hueso cigomático
⑦ Maxilar superior

⑧ Mandíbula
⑨ Hueso nasal
⑩ Hueso esfenoides
⑪ Foramen infraorbitario
⑫ Foramen mentoniano
⑬ Hueso etmoides
⑭ Concha o cornete inferior

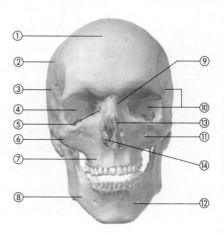

En los adultos, los 22 huesos del cráneo, salvo uno (la excepción es el maxilar inferior o mandíbula), se mantienen unidos a traves de articulaciones denominadas suturas. En una sutura, los extremos de los huesos se unen como si fueran piezas de un rompecabezas para formar parte de una estructura rígida y fuerte. La delgadez de los huesos del cráneo, combinada con la presencia de espacios huecos llenos de aire, denominados senos, en determinados huesos craneales y faciales, sirve para reducir el peso del cráneo.

CRÁNEO

Los ocho huesos que forman el cráneo contienen, envuelven y protegen el cerebro. Una calota craneal, o calvaria, forma la parte superior, los lados y la parte posterior del cráneo, mientras que el cerebro se apoya sobre la base de éste. El hueso frontal forma la frente, dos huesos parietales forman el techo, dos huesos temporales forman los lados; el hueso occipital forma la parte posterior y también la parte posterior de la base, el hueso etmoides forma la parte anterior de la base, y el hueso esfenoides, que tiene forma de mariposa, forma la parte media de la base y actúa como la piedra angular que mantiene los demás huesos craneales unidos.

La vista del cráneo "en explosión" permite ver los huesos que lo componen y los extremos aserrados que se unen a través de las suturas.

Además de formar la estructura de la cara, los 14 huesos faciales también suministran las aperturas a través de las cuales los alimentos, el agua y el aire ingresan al cuerpo. Los músculos que se insertan en los huesos faciales hacen que la piel se mueva para crear una amplia gama de expresiones faciales.

Los huesos faciales que se presentan en pares son los maxilares, que forman el maxilar superior y la parte delantera del paladar duro, que actúan como la piedra angular en la que se articulan todos los demás huesos faciales, además del maxilar inferior (mandíbula): los huesos cigomáticos o pómulos; los huesos nasales, que forman el puente de la nariz; los huesos lagrimales, que forman parte de la órbita; los huesos palatinos, que forman la parte posterior del paladar duro; y la concha o cornete nasal inferior, que forma parte de la cavidad nasal. El vómer, que es un hueso único, forma parte del septo o tabique nasal, que divide la cavidad nasal, mientras que el maxilar inferior forma la mandíbula. Los dientes se insertan en orificios ubicados en el maxilar superior y el maxilar inferior o mandíbula.

LOS HUESOS COMO FÁBRICAS QUÍMICAS

Además de sus funciones mecánicas (soporte, protección y movimiento), los huesos ejecutan las funciones fisiológicas vitales de almacenamiento de calcio y producción de células sanguíneas.

El calcio es uno de los 20 minerales (otros minerales son el hierro y el cinc) que se obtienen de los alimentos y que son esenciales para el funcionamiento normal del cuerpo. El 99 por ciento del calcio del cuerpo se almacena en los huesos. El calcio otorga dureza a los huesos y los dientes y es necesario para la contracción muscular, la transmisión de impulsos nerviosos y la coagulación de la sangre. Para mantener niveles de calcio constantes en la sangre, hay dos hormonas (ver página 108) que tienen efectos opuestos y que provocan la liberación de calcio desde los huesos a la corriente sanguínea o estimulan la captación de calcio de la sangre y su almacenamiento en los huesos.

Las células sanguíneas (glóbulos rojos, glóbulos blancos y plaquetas) se producen en la médula ósea roja que, en los adultos, se ubica dentro de los huesos craneales, las vértebras, las clavículas, el esternón, las costillas, la escápula, la pelvis y los extremos superiores del fémur y del húmero. En los adultos saludables, se producen alrededor de 2 millones de glóbulos rojos por segundo.

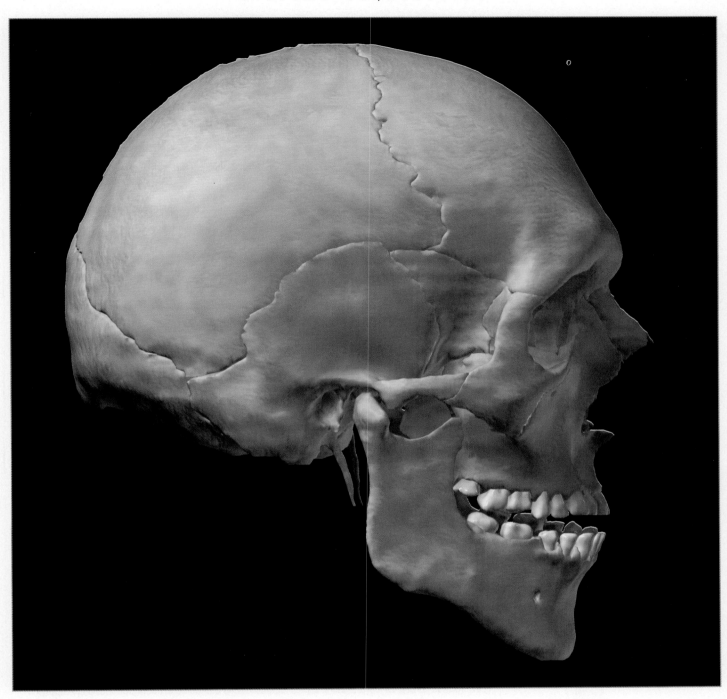

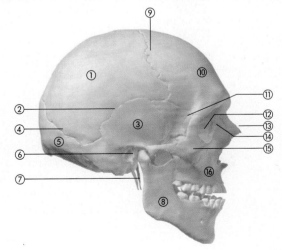

Vista lateral del cráneo. En esta posición, se pueden ver claramente las suturas que unen los distintos huesos craneales.

REFERENCIAS

1. Hueso parietal
2. Sutura temporoparietal
3. Hueso temporal
4. Sutura lambdoidea
5. Hueso occipital
6. Meato auditivo externo
7. Apófisis estiloides
8. Mandíbula
9. Sutura coronal
10. Hueso frontal
11. Hueso esfenoides
12. Hueso etmoides
13. Hueso nasal
14. Hueso lagrimal
15. Hueso cigomático
16. Maxilar superior

La columna vertebral, también denominada espina o raquis, sostiene la cabeza y el tronco. Es una cadena de huesos fuertes denominados vértebras. Las articulaciones entre las vértebras adyacentes permiten sólo un movimiento limitado, pero en conjunto le otorgan a la columna vertebral una flexibilidad considerable.

COLUMNA VERTEBRAL

La columna vertebral se extiende desde el cráneo hacia el punto de articulación con la pelvis, a través de la cual transmite el peso de la cabeza y del tronco a los miembros inferiores. La columna vertebral protege y envuelve a la delicada médula espinal (ver página 94), que parte en dirección descendente desde el tronco cerebral. La forma en "S", similar a un resorte, de la columna vertebral, que se puede apreciar en la vista lateral, le otorga mayor fuerza y flexibilidad, facilita el equilibrio al colocar el tronco directamente sobre los miembros inferiores y absorbe los golpes que se producen durante el movimiento.

Los adultos tienen 24 vértebras, y los huesos sacro y cóccix, compuestos por

La vista anterior muestra algunas de las apófisis a las que se adhieren los músculos y los ligamentos de la columna vertebral.

vértebras fusionadas. Todas las vértebras tienen la misma estructura básica. Un hueso corto, similar a un pilar, que soporta el peso, denominado centro o cuerpo, que está unido posteriormente a un arco neural en forma de anillo. En conjunto, el cuerpo y el arco rodean a un orificio, denominado foramen vertebral, a través del cual pasa la médula espinal. Las proyecciones óseas del arco neural (dos apófisis transversas y una única apófisis espinosa) forman los puntos de unión para los ligamentos y los músculos posteriores, que estabilizan la columna vertebral, impidiendo que se doble en exceso, y la mantienen erguida. Entre los cuerpos de las vértebras adyacentes hay discos intervertebrales, discos cartilaginosos con un relleno gelatinoso, que permiten un movimiento limitado y amortiguan el roce de las vértebras durante los movimientos que se producen al caminar, correr o saltar.

Las vértebras se dividen en cinco tipos según su posición, su tamaño, su forma y la función que cumplen. Siete vértebras cervicales pequeñas y livianas forman el cuello y le otorgan flexibilidad. La primera vértebra, llamada atlas, se articula con el cráneo para permitir que se realicen movimientos de arriba hacia abajo (como al mover la cabeza para decir "Sí") y forma una articulación pivotante con su vértebra adyacente, el axis, lo que permite que el cráneo se mueva de un lado hacia el otro (como al mover la cabeza para decir "No"). Doce vértebras torácicas, cada una de las cuales se articula con una costilla, forman la parte central de la columna vertebral. Cinco vértebras lumbares, que forman la parte posterior de la cintura, soportan la mayor parte del peso del tronco y de la cabeza. El hueso sacro, formado por cinco vértebras fusionadas, forma articulaciones fuertes con los huesos de la pelvis. El cóccix, o cola, está formado por tres a cinco vértebras fusionadas.

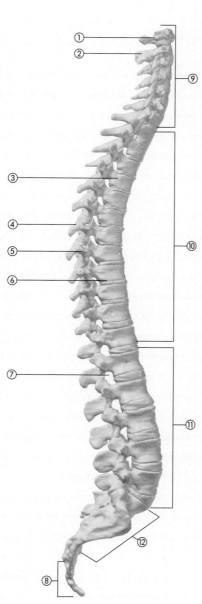

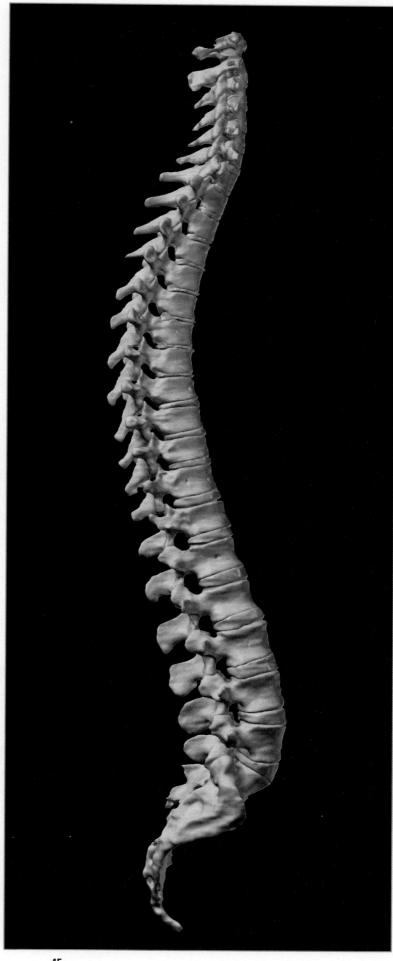

REFERENCIAS

① Atlas

② Axis

③ Cuerpo de una vértebra torácica

④ Apófisis espinosa

⑤ Apófisis transversa

⑥ Disco intervertebral

⑦ Foramen intervertebral

⑧ Cóccix

⑨ Vértebras cervicales (7)

⑩ Vértebras torácicas (12)

⑪ Vértebras lumbares (5)

⑫ Sacro

Esta vista lateral (derecha) de la columna vertebral permite apreciar las curvaturas que le otorgan la forma de "S".

Es muy sencillo darse cuenta de por qué el esqueleto del tórax se denomina caja torácica. Esta jaula ósea, en la que las costillas forman los "barrotes", circunda y protege al corazón y los pulmones, así como a la mayor parte del estómago y del hígado, que están ubicados en la parte superior del abdomen. La caja torácica también es lo suficientemente flexible como para permitir los movimientos ascendentes y descendentes que desplazan el aire que ingresa a los pulmones y sale de ellos durante la respiración.

CAJA TORÁCICA

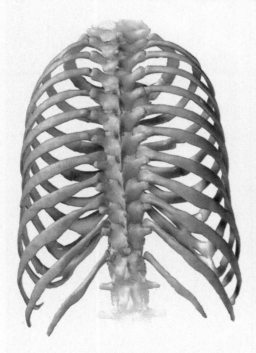

Debajo, vistas posterior (izquierda) y lateral (derecha) de la caja torácica; en la página opuesta, vista anterior en la que se puede ver el esternón.

La caja torácica está formada por 12 pares de costillas curvas, la sección de la columna vertebral que contiene las 12 vértebras torácicas y, en la parte anterior, el esternón. Las costillas son huesos planos, cada una de las cuales tiene un eje abovedado, que se curva hacia delante y hacia abajo en dirección a la superficie anterior del cuerpo. En el extremo posterior, cada costilla se articula con la vértebra correspondiente a través de articulaciones planas, que se denominan articulaciones vertebrocostales, que permiten un movimiento deslizante limitado. En los extremos anteriores, los diez pares superiores de costillas se unen en forma directa o indirecta al esternón a través de cartílagos costales ("de la costilla") flexibles. En conjunto, las articulaciones vertebrocostales y los cartílagos costales le otorgan flexibilidad a la caja torácica. Las costillas aumentan gradualmente de tamaño hasta el séptimo par, a partir del cual disminuyen progresivamente de tamaño. Los pares de costillas desde la 1ª hasta la 7ª (llamadas costillas verdaderas o vertebrosternales) se unen al esternón a través de sus propios cartílagos costales. Los pares de costillas restantes se denominan costillas falsas: los cartílagos costales de los pares de costillas desde la 8ª hasta la 10ª, las costillas vertebrocondrales, se unen entre sí y a los cartílagos costales del 7º par de costillas; el 11º y el 12º par de costillas, las costillas flotantes o vertebrales, se unen solamente a la columna vertebral y terminan, por una extremidad libre, en los músculos abdominales.

El esternón, que tiene forma de daga, consta de tres partes. El manubrio, superior, se articula con la clavícula, que forma parte de la cintura escapular, en la escotadura clavicular, y con la primera costilla. El cuerpo central del esternón se deprime en el lugar donde se articula con los cartílagos costales de la 3º hasta la 7º costilla. En el ángulo esternal, donde se unen el manubrio y el cuerpo del esternón, hay una articulación cartilaginosa similar a una bisagra, que permite que el cuerpo del esternón se desplace hacia delante cuando uno inspira. En el extremo inferior del esternón está el apéndice xifoides, que no está unido a ninguna de las costillas.

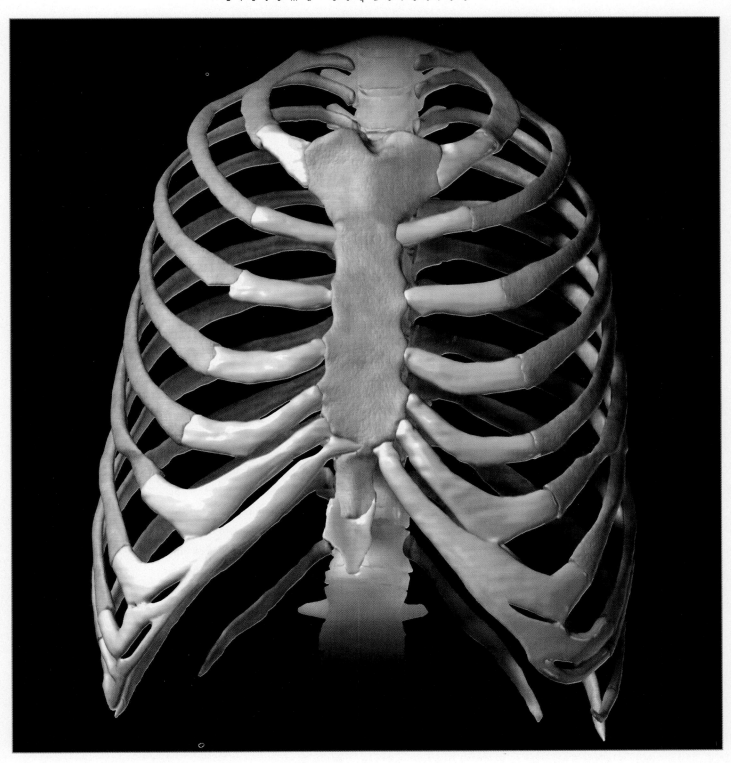

Vista anterior de la caja torácica. Esta estructura flexible está formada por una combinación de hueso y cartílago, que alberga y protege los delicados órganos torácicos, permitiendo, suficiente margen de movimiento durante la respiración.

REFERENCIAS

① Escotadura clavicular
② Angulo esternal
③ Cuerpo del esternón
④ Apéndice xifoides del esternón
⑤ Articulación vertebrocostal
⑥ Articulaciones vertebrocondrales
⑦ 1ª vértebra torácica

⑧ Manubrio del esternón
⑨ Articulaciones vertebroesternales (verdaderas) o condrosternales
⑩ Cartílago costal
⑪ 12ª vértebra torácica
⑫ Costilla vertebral (flotante)

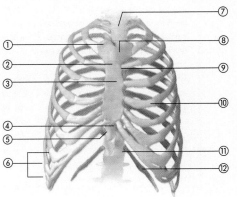

47

A diferencia de sus parientes mamíferos cercanos, los seres humanos caminan apoyándose sobre sus extremidades inferiores, permitiendo de este modo que las extremidades superiores estén libres para la manipulación de objetos. Los miembros superiores y la cintura escapular de los seres humanos están adaptados para la manipulación y no para la locomoción.

HOMBRO Y BRAZO

Cada hombro está formado por dos huesos, la clavícula y la escápula u omóplato. En conjunto abarcan la mitad de la cintura escapular, pectoral o del hombro, que une los brazos con el esqueleto axial. Si se la compara con la cintura pélvica, la cintura escapular es liviana y flexible y no está unida a la columna vertebral. Esta disposición indica que no cumple la función de soportar pesos en cambio, le otorga una flexibilidad y movilidad que no existen en ninguna otra parte del cuerpo. La clavícula, larga y delgada, se articula en uno de sus extremos con el esternón y en el otro con la escápula, y sirve para brindar soporte al hombro y al brazo. La escápula, que tiene forma triangular, brinda una superficie amplia para que se inserten músculos y tiene una cavidad, denominada fosa glenoide. La cabeza del húmero, que es el hueso superior del brazo, se articula con la fosa glenoide para formar la unión altamente movible del hombro, constituida por una articulación esferoidal.

El esqueleto del brazo y el antebrazo está formado por tres huesos: el húmero en la parte superior, el brazo, y el cúbito (parte interna) y el radio (parte externa) en la parte inferior, el antebrazo, del miembro superior. Estos huesos no son tan fuertes como el fémur o la tibia. En los extremos proximales, el cúbito y, en menor grado, el radio forman una articulación en forma de bisagra con el húmero en el codo. Allí el radio también forma una articulación en forma de pivote con el cúbito, que le permite cruzarse sobre él, haciendo que la palma de la mano pueda girar 180º. En los extremos distales, el radio y, en menor grado, el cúbito se articulan con los huesos carpales de la mano para formar la articulación de la muñeca.

E l único hueso del brazo y los dos huesos del antebrazo forman una articulación en forma de bisagra en el codo.

ARTICULACIONES

Siempre que se unen dos o más huesos del esqueleto, se forma una articulación. Las articulaciones permiten que los huesos se muevan. También mantienen la estabilidad, ya que los huesos de una articulación se mantienen unidos y estabilizados a través de bandas de tejido conectivo fibroso resistente denominadas ligamentos que, aunque son rígidas, al mismo tiempo son dúctiles y flexibles.

Hay tres tipos de articulaciones. Las articulaciones fijas como, por ejemplo, las suturas entre los huesos del cráneo, que no permiten que se produz-

ca movimiento. Las articulaciones cartilaginosas, parcialmente móviles, como, por ejemplo, las que existen entre las vértebras, que permiten movimientos limitados. Las articulaciones sinoviales, que permiten amplia movilidad.

La mayoría de las articulaciones son sinoviales. Dentro de una articulación sinovial, un líquido sinovial oleoso lubrica el cartílago vítreo que recubre los extremos de los huesos, de modo que se puedan deslizar entre sí con facilidad. Hay distintos tipos de articulaciones sinoviales, cada una de las cuales tiene su propia escala de movimiento.

•Las articulaciones formadas por una esfera y una cavidad como, por ejemplo, las articulaciones del hombro y de la cadera, permiten realizar movimientos en varias direcciones.

•Las articulaciones en forma de bisagra como, por ejemplo, las articulaciones del codo, la rodilla y el tobillo, funcionan como la bisagra de una puerta y permiten que se realicen movimientos en un solo plano.

•Las articulaciones en forma de pivote como, por ejemplo, la articulación entre el atlas y el axis, en el cuello, permiten la rotación de un hueso de lado a lado.

•Las articulaciones planas o deslizantes, entre los carpales (huesos de la muñeca) y los tarsales (huesos del tobillo), permiten movimientos leves, deslizantes, entre las superficies planas de los huesos.

•Las articulaciones elipsoidales o condiloideas como, por ejemplo, la que se encuentra entre el radio y los huesos carpales de la muñeca, permiten los movimientos hacia atrás, hacia delante y de lado a lado.

•Las articulaciones en forma de montura, por ejemplo: en la base del pulgar, permiten movimientos en dos planos.

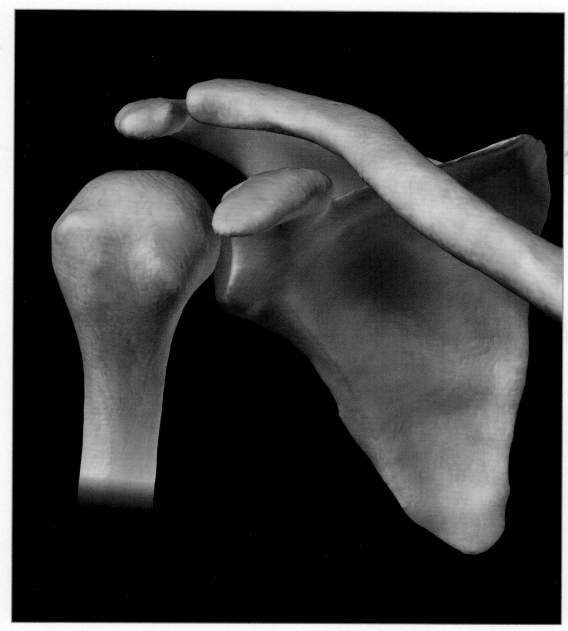

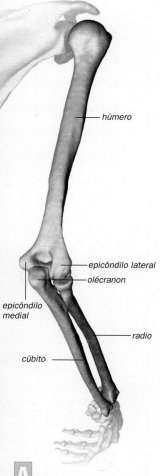

húmero

epicóndilo lateral

olécranon

epicóndilo medial

radio

cúbito

Arriba: vista posterior del miembro superior derecho. La articulación en forma de bisagra del codo permite que el antebrazo se flexione o se extienda.

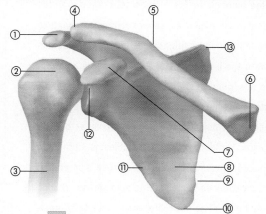

Arriba se puede observar una vista anterior de los huesos del hombro, mientras que a la derecha hay una vista posterior.

REFERENCIAS

① Acromion
② Cabeza del húmero
③ Diáfisis del húmero
④ Extremo acromial de la clavícula
⑤ Clavícula
⑥ Extremo esternal de la clavícula
⑦ Apófisis coracoides
⑧ Escápula
⑨ Borde medial de la escápula
⑩ Ángulo inferior
⑪ Borde lateral de la escápula
⑫ Fosa glenoide
⑬ Ángulo superior
⑭ Espina de la escápula

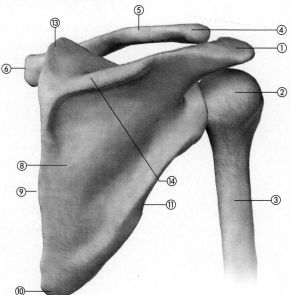

Las manos son las partes más flexibles y versátiles del cuerpo humano: son lo suficientemente robustas como para sostener y asir objetos pesados; tienen la suficiente precisión como para enhebrar una aguja, y también son lo suficientemente delicadas como para pintar una acuarela. Esta versatilidad se debe a la cantidad, las formas y la disposición de los 27 huesos que constituyen su estructura.

MANO Y MUÑECA

La gran cantidad de pequeños huesos que forman la mano le otorgan gran flexibilidad y versatilidad.

Ocho pequeños huesos carpales, colocados en dos hileras, forman el carpo o la muñeca. Los huesos se denominan según la forma. En la hilera proximal se ubican el pisiforme (tiene forma de arveja), el hueso piramidal (tiene forma de pirámide), el hueso semilunar (tiene forma de luna creciente) y el escafoides (tiene forma de bote); mientras que en la hilera distal se ubican el hueso ganchoso (tiene forma de gancho), el hueso grande del carpo (con cabeza redondeada) y dos huesos que tienen cuatro lados, el trapecio y el trapezoide. El hueso pisiforme se puede sentir y observar fácilmente como un bulto en la parte inferior de la muñeca. Los huesos carpales forman un "puente" entre los huesos del antebrazo y la palma y los dedos de la mano. Se articulan entre sí a través de articulaciones planas, pero sus movimientos deslizantes están restringidos por ligamentos estabilizadores.

Cinco huesos largos, llamados metacarpianos, forman el metacarpo o palma de la mano. El metacarpiano del pulgar forma una articulación en forma de montura con el trapecio, lo que le otorga movilidad adicional, permitiéndole moverse de un lado al otro de la palma y oponerse a los otros dedos. Esta oposición permite que la mano ejecute movimientos precisos y asimientos que impliquen fuerza. Los extremos distales de los metacarpianos son los "nudillos", que se pueden observar cuando se cierran los puños.

Los dedos están formados por 14 huesos largos denominados falanges. Cada dedo tiene tres falanges (falange proximal, media y distal), mientras que el pulgar tiene dos falanges (proximal y distal). La gran cantidad de articulaciones (articulaciones condiloideas entre los metacarpos y las falanges y articulaciones en forma de bisagra entre las falanges) de los dedos les otorgan gran movilidad.

OSIFICACIÓN ENDOCONDRAL

La osificación es el proceso mediante el cual los huesos se forman antes del nacimiento y durante la niñez, la infancia y la adolescencia. La mayoría de los huesos (además de los huesos del cráneo y de las clavículas; ver página 40) se forman mediante un proceso denominado osificación endocondral ("dentro del cartílago"). Al principio, el esqueleto está constituido por "plantillas" de cartílago flexible. Gradualmente, estos modelos cartilaginosos son reemplazados por tejido óseo (tanto tejido óseo compacto como esponjoso) producido por los osteoblastos. Durante la infancia, los huesos también se alargan y se ensanchan, permitiendo que el cuerpo aumente de tamaño. Al llegar al final de la adolescencia, cuando el crecimiento se detiene, el proceso de osificación prácticamente se ha completado.

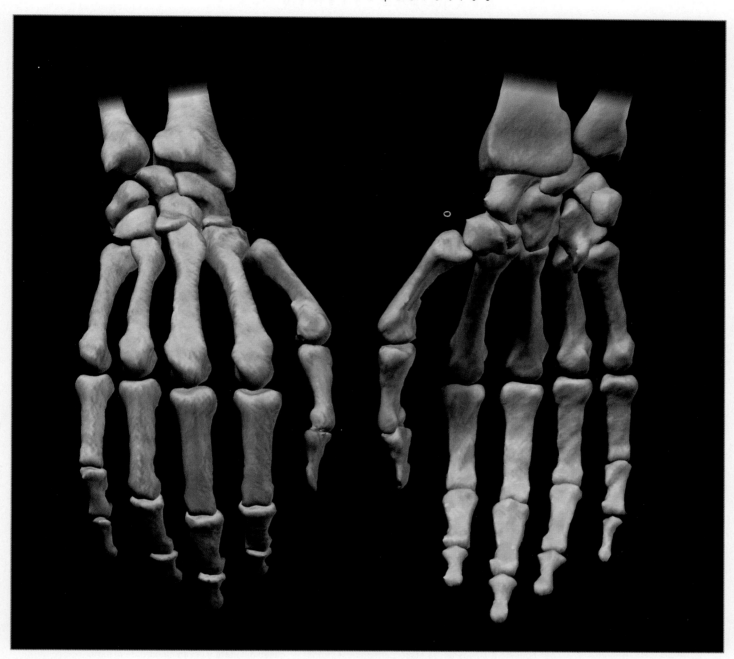

REFERENCIAS

1. Cúbito
2. Hueso semilunar
3. Hueso piramidal
4. Hueso ganchoso
5. Metacarpo
6. Falange proximal
7. Falange media
8. Falange distal
9. Radio
10. Escafoides
11. Trapezoide
12. Trapecio
13. Hueso grande
14. Falange proximal del pulgar
15. Falange distal del pulgar
16. Pisiforme

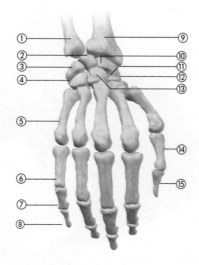

Vista dorsal

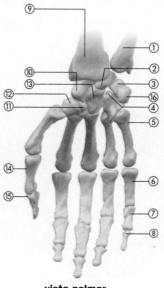

vista palmar

Dos vistas de los huesos de la mano y la muñeca derechas: a la izquierda, vista dorsal (con la palma hacia atrás); a la derecha, vista palmar (con la palma hacia adelante).

La pelvis es el enlace clave entre los miembros inferiores y el tronco. La estructura, en forma de tazón, está compuesta por los dos huesos coxales o de la cadera, que forman la cintura pélvica, y el sacro y el cóccix, que son las regiones más bajas de la columna vertebral. Además de mantener erguido el cuerpo, la pelvis transmite el peso desde el tronco hacia los miembros inferiores y, a la inversa, las fuerzas que se generan por el movimiento en dirección opuesta. La pelvis soporta y protege los órganos reproductores y la vejiga, ubicados en la parte baja del abdomen. Su amplia superficie también suministra un punto de inserción para músculos poderosos, como, por ejemplo, el glúteo mayor (músculo de la nalga), que se extienden hacia el fémur.

PELVIS

Pelvis femenina (izquierda) y masculina (derecha), vistas desde arriba. La pelvis femenina es más ancha y más redonda si se la compara con la pelvis masculina, que tiene forma de corazón. Estas diferencias reflejan el rol que desempeña la mujer en la maternidad.

Cada hueso coxal está formado por tres huesos (ilion, isquion y pubis) que se fusionan durante la adolescencia. El ilion, que constituye la parte principal del hueso coxal, se articula con el sacro en la articulación sacroilíaca, en la parte posterior de la pelvis. El isquion, que es inferior y posterior, soporta el peso del individuo cuando éste está sentado. En la parte delantera de la pelvis el pubis, o hueso púbico, se une a su par opuesto a través de un disco cartilaginoso, en la denominada sínfisis púbica. Fuertes ligamentos refuerzan la articulación sacroilíaca y la sínfisis púbica

para mantener la estabilidad estructural de la pelvis. En la superficie lateral de cada hueso coxal, donde se unen el ilion, el isquion y el pubis, hay una cavidad profunda, denominada acetábulo, que se articula con la cabeza del fémur. Esta articulación esferoidal permite menor libertad de movimientos que la que existe entre el húmero y la escápula, dado que está restringida por fuertes ligamentos estabilizadores.

Las pelvis del hombre y la de la mujer son distintas. La pelvis de la mujer es menos profunda que la del hombre y la abertura central (canal pélvico) es más redonda y ancha si se la compara con la abertura angosta en forma de corazón de la pelvis masculina. El sacro femenino es también más ancho y más corto, y por lo tanto el arco púbico es más amplio. Estas diferencias reflejan el rol que cumple la mujer en la maternidad. El canal pélvico debe ser (y en realidad es) lo suficientemente grande como para que quepa la cabeza de un feto a término a medida que atraviesa el cuello del útero y la vagina durante el parto.

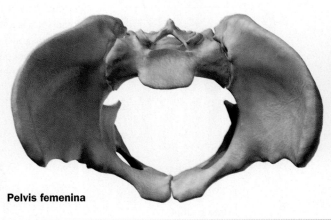

Pelvis femenina

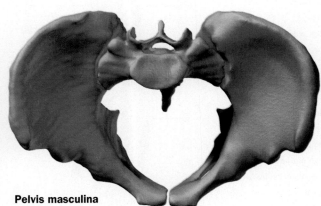

Pelvis masculina

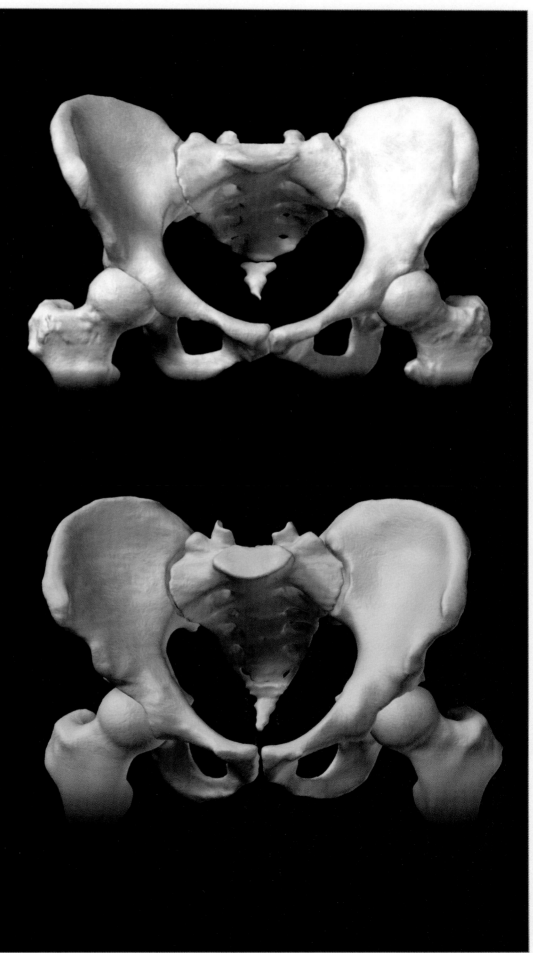

Pelvis femenina (arriba) y masculina (abajo), vistas desde la parte frontal. La pelvis es un importante punto central del cuerpo. No sólo es un enlace entre el tronco y los miembros inferiores, sino que suministra una zona amplia para la inserción de músculos y también alberga y protege a la vejiga, el recto y los órganos reproductores.

Pelvis femenina

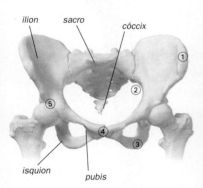

ilion   sacro   cóccix

isquion   pubis

Pelvis masculina

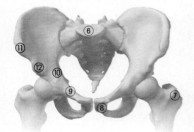

REFERENCIAS

① Cresta ilíaca

② Depresión ciática mayor

③ Tuberosidad isquiática

④ Sínfisis púbica

⑤ Acetábulo

⑥ Promontorio sacro

⑦ Trocánter mayor del fémur

⑧ Rama púbica inferior

⑨ Rama púbica superior

⑩ Eminencia iliopúbica

⑪ Espina ilíaca anterior superior

⑫ Espina ilíaca anterior inferior

Aunque los miembros inferiores y los superiores tienen la misma cantidad de huesos (30) y la misma estructura general, sus funciones son distintas. Los huesos, largos y más fuertes, y los pies, anchos, del miembro inferior suministran estabilidad, soportan el peso del cuerpo y absorben las fuerzas que se generan al correr y al saltar. Las tres partes del miembro inferior son el muslo, la pierna y el pie (ver páginas 214 a 219).

MUSLO, RODILLA, PIERNA Y TOBILLO

El fémur, o hueso del muslo, es el hueso más largo de todos los huesos del cuerpo y soporta su peso. En su extremo proximal, la cabeza redondeada se inserta en el acetábulo (ver página 53), la cavidad que se encuentra en la pelvis, para formar una articulación esferoidal reforzada por ligamentos fuertes. Un cuello angular marca el camino hacia la diáfisis, que es curva, al igual que la de los otros huesos largos, para suministrar mayor resistencia ante los esfuerzos. En el lugar donde el cuello se une con la diáfisis están el trocánter mayor y el menor, que son lugares de unión para los músculos del muslo y de la nalga. En el extremo distal, el fémur se ensancha y aparecen los cóndilos medial y lateral, que forman una articulación en forma de bisagra (la rodilla) con la tibia. La rótula o patela es un hueso triangular envuelto por el tendón del músculo cuádriceps femoral (ver página 82), que protege la articulación de la rodilla en posición anterior.

El más largo de los huesos de la pierna es la tibia, o hueso de la espinilla, que transmite el peso del cuerpo al pie. Los cóndilos lateral y medial de su extremo proximal se articulan con el fémur en la rodilla, mientras que en el extremo distal, la tibia forma la articulación del tobillo (una articulación en forma de bisagra) con el astrágalo, uno de los huesos del tobillo, y con la fíbula, delgada, que es el otro hueso de la pierna, y se articula en ambos extremos con la tibia. A diferencia de los huesos del antebrazo, estas articulaciones permiten sólo un movimiento muy ligero, pero suministran estabilidad. El maléolo medial de la tibia y el maléolo lateral de la fíbula forman los bultos óseos característicos a cada lado del tobillo.

REMODELACIÓN Y REPARACIÓN ÓSEAS

El tamaño y la forma de los huesos sufren modificaciones a lo largo de la vida. Los huesos están constituidos por tejidos dinámicos y activos que constantemente se renuevan a sí mismos mediante un proceso denominado remodelación. Éste es el resultado de dos procesos complementarios: la deposición ósea por parte de los osteoblastos y la reabsorción ósea por parte de los osteoclastos (ver página 38). La forma del hueso se modifica en respuesta al esfuerzo mecánico que sufre por la tracción de los músculos y de la gravedad. El depósito de células óseas también es responsable por el proceso de autorreparación que se produce cuando los huesos se fracturan.

Los tres huesos principales del miembro inferior (uno en el muslo y dos en la pierna) se unen en una articulación en forma de bisagra en la rodilla.

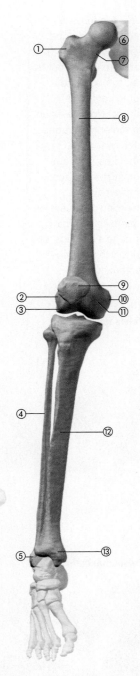

REFERENCIAS

① Trocánter mayor
② Epicóndilo lateral
③ Cóndilo lateral
④ Fíbula
⑤ Maléolo lateral
⑥ Cabeza del fémur
⑦ Cuello del fémur
⑧ Cuerpo del fémur
⑨ Rótula
⑩ Epicóndilo medial
⑪ Cóndilo medial
⑫ Tibia
⑬ Maléolo medial

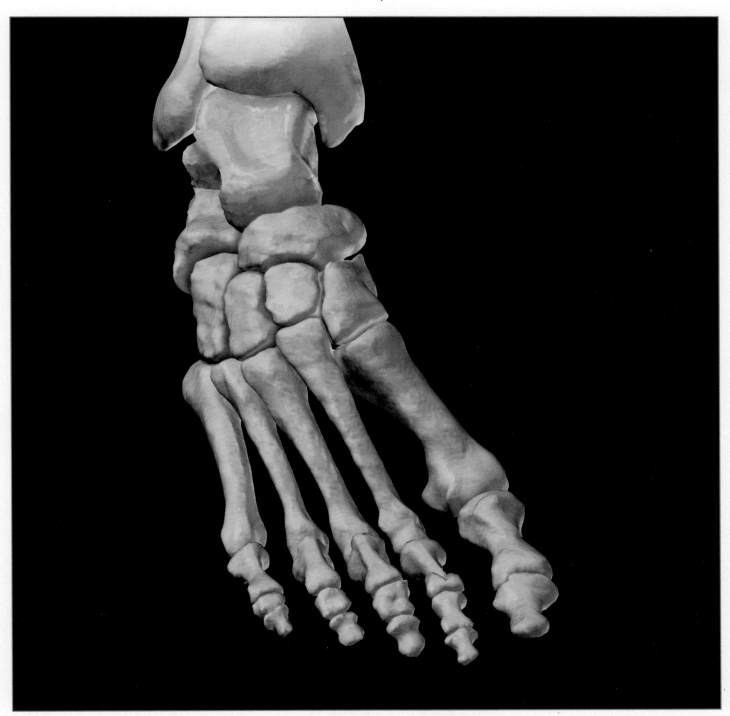

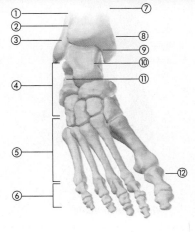

REFERENCIAS

① Fíbula

② Articulación tibiofibular distal

③ Maléolo lateral

④ Tarsales

⑤ Metatarsianos

⑥ Falanges

⑦ Tibia

⑧ Maléolo medial

⑨ Superficie articular del
   maléolo medial

⑩ Astrágalo

⑪ Calcáneo (hueso del talón)

⑫ Hállux (dedo gordo)

L a articulación del tobillo es una articulación en forma de bisagra, compuesta por la tibia (el hueso de la espinilla), la fíbula y el astrágalo, uno de los huesos del torso.

Los pies soportan el peso del cuerpo, lo mantienen en equilibrio e impiden que se caiga, ya sea que esté en reposo o en movimiento. Los pies también funcionan como palancas que empujan el cuerpo hacia adelante durante el movimiento. Mientras que cada pie tiene 26 huesos, solamente uno menos que cada mano, es mucho menos flexible y móvil que la mano. Los huesos del pie son más grandes que los huesos de la mano; su disposición, combinada con la presencia de ligamentos poderosos, les permite moverse con menor libertad, pero facilita la función del pie, que es soportar el peso y propulsar el movimiento. A pesar de la escasa movilidad, el hecho de estar formados por muchos huesos hace que los pies sean flexibles, de modo que se puedan mover con comodidad sobre superficies tanto lisas como rugosas.

PIE

REFERENCIAS

1. Calcáneo
2. Cuboides
3. Metatarsiano
4. Falange proximal
5. Falange media
6. Falange distal
7. Astrágalo
8. Escafoides
9. 3er cuneiforme
10. 2do cuneiforme
11. 1er cuneiforme
12. Falange distal del hallux

Dos vistas de los huesos del pie derecho: a la izquierda, una vista dorsal (superior); a la derecha, una vista plantar (inferior).

Al igual que las manos, los pies tienen tres conjuntos de huesos. El tarso está formado por siete huesos tarsales. El astrágalo se articula con la tibia y la fíbula para formar la articulación del tobillo. El calcáneo, que es el hueso más grande del tarso, forma el talón y es

el punto de inserción del gran tendón calcáneo (tendón de Aquiles) de los músculos de la pantorrilla (ver página 217). En la posición erguida, tanto el calcáneo como el astrágalo soportan el peso del cuerpo en forma inicial antes de transferirlo hacia delante. Los otros huesos tarsales son el escafoides (en forma de bote), el cuboides y el primer, segundo y tercer cuneiformes (en forma de cuña).

Los cinco metatarsianos forman el metatarso, o la parte principal de la planta del pie. En los extremos distales, donde se articulan con los huesos de los dedos, forman la parte delantera del pie. El primer metatarsiano (medial) es el más fuerte y el que soporta la mayor parte del peso corporal. En conjunto, los huesos del tarso y del metatarso, en virtud de su disposición y del refuerzo que brindan los ligamentos y tendones, forman una bóveda que mantiene la planta del pie despegada del suelo. Los arcos de esta bóveda, similares a resortes, absorben el impacto que se experimenta al caminar y correr (en primer lugar, aplanando el pie y, luego, haciendo que vuelva a retomar su forma) y distribuyen el peso del cuerpo. Los huesos tarsales y metatarsales también actúan como palancas, elevando el cuerpo e impulsándolo hacia adelante al caminar y correr.

Las catorce falanges de los dedos son mucho más cortas y menos móviles que las de los dedos de las manos. Cada dedo tiene tres falanges, salvo el hallux o dedo gordo, que tiene dos. En lo que respecta a su funcionalidad, los dedos subordinan su función a la del tarso y el metatarso, y contribuyen a mantener el equilibrio.

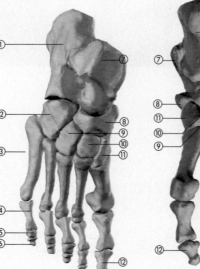

Vista desde arriba

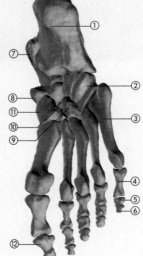

Vista desde abajo

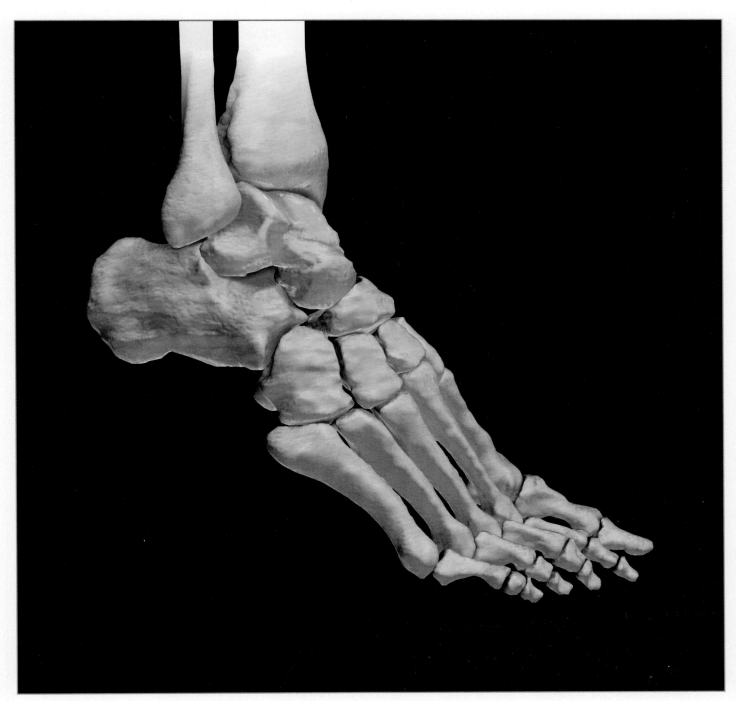

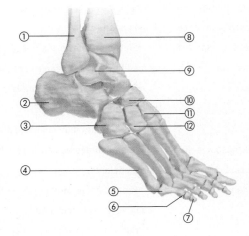

Esta vista lateral de los huesos del pie derecho muestran los arcos similares a resortes (forman la bóveda plantar) que se aplanan para absorber los impactos y luego vuelven a su posición arqueada.

REFERENCIAS

1. Fíbula
2. Calcáneo
3. Cuboides
4. 5º metatarsiano
5. Falange proximal
6. Falange media
7. Falange distal
8. Tibia
9. Astrágalo
10. Escafoides
11. 2ᵈᵒ cuneiforme
12. 3ᵉʳ cuneiforme

El sistema muscular hace que el cuerpo se mueva. Está formado por 640 músculos esqueléticos que se unen a los huesos del esqueleto a través de las articulaciones. Los músculos esqueléticos constituyen alrededor del 40 por ciento del peso del cuerpo y, junto con los huesos y la piel, le dan forma a éste.

SISTEMA MUSCULAR

El tejido muscular utiliza energía para contraerse o acortarse. Este movimiento de contracción suministra la energía para mover los huesos y producir una amplia gama de movimientos corporales, desde correr hasta sonreír. Los músculos también mantienen la postura corporal y equilibran las articulaciones. El calor que se libera como un producto secundario de la contracción muscular ayuda a mantener caliente el cuerpo.

ORÍGENES E INSERCIONES

Normalmente, cada músculo esquelético se une a los huesos en uno o más puntos a través de estructuras de tejido conectivo denominados tendones. Cuando el músculo se contrae, un hueso permanece en reposo y forma un punto fijo, mientras que el otro hueso se mueve. El extremo del músculo que se une al hueso que no se mueve se denomina origen; el otro extremo, que se une al hueso que se mueve, se denomina inserción. El cuerpo se mueve cuando los músculos se contraen a través de las articulaciones y las inserciones se mueven hacia los orígenes.

GAMA DE MOVIMIENTOS

Los movimientos ejecutados por los músculos dependen de su posición, de los otros músculos con los que puedan trabajar y del tipo de articulación (ver página 48) que atraviesan.

A continuación se suministra una lista de los movimientos principales que ejecutan los músculos. La acción principal de un músculo en particular (como, por ejemplo, un músculo flexor o extensor) puede estar indicada por el nombre mismo (ver lista siguiente).

•Flexión: la disminución del ángulo de la articulación que hace que los huesos se acerquen, como, por ejemplo, al flexionar (doblar) el codo.

•Extensión: lo opuesto de la flexión; el aumento del ángulo de la articulación, como, por ejemplo, enderezar el codo.

•Abducción: mover el hueso para alejarlo de la línea media del cuerpo, como, por ejemplo, mover el brazo en forma lateral y hacia arriba (de costado).

•Aducción: lo opuesto de la abducción, mover el hueso hacia la línea media del cuerpo, como, por ejemplo, mover el brazo hacia el medio y hacia abajo (hacia adentro).

•Elevación: elevar los huesos, como, por ejemplo, la mandíbula o las escápulas al sacudir los hombros.

•Depresión: lo opuesto de la elevación, movimiento descendente.

•Supinación: movimiento del radio alrededor del cúbito en el antebrazo para girar la palma de la mano hacia adelante.

•Pronación: lo opuesto de la supinación, girar la palma de la mano hacia atrás.

•Rotación: mover el hueso alrededor de su eje.

REFERENCIAS

① Frontal
② Orbicular de los ojos
③ Deltoides
④ Bíceps braquial
⑤ Braquial
⑥ Braquiorradial
⑦ Flexor común superficial de los dedos
⑧ Cuádriceps femoral
⑨ Tibial anterior
⑩ Cigomático mayor
⑪ Orbicular de la boca
⑫ Esternocleidomastoideo
⑬ Pectoral mayor
⑭ Recto abdominal
⑮ Oblicuo externo
⑯ Flexo radial del carpo (palmar mayor)
⑰ Tensor de la fascia lata
⑱ Sartorio
⑲ Peroneo largo
⑳ Extensor largo de los dedos del pie

Vista anterior de todo el cuerpo, sin la piel ni la grasa subcutánea, para poder observar los músculos superficiales esqueléticos principales, incluyendo los que ejecutan las expresiones faciales, los que flexionan el brazo y el codo y los que extienden la rodilla.

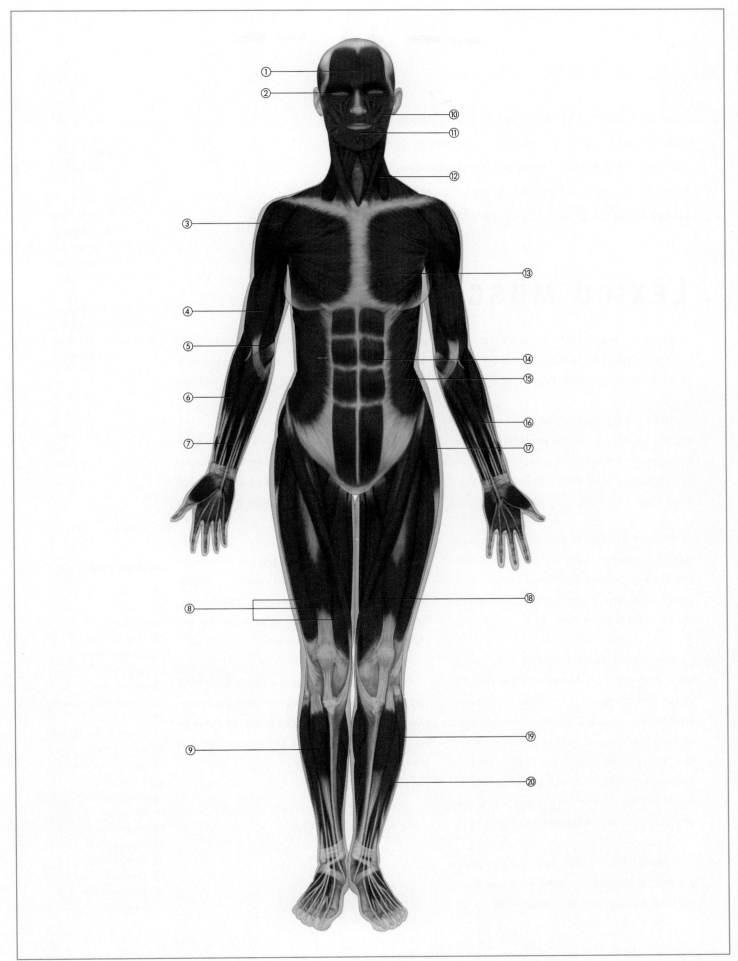

A primera vista, los nombres de los músculos esqueléticos pueden parecer incomprensibles, pues derivan de raíces en latín o griego. Sin embargo, la mayoría de los nombres de los músculos se basan en una o más de las características estructurales o funcionales que aparecen en la siguiente lista.

LÉXICO MUSCULAR

•Forma: la forma relativa del músculo, como, por ejemplo, el deltoides (triangular), el trapecio (trapezoidal) o el romboides (romboidal).

•Ubicación: la región del cuerpo o hueso con el que está asociado el músculo. Por ejemplo, los músculos intercostales (costal significa "costilla") se ubican entre las costillas; el músculo frontal recubre el hueso frontal del cráneo.

•Cantidad de orígenes: algunos músculos tienen más de un origen o cabeza ("-ceps" significa "cabeza"). El bíceps braquial y el tríceps braquial tienen dos y tres orígenes, respectivamente; el cuádriceps femoral tiene cuatro orígenes.

•Dirección de las fibras musculares en relación con la línea media del cuerpo: las fibras rectas se ubican paralelamente a la línea media, como en el caso del recto femoral (el músculo recto del muslo); las fibras transversales se ubican perpendicularmente a la línea media, como en el caso del músculo transverso del abdomen; y las fibras oblicuas se ubican en diagonal con respecto a la línea media, como en el caso del oblicuo externo del abdomen.

•Tamaño relativo: "mayor" significa el más grande y "menor" el más pequeño, como en el caso de los músculos más grandes y más pequeños de las nalgas (glúteo mayor y glúteo menor); también pueden ser "largos" o "cortos", como en el caso de algunos músculos de la pierna (peroneo largo y peroneo corto) que mueven el pie.

•Origen e inserción del músculo: el músculo esternocleidomastoideo del cuello, por ejemplo, tiene dos orígenes, en el esternón ("esterno-") y en la clavícula ("-cleido-"), y se inserta en la apófisis mastoides del hueso temporal del cráneo.

•Acción del músculo (ver página 58): por ejemplo, "flexor" significa que el músculo flexiona una articulación. Otros términos que se relacionan con la acción del músculo incluyen extensor, abductor, aductor, elevador, depresor, supinador, pronador.

•Nombres combinados: por ejemplo, el extensor carporradial largo es un músculo extensor que endereza la muñeca ("carpo"), se ubica a lo largo del hueso radio ("radial") y es más largo que su compañero, el extensor carporradial corto.

Vista posterior de los músculos superficiales, incluyendo los que brindan soporte a la cabeza y el cuello, y los que extienden el codo y los que flexionan la rodilla. Los tendones que insertan los músculos en el hueso se pueden ver con claridad, incluyendo el tendón calcáneo (de Aquiles), que es uno de los más importantes del cuerpo.

REFERENCIAS

① Occipital
② Trapecio
③ Deltoides
④ Tríceps braquial
⑤ Extensor común de los dedos
⑥ Aductor mayor
⑦ Gastrocnemio (gemelos)
⑧ Sóleo
⑨ Esternocleidomastoideo
⑩ Infraespinoso
⑪ Redondo mayor
⑫ Dorsal ancho
⑬ Oblicuo externo
⑭ Glúteo medio
⑮ Glúteo mayor
⑯ Bíceps femoral
⑰ Semitendinoso
⑱ Semimembranoso
⑲ Tendón calcáneo (de Aquiles)

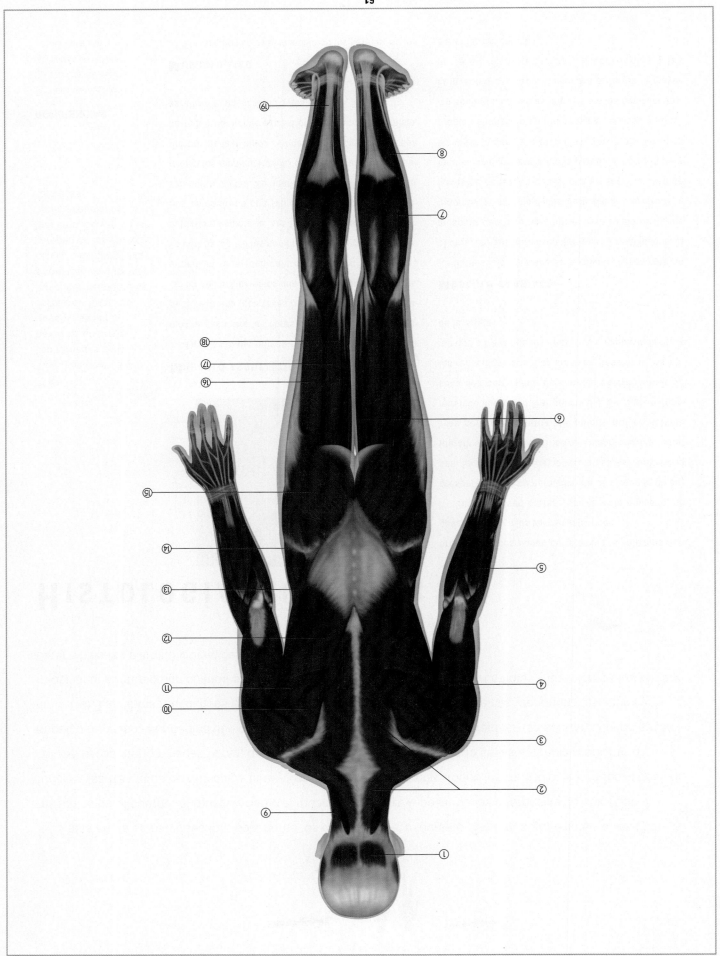

HISTOLOGÍA MUSCULAR

Hasta ahora se han descripto solamente los músculos del esqueleto. Sin embargo, existen otros tipos de músculos en el cuerpo: el músculo liso y el músculo cardíaco. A pesar de las diferencias de ubicación y función, los tres tipos de músculos tienen características en común. Todos los músculos están formados por células largas, denominadas fibras, que son excitables (responden cuando se las estimula mediante un impulso nervioso –ver página 88– o una hormona –ver página 104–) y contráctiles (se acortan cuando se las estimula). Las fibras musculares contienen dos tipos de filamentos de proteínas, denominadas actina y miosina, que interactúan cuando se estimula la fibra para que se contraiga. La fibras musculares también son extensibles (se alargan) y elásticas (vuelven a su forma original).

REFERENCIAS

① Capa de músculo liso
② Fibra de músculo liso
③ Núcleo de la fibra
muscular lisa

Fibras de músculo liso tomadas de la pared de un órgano hueco. Las fibras, cortas, en forma de huso, normalmente se entrelazan para formar capas. Las fibras lisas carecen de las estrías que se observan en las fibras esqueléticas o cardíacas.

MÚSCULO ESQUELÉTICO

Las fibras del músculo esquelético, que son las más largas entre las fibras musculares, tienen un aspecto estriado (con rayas o estrías) debido a la disposición de los filamentos que se ubican dentro de ellas, y también se pueden controlar en forma consciente y voluntaria, de allí los nombres alternativos de músculo estriado o voluntario. Las fibras del músculo esquelético se contraen con rapidez y firmeza, pero se cansan con facilidad. Se unen en paquetes denominados fascículos mediante tejido conectivo denominado perimisio; los fascículos se unen por medio de una capa de tejido conectivo protector, denominado epimisio, para formar un músculo completo.

MÚSCULO LISO

El músculo liso es el músculo de las paredes de los órganos huecos como, por ejemplo, el intestino delgado, la vejiga o los vasos sanguíneos. Sus fibras son cortas y su aspecto ahusado; no presentan estrías y normalmente se disponen en capas. La contracción del músculo liso es involuntaria (de allí su nombre alternativo, músculo involuntario) y es controlada automáticamente por el sistema nervioso autónomo (ver página 96). Sin que una persona sea consciente de ello, las contracciones de los músculos lisos, por ejemplo, desplazan los alimentos a través de los intestinos o expulsan la orina de la vejiga.

MÚSCULO CARDÍACO

El músculo cardíaco se encuentra solamente en el corazón. Sus fibras son estriadas y ramificadas. El músculo cardíaco se contrae y se relaja en forma automática, sin necesidad de estímulos externos, y jamás se cansa, ya que brinda un servicio durante toda la vida comprimiendo la pared del corazón para bombear la sangre a todo el cuerpo. Tiene un ritmo propio establecido que el sistema nervioso autónomo acelera o hace más lento según las necesidades. El músculo cardíaco, o miocardio, forma la mayor parte de las paredes de los ventrículos y las aurículas del corazón.

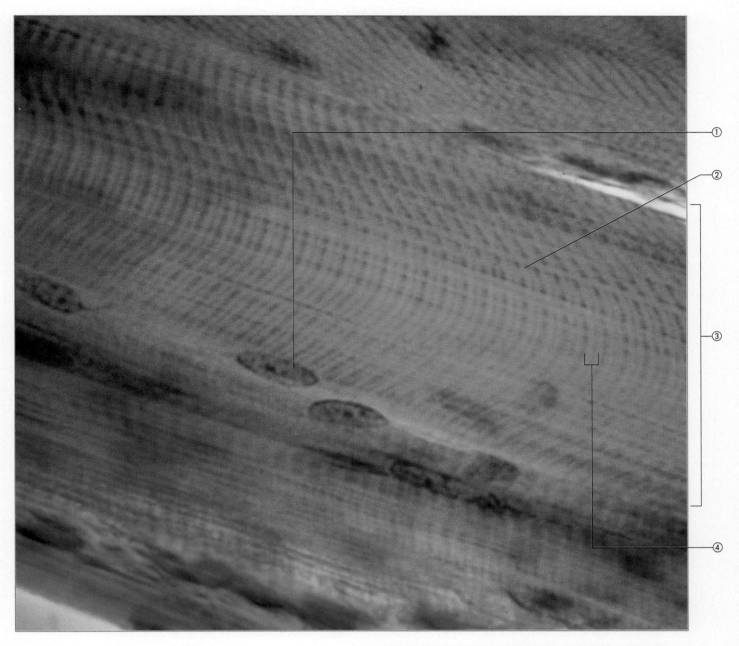

A rriba: vista microscópica de parte de tres fibras musculares esqueléticas ubicadas en forma paralela. En la fibra central se puede apreciar un patrón estriado, producido por la disposición interna de los filamentos contráctiles.

REFERENCIAS

① Núcleo
② Estría (banda)
③ Fibra del músculo esquelético
④ Sarcómera

A la derecha: red de fibras cardíacas ramificadas de la pared de un ventrículo. Las fibras se interconectan en uniones que se denominan discos intercalados, que permiten la transmisión de señales eléctricas que hacen que el músculo cardíaco se contraiga.

REFERENCIAS

① Estría (banda)
② Disco intercalado
③ Fibra del músculo cardíaco
④ Núcleo
⑤ Rama de la fibra del músculo cardíaco

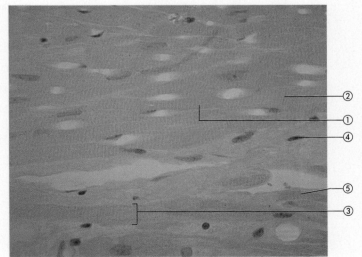

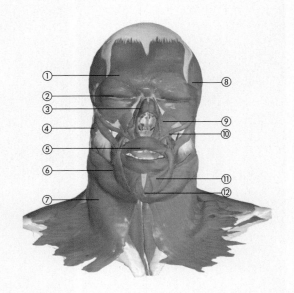

E n la cabeza y el cuello hay más de 30 pequeños músculos. Estos músculos hacen que la piel del rostro se mueva, permitiendo de este modo que una persona transmita una amplia gama de emociones, desde placer hasta enojo, de modo no verbal. Además, hay músculos más grandes que mueven la cabeza y la mantienen erguida y que hacen que la mandíbula se cierre al hablar y al comer.

CABEZA Y CUELLO

Los músculos que se observan en la vista frontal son: el frontal, que empuja el cuero cabelludo hacia adelante para fruncir la frente y levantar las cejas; orbicular de los ojos, que rodea la cavidad orbital y cierra los parpados; elevador del labio superior, que eleva el labio superior y ensancha las ventanas de la nariz para demostrar asco; orbicular de la boca, que rodea la boca y cierra los labios; depresor del ángulo de la boca, que hace que los ángulos de la boca se muevan hacia abajo para hacer muecas; depresor del labio inferior, que hace que el labio inferior se mueva hacia abajo para hacer "trompa"; y el músculo cutáneo del cuello o platisma, ubicado al costado del mentón y del cuello, que hace que los costados de la boca se muevan hacia abajo.

FORMA Y POSICIÓN DE LOS MÚSCULOS

Todos los músculos esqueléticos normalmente tienen las mismas características básicas: el centro del músculo, denominado vientre, se conecta por dos extremos a los huesos u otras estructuras. Sin embargo, la forma, la fuerza y la movilidad de los músculos individuales dependen de la forma en que están colocados los fascículos (haces de fibras).

•Músculos paralelos: los fascículos están colocados en forma paralela al eje largo del músculo. Pue-den ser fusiformes, con un vientre carnoso (por ej., el bíceps braquial) o en forma de cinta (por ej., el sarto-rio, en el muslo).

•Músculos penniformes: los fascículos están colocados en forma oblicua con respecto a un tendón ubicado a lo largo de la línea media o de un lado del músculo. Estos músculos pueden ser unipenniformes, en los que los fascículos están unidos a uno de los lados del tendón (por ej., el extensor común de los dedos del pie), bipenniformes, en los que los fascículos están unidos a ambos lados de un tendón central, como una pluma (por ej., el recto femoral) o multipenni-formes, con varias unidades bipenniformes (por ej., el músculo deltoides del hombro).

•Circular: con hileras concéntricas de fascículos, que forman un esfínter que controla el cierre de los orificios externos del cuerpo (por ej., el orbicular de los ojos, ubicado en los párpados).

E stos músculos tiran de la piel para modificar la topografía de la cara, produciendo de este modo una amplia gama de expresiones faciales.

REFERENCIAS

① Frontal
② Orbicular de los ojos
③ Nasal
④ Cigomático mayor
⑤ Orbicular de la boca
⑥ Depresor del ángulo de la boca
⑦ Cutáneo del cuello o platisma
⑧ Temporal
⑨ Elevador del labio superior
⑩ Cigomático menor
⑪ Depresor del labio inferior
⑫ Mentoniano

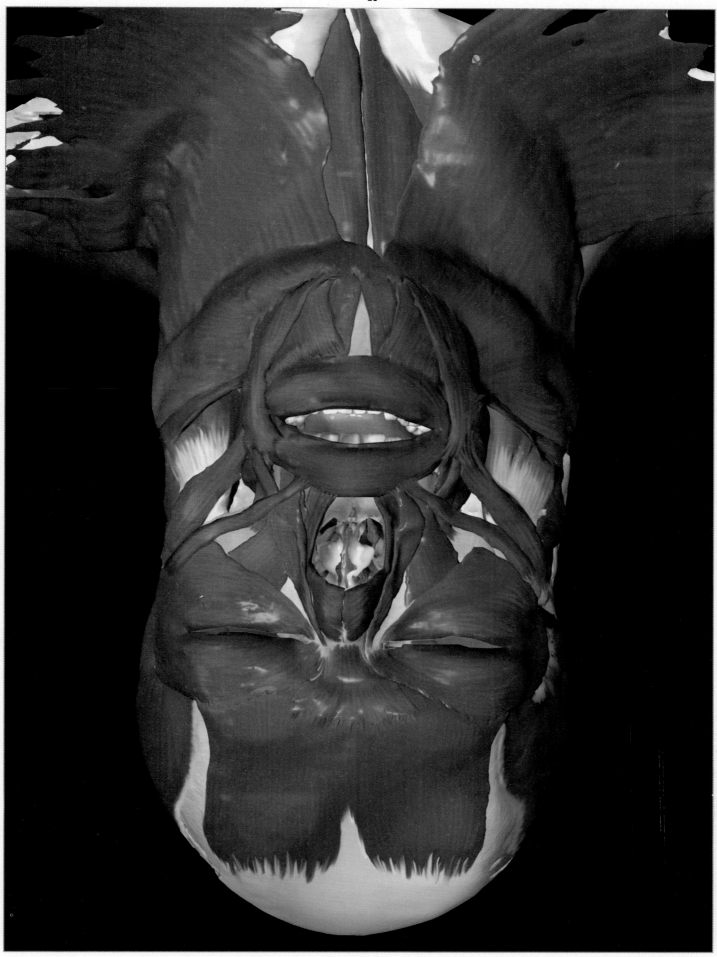

CABEZA Y CUELLO

1 Los músculos grandes y poderosos de la cabeza mueven las mandíbulas al comer, mientras que los músculos del cuello brindan soporte a la cabeza y la mueven.

En la vista lateral de la cabeza y del cuello aparecen otros músculos que participan en la expresión facial, y que sostienen y mueven la cabeza y el cuello. El risorio tira de los ángulos de la boca en forma lateral al sonreír, mientras que los cigomáticos elevan los ángulos de la boca al sonreír y reír. El buccinador, o músculo de la mejilla, empuja las mejillas hacia adentro durante la succión e introduce la comida entre los dientes durante la masticación. El temporal y el masetero son dos músculos poderosos que elevan la mandíbula para cerrar la boca, por ejemplo, durante la masticación. El occipital, ubicado en la parte posterior del cráneo, se une al frontal a través de un tendón plano, la aponeurosis epicraneal. En conjunto, estos dos músculos empujan el cuero cabelludo hacia delante (frontal) y hacia atrás (occipital). Los esternocleidomastoideos flexionan la cabeza, llevándola hacia delante; cuando actúa en forma individual, el esternocleidomastoideo gira la cabeza hacia el costado contrario. El trapecio tiene una acción opuesta, ya que lleva la cabeza y los hombros hacia atrás.

REFERENCIAS

1. Occipital
2. Temporal
3. Masetero
4. Esternocleidomastoideo
5. Trapecio
6. Aponeurosis epicraneal
7. Frontal
8. Placas cartilaginosas de la parte externa de la nariz
9. Cigomático mayor
10. Buccinador
11. Depresor del ángulo de la boca

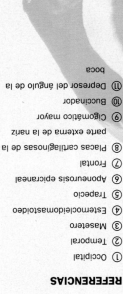

CÓMO SE CONTRAEN LAS FIBRAS MUSCULARES

Una sola fibra de músculo esquelético (cuya longitud puede variar desde 1 mm hasta 30 cm, está compuesta por miles de miofibrillas paralelas, similares a varillas, que se extienden a lo largo de toda la fibra. Cada miofibrilla está formada por una cadena de unidades enlazadas denominadas sarcómeras. Dentro de cada sarcómera hay conjuntos paralelos de filamentos de proteínas contráctiles: filamentos finos de actina, unidos a cada extremo de la sarcómera, pero que no se unen en el centro; y filamentos gruesos de miosina, ubicados en el centro de la sarcómera. Cuando el músculo está en reposo, los filamentos de actina y miosina se superponen parcialmente.

Cuando un nervio estimula la contracción, envía señales eléctricas a las fibras que forman el músculo, lo que hace que los filamentos de actina se deslicen hacia el centro de la sarcómera. Esto ocurre porque los filamentos de actina y miosina crean e interrumpen puentes cruzados entre ellos, para la que se requiere energía; esta acción, para la que se requiere energía, provoca un efecto de "trinquete", que hace que los filamentos de actina se dirijan hacia el centro de la sarcómera. A medida que los filamentos de actina se deslizan, las miofibrillas y sus fibras se acortan, haciendo que el músculo se contraiga. Cuando cesa la estimulación nerviosa, los filamentos de actina se desplazan hacia su posición original y el músculo se relaja.

El músculo que domina la región superficial de la parte delantera del tórax es el pectoral mayor, Un músculo grande con forma de abanico, cuyos orígenes se ubican en la clavícula, el esternón y los cartílagos costales de la 1ª a la 6ª costillas. La inserción se ubica en el tubérculo mayor del húmero. El pectoral mayor flexiona el brazo a la altura del hombro, de modo que se pueda alzar anteriormente (hacia adelante). También acerca el brazo al cuerpo y rota el brazo en forma medial (hacia el cuerpo). Este músculo se utiliza en actividades como, por ejemplo, escalar, lanzar y empujar.

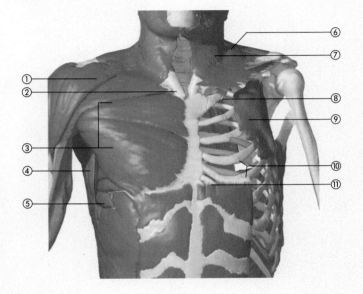

TÓRAX

El músculo pectoral menor, que está ubicado profundamente al pectoral mayor, tiene su origen en las costillas 3ª a 5ª y se inserta en la escápula. Cuando las costillas se mantienen fijas, empuja la escápula hacia delante y hacia abajo; cuando la escápula está fija, ayuda a que las costillas se eleven durante la respiración forzada. El músculo serrato anterior, que tiene un aspecto de "serrucho", cumple una función importante al levantar el brazo y en los movimientos horizontales del hombro. Los músculos intercostales se ubican con orientación oblicua entre las costillas; estos músculos ayudan a mover las costillas durante la respiración.

ACCIONES DE LOS MÚSCULOS

La mayoría de los músculos esqueléticos funcionan como parte de un sistema de palancas. Una palanca es una vara rígida que se mueve sobre un punto fijo, denominado punto de apoyo, cuando una fuerza, el esfuerzo, se aplica para superar otra fuerza, denominada carga o resistencia. Las palancas permiten que una carga pesada se pueda mover con menor esfuerzo del que sería necesario normalmente.

En el cuerpo, los huesos actúan como palancas: la articulación es el punto de apoyo, la contracción muscular suministra el esfuerzo y la carga es la parte del cuerpo que se debe mover.

Hay tres clases de palancas según las posiciones relativas de esfuerzo (E), carga (C) y punto de apoyo (P).

•Primera clase: P se ubica entre E y C, como en el caso del sube y baja o de las tijeras. En el cuerpo, el trapecio (E) extiende la cabeza (C), siendo P la articulación entre el atlas y el cráneo.

•Segunda clase: C se ubica entre P y E, como en el caso de una carretilla. Para ponerse en puntas de pie, los músculos de la pantorrilla (E) impulsan el cuerpo hacia arriba (C) y la parte delantera del pie actúa como P.

•Tercera clase: E se ubica entre C y P, como en el caso del fórceps (tenazas). La mayoría de los músculos esqueléticos trabajan en sistemas de tercera clase. En la articulación del codo (P) el músculo bíceps braquial (E) tira del hueso radio para flexionar el an-

REFERENCIAS

① Deltoides
② Esternocleidomastoideo
③ Pectoral mayor
④ Dorsal ancho
⑤ Serrato anterior
⑥ Trapecio
⑦ Cutáneo del cuello
⑧ Cartílago costal de la 1ª costilla
⑨ Pectoral menor
⑩ Posición de los músculos intercostales
⑪ Cartílago costal de la 6ª costilla

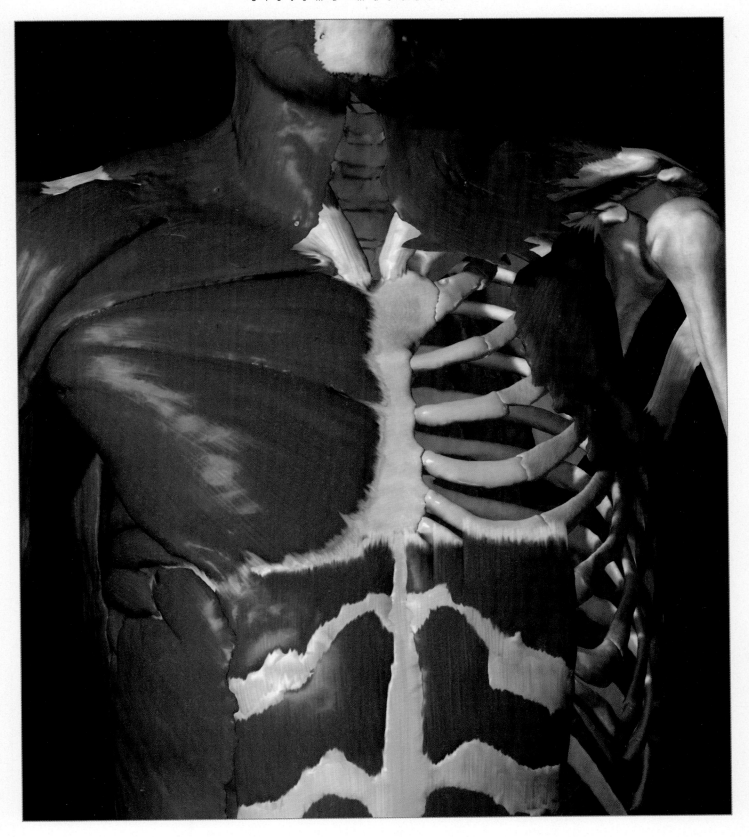

Los músculos de la parte anterior del tórax controlan los movimientos del hombro y del brazo y suministran estabilidad tanto para la escápula como para la articulación del hombro.

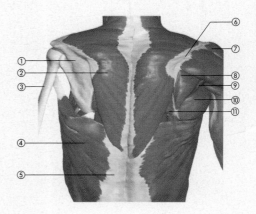

Los músculos superficiales de la parte posterior del tórax mueven los brazos y equilibran el hombro. El trapecio tiene su origen en el cráneo y la columna vertebral, y la inserción en la escápula y la clavícula. Equilibra la escápula mientras otros músculos están actuando, eleva los hombros y ayuda a sostener la cabeza. Tanto redondo mayor como el infraespinoso tienen su origen en la escápula y la inserción en el húmero. El redondo mayor extiende el brazo, lo acerca al cuerpo y lo rota hacia el plano medio; el infraespinoso estabiliza la articulación del hombro manteniendo la cabeza del húmero en su lugar, y rota el brazo lateralmente. El músculo dorsal ancho (el más ancho de la espalda) tiene un origen amplio en la columna vertebral y la pelvis, y la inserción en el húmero. Es el músculo más importante en el movimiento de extensión del brazo (movimiento del brazo hacia atrás), así como también para acercar el brazo y rotarlo hacia el plano medio. El redondo mayor es un colaborador eficaz del dorsal ancho, y permite que el brazo se mueva rápidamente hacia abajo, por ejemplo, al nadar o al martillar.

TÓRAX

INTERACCIONES MUSCULARES

La mayoría de los movimientos requieren que varios músculos trabajen en grupo. Dado que los músculos sólo pueden tirar, y no empujar, algunos de estos músculos tiran de una de las partes del cuerpo en una dirección mientras otros tiran en dirección opuesta. Según la función (o funciones) que desempeñan, los músculos se dividen en cuatro grupos.

•Motor principal o agonista: músculo que suministra la fuerza principal para poder realizar un movimiento determinado. Por ejemplo, el pectoral mayor es el motor principal de la flexión del brazo.

•Antagonista: músculo que tiene una acción contraria a la del músculo motor principal. Por ejemplo, el antagonista del bíceps braquial, el motor principal de la flexión del antebrazo, es el tríceps braquial, el motor principal de la extensión del antebrazo.

•Sinergista: músculo que trabaja en conjunto con el músculo motor principal para producir el mismo movimiento o para reducir los movimientos innecesarios que se pueden producir cuando el músculo motor principal se contrae. Por ejemplo, los sinergistas estabilizan la articulación de la muñeca mientras los músculos flexores de los dedos (cuyos tendones atraviesan la articulación de la muñeca) actúan.

•Fijador: es un músculo sinergista que fija un hueso para estabilizar el origen del músculo motor principal. Por ejemplo, la escápula (que sólo está conectada al esqueleto a través de músculos) se fija a través de músculos como el pectoral menor y el trapecio, mientras que el músculo motor principal, el deltoides, abduce el brazo.

Los potentes músculos del tórax mueven y estabilizan la escápula y provocan movimientos del brazo.

REFERENCIAS

① Escápula
② Trapecio
③ Húmero
④ Músculo dorsal ancho
⑤ Fascia/Aponeurosis lumbodorsa
⑥ Espina de la escápula
⑦ Deltoides
⑧ Infraespinoso
⑨ Largo menor
⑩ Largo mayor
⑪ Romboide mayor

A la izquierda se han eliminado el deltoides, el infraespinoso y el redondo mayor para poder ver la escápula y la articulación del hombro.

Los músculos del hombro y del brazo son los responsables del movimiento del brazo. Los músculos que cruzan la articulación del hombro y se insertan en el húmero (ver página 48), mueven el brazo o estabilizan la articulación del hombro, que es la articulación más flexible pero más inestable del cuerpo. Los músculos del brazo que atraviesan la articulación del codo (una articulación en forma de bisagra) y que se insertan en los huesos del antebrazo flexionan o extienden el antebrazo.

Los músculos del hombro brindan estabilidad a la articulación del hombro, una articulación esferoidal de gran movilidad, pero también muy inestable.

HOMBRO Y BRAZO

La flexión y la extensión de la articulación del codo se logran a través de los músculos del brazo.

REFERENCIAS

1. Columna vertebral (5ª vértebra cervical)
2. Trapecio
3. Clavícula
4. Deltoides
5. Pectoral mayor
6. Tríceps braquial
7. Dorsal ancho
8. Bíceps braquial
9. Serrato anterior
10. Braquial
11. Braquiorradial
12. Costilla

De los diez músculos que atraviesan la articulación del hombro, siete tienen sus orígenes en la escápula, mientras que los otros dos, el pectoral mayor y el dorsal ancho (ver páginas 68 y 70), surgen del esqueleto axial. Uno de los siete músculos "escapulares" es el deltoides, que, al igual que el pectoral mayor y el dorsal ancho, es uno de los músculos motores principales que intervienen en la movilidad del brazo. El deltoides envuelve el hombro, forma su contorno redondeado y está involucrado en todos los

movimientos del brazo. Es el músculo motor principal de la abducción del brazo (funciona como antagonista del pectoral mayor y del dorsal ancho, que son aductores del brazo) y, según cuál es la parte del deltoides que se contrae, flexiona (tira anteriormente) y rota el húmero hacia el plano medio, o extiende (tira posteriormente) el húmero y lo hace rotar en forma lateral. Los otros músculos escapulares, a excepción del coracobraquial, se ubican en la parte posterior de la articulación del hombro. El coracobraquial es un músculo pequeño que flexiona y acerca el húmero hacia el plano medio.

Los músculos de la parte anterior (delantera) del brazo flexionan el codo. El braquial se origina en el húmero y se inserta en el cúbito, tirando de éste para flexionar el antebrazo. Se contrae al mismo tiempo que el bíceps braquial (ver página 76), que flexiona el antebrazo y lo coloca en posición supina. El braquiorradial, que es menos poderoso, tiene su origen en la parte distal del húmero y la inserción en la parte distal del radio y actúa como sinergista del braquial y del bíceps braquial una vez que han flexionado la articulación del codo en forma parcial.

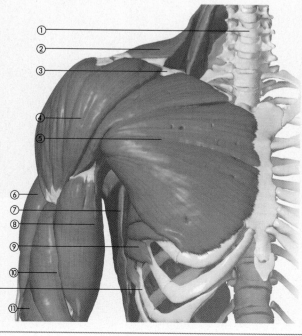

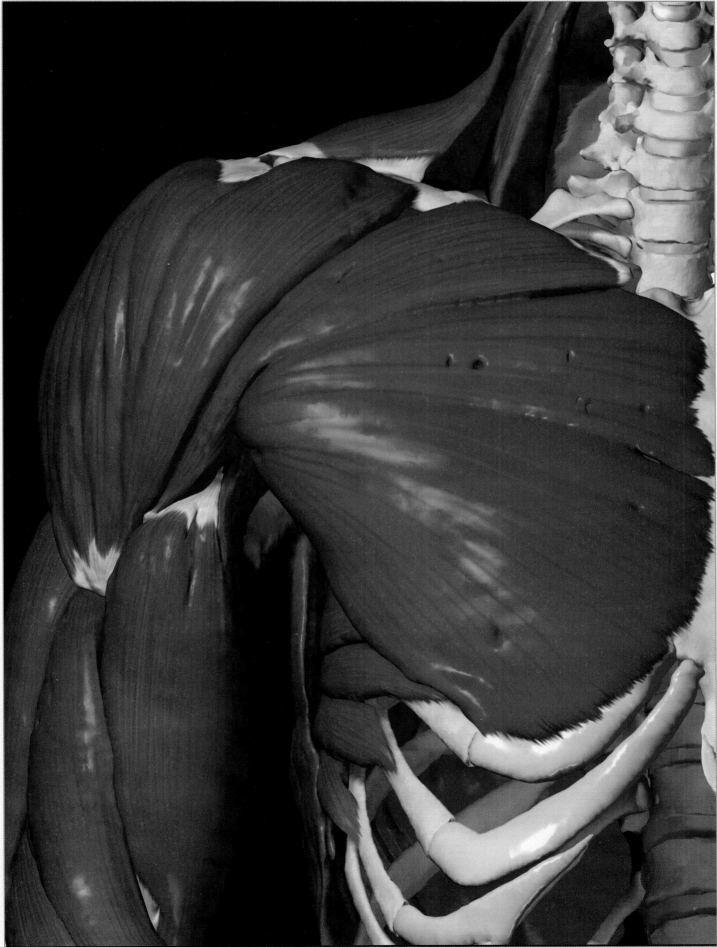

En la parte posterior del hombro, cuatro de los músculos escapulares (el supraespinoso, el infraespinoso, el redondo menor y el subescapular) tienen sus orígenes en la escápula y su insesión en el húmero (ver página 48). Los tendones asociados se amalgaman durante el trayecto con la cápsula fibrosa que rodea la articulación del hombro. Estos músculos se conocen como músculos del manguito rotador, estabilizan la articulación del hombro manteniendo la cabeza del húmero fija en la cavidad glenoidea de la escápula. El músculo redondo mayor extiende el brazo, lo rota hacia adentro y lo acerca hacia el plano medio.

HOMBRO Y BRAZO

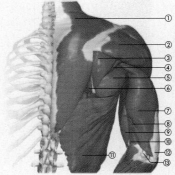

La protuberancia de la parte posterior del brazo la forma el músculo tríceps braquial, motor principal de la extensión del codo. El tríceps braquial tiene tres cabezas: la cabeza larga tiene su origen en la escápula, y las cabezas lateral y medial, en el húmero; la inserción se realiza a través de un tendón común en el olécranon del cúbito (el bulto que se siente en la parte posterior del codo).

CRISPAMIENTO RÁPIDO Y LENTO

El tiempo que tarda un músculo en contraerse y el tiempo durante el cual puede permanecer contraído antes de experimentar fatiga (debido a la falta de energía necesaria para realizar la contracción) varía de un músculo a otro. Estas variaciones se deben principalmente a las diferencias en las fibras musculares. Hay tres tipos básicos de fibras, que varían según la cantidad de mioglobina (pigmento rojo) que contienen (la mioglobina, al igual que la hemoglobina de la sangre, almacena el oxígeno necesario para liberar energía) y su velocidad de contracción.

•Las fibras rojas de crispamiento lento (el crispamiento es una única contracción muscular) son de color rojo, tienen gran cantidad de mioglobina y se contraen lentamente; tienen mucha resistencia a la fatiga, lo que permite que se contraigan durante períodos prolongados de tiempo.

•Las fibras blancas de crispamiento rápido tienen poca cantidad de mioglobina y se fatigan con facilidad; se contraen en forma rápida durante períodos breves y, por lo general, producen contracciones poderosas.

•Las fibras de crispamiento rápido intermedio son rojas debido a un elevado contenido de mioglobina pero también se contraen en forma rápida y no se fatigan con facilidad.

La mayoría de los músculos esqueléticos contienen una mezcla de fibras, aunque las proporciones relativas dependen de la función del músculo. Los músculos del cuello, de la espalda y de los miembros inferiores, que mantienen la postura, por ejemplo, contienen mayor cantidad de fibras rojas de crispamiento lento; los músculos que se utilizan de tanto en tanto para producir acciones súbitas que implican esfuerzo, como arrojar o levantar objetos, por ejemplo: los músculos de los miembros superiores contienen mayor cantidad de fibras blancas de crispamiento rápido; los músculos de los miembros inferiores, que se utilizan al correr, por ejemplo, contienen mayor cantidad de fibras de crispamiento rápido intermedio.

El tríceps braquial, "de tres cabezas", en la parte posterior del brazo, actúa como antagonista del bíceps braquial, ya que extiende el codo.

REFERENCIAS

① Trapecio
② Deltoides
③ Infraespinoso
④ Redondo menor
⑤ Redondo mayor
⑥ Romboides
⑦ Tríceps braquial (cabeza larga)
⑧ Tríceps braquial (cabeza medial)
⑨ Bíceps braquial
⑩ Braquial
⑪ Dorsal ancho
⑫ Tendón del tríceps braquial
⑬ Epicóndilo medial del húmero

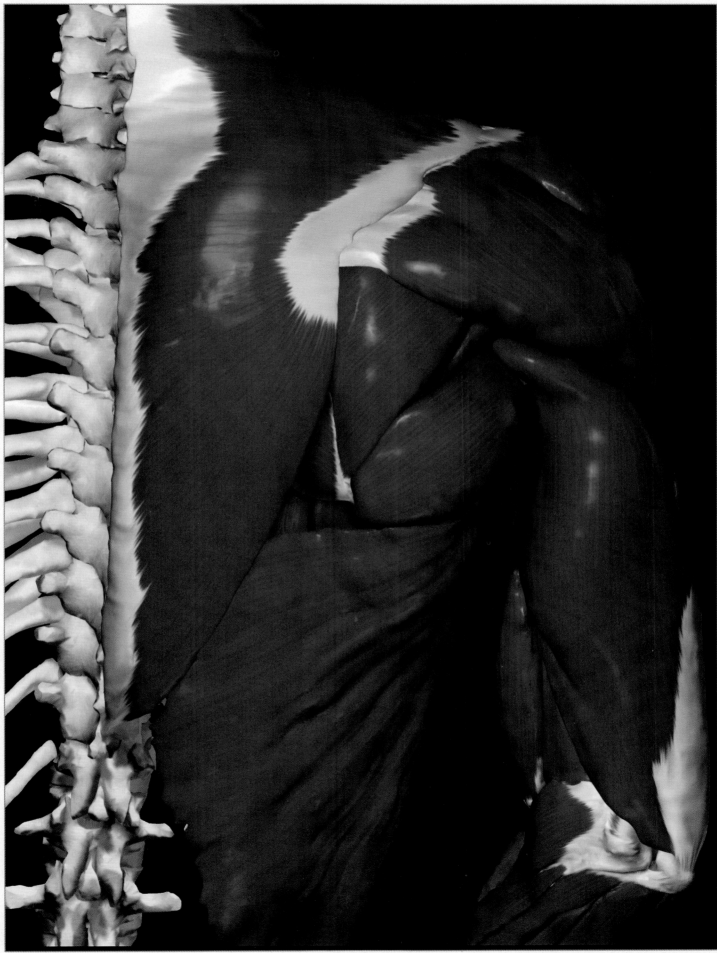

El bíceps braquial (el nombre significa que el músculo tiene dos cabezas y está ubicado en el brazo) es el músculo que contraen comúnmente quienes desean mostrar su potencia muscular, ya que, por ser el más superficial del brazo, sobresale visiblemente durante.la contracción. Es un músculo fusiforme, con un cuerpo carnoso que se ahúsa en ambos extremos para terminar en tendones. Las dos cabezas a las que hace referencia su nombre se ubican en los orígenes, donde dos tendones se unen a la escápula. La inserción se ubica en el radio, hueso del antebrazo. El biceps braquial flexiona el codo y también coloca el antebrazo en posición supina, de modo que la palma de la mano mire hacia adelante.

BÍCEPS BRAQUIAL

Vista posterior del hombro y el brazo derechos, en la que se puede ver claramente el tríceps braquial y su sinergista, el ancóneo, que colabora en la extensión del codo.

ESTRUCTURA Y FUNCIÓN DE LOS TENDONES

Los músculos esqueléticos se unen a los huesos a través de tendones. Cuando el músculo se contrae, el tendón tira del hueso al cual está unido, para hacer que el hueso se mueva en el lugar donde se articula con otro hueso. Algunos tendones conectan los músculos entre sí, mientras que otros, como, por ejemplo, los tendones de la cara, conectan los músculos que producen las expresiones faciales a la piel. Los tendones también ayudan a estabilizar las articulaciones.

Los tendones son extensiones de las capas de tejido conectivo que unen y rodean las fibras musculares. Se componen de tejido conectivo denso que contiene haces de fibras de colágeno (un tipo de proteína) colocados a intervalos regulares y ubicados en forma paralela. Esto produce un tejido flexible de color blanco, que tiene una resistencia considerable contra las fuerzas de tracción.

La mayoría de los tendones se extienden desde los extremos ahusados de los músculos como cables de color blanco. Las extensiones de las fibras de colágeno del tendón, denominadas fibras de Sharpey, fijan firmemente el tendón al hueso correspondiente. Estas fibras, compuestas sobre todo por colágeno, se continúan con el periostio, membrana que recubre al hueso (ver página 38).

Los tendones largos como, por ejemplo, los de las manos y los pies, están rodeados de vainas sinoviales. Éstas contienen líquido sinovial, aceitoso (ver página 36), que lubrica los tendones, que se deslizan a medida que los músculos del antebrazo a los que están unidos tiran de los dedos de las manos o de los pies. Algunos tendones, mal denominados aponeurosis, son planos en lugar de ser similares a un cable. Las aponeurosis no sólo unen los músculos con los huesos sino también los músculos entre sí.

REFERENCIAS

1. Deltoides
2. Escápula
3. Redondo menor
4. Redondo mayor
5. Tríceps braquial
6. Braquial
7. Braquiorradial
8. Epicóndilo lateral del húmero
9. Extensor carporradial largo
10. Extensor carporradial corto
11. Extensor común de los dedos
12. Epicóndilo medial del húmero
13. Olécranon del cúbito
14. Ancóneo

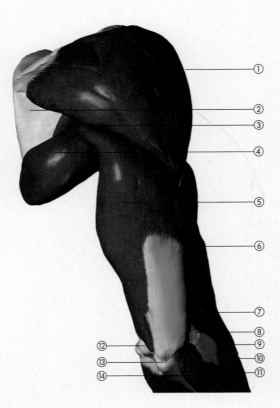

H ombro y brazo derechos vistos desde el lado derecho, donde se pueden observar el bíceps braquial y los otros músculos flexores del antebrazo en la parte anterior del brazo, y el tríceps braquial, que es el motor principal de la extensión del antebrazo, en la parte posterior del brazo.

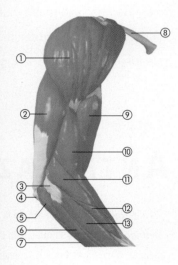

REFERENCIAS

① Deltoides
② Tríceps braquial
③ Epicóndilo lateral del húmero
④ Olécranon del cúbito
⑤ Ancóneo
⑥ Extensor carpocubital
⑦ Flexor carpocubital
⑧ Clavícula
⑨ Bíceps braquial
⑩ Braquial
⑪ Extensor carporradial largo
⑫ Extensor carporradial corto
⑬ Extensor común de los dedos

La mano debe su versatilidad y flexibilidad a su estructura, compuesta por huesos pequeños, y a los diversos músculos que los mueven. La mayoría de los movimientos de la muñeca y de los dedos son producidos por los músculos del antebrazo. Estos músculos se originan en el codo, luego se ahúsan formando largos tendones que se extienden hacia la mano y se insertan en la muñeca o en los huesos de los dedos. Los tendones pasan por debajo de pequeñas bandas fibrosas denominadas retináculos que los mantienen en su lugar, y están rodeados de vainas sinoviales que los lubrican.

REFERENCIAS

① Braquiorradial
② Flexor carporradial
③ Flexor superficial de los dedos
④ Retináculo flexor
⑤ Abductor corto del pulgar
⑥ Palmar largo
⑦ Flexor carpocubital
⑧ Extensor carpocubital
⑨ Extensor propio del meñique
⑩ Extensor carporradial corto
⑪ Extensor común de los dedos
⑫ Abductor largo del pulgar
⑬ Retináculo extensor
⑭ Interóseo dorsal

ANTEBRAZO Y MANO

La mayoría de los músculos de la parte anterior del antebrazo son flexores. El retináculo flexor mantiene los tendones en su lugar. Entre los músculos superficiales, el flexor digital superficial flexiona los dedos; el flexor carpocubital flexiona y acerca la muñeca al plano medio; el flexor carporradial flexiona y abduce la muñeca, y el palmar largo flexiona la muñeca. Un músculo profundo, el flexor largo del pulgar, flexiona el pulgar. El pronador redondo ejecuta una función importante, que es la de causar el movimiento de pronación del antebrazo, de modo que la palma de la mano se pueda colocar hacia adelante. El braquiorradial es un sinergista del bíceps braquial cuando se ejecuta la flexión del antebrazo.

La mayoría de los músculos de la parte posterior (externa o superior) del antebrazo son extensores y actúan como antagonistas de los flexores de la parte anterior del antebrazo. El retináculo extensor mantiene los tendones en su lugar. Entre los músculos superficiales, los extensores carporradiales largo y corto extienden y abducen la muñeca; el extensor carpocubital extiende y acerca la muñeca al plano medio; y el extensor común de los dedos es el motor principal de la extensión de éstos. Entre los otros músculos se incluyen los extensores corto y largo del pulgar, que extienden el pulgar, y el extensor del meñique, que extiende el meñique.

Hay músculos más pequeños en la mano que colaboran con los movimientos producidos por los músculos del antebrazo y hacen que sean más precisos. Entre estos músculos intrínsecos se incluyen los músculos lumbricales e interóseos, ubicados entre los metacarpos, que flexionan las articulaciones metacarpofalángicas (del nudillo) y que extienden los dedos; los músculos tenares, incluyendo el flexor corto del pulgar, que permite flexionar el pulgar, y el músculo abductor del pulgar, que abduce el pulgar.

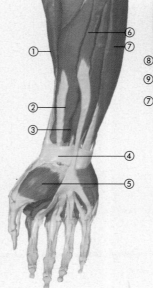

Vista palmar

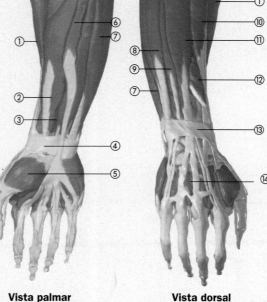

Vista dorsal

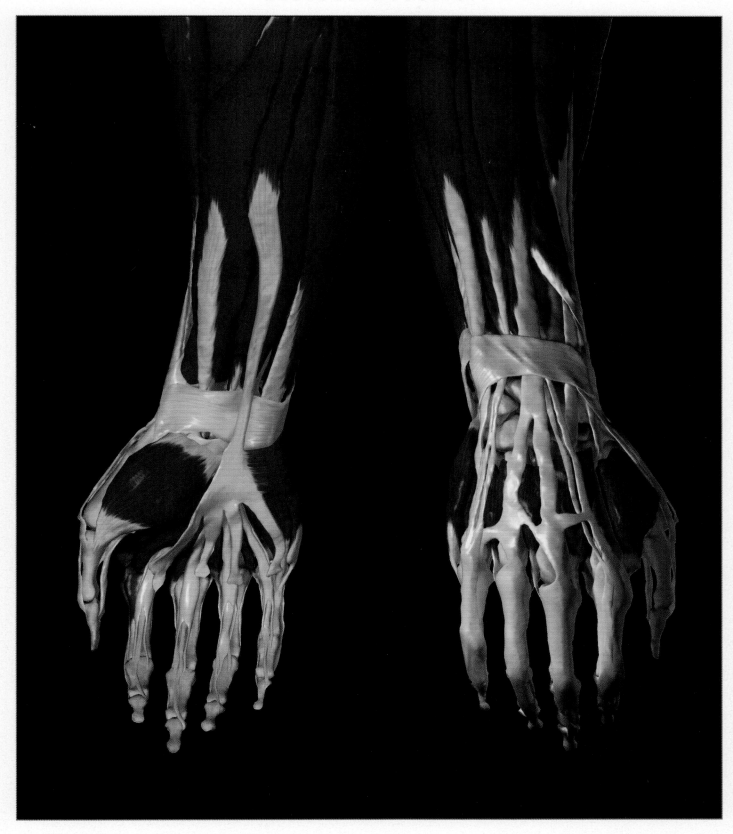

Vistas anterior –con la palma de la mano hacia adelante (izquierda)– y posterior, –con la palma de la mano hacia atrás (derecha)– en las que se aprecian los músculos superficiales del antebrazo y de la mano derechos.

A diferencia del tórax, las paredes del abdomen no tienen el soporte de una estructura ósea. En lugar de ello, los órganos de la parte inferior del tronco están sujetos y protegidos por paredes anteriores (frente) y laterales (lados) compuestas por cuatro músculos planos, que se presentan en pares, y sus aponeurosis (tendones planos). Estos músculos también permiten el movimiento de la columna vertebral para que el tronco se pueda flexionar hacia adelante y hacia los lados, y para que pueda girar; también ayudan a evitar la hiperextensión de la columna vertebral (inclinarse demasiado hacia atrás).

ABDOMEN

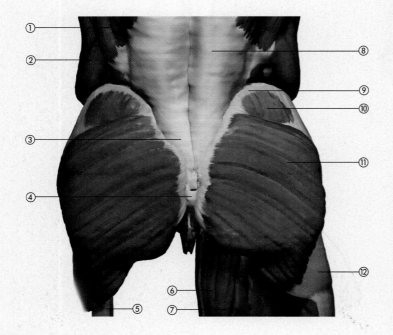

Vista posterior de los músculos del abdomen y la región glútea. Los músculos glúteos actúan durante la extensión del muslo; los músculos posteriores del muslo extienden la cadera y flexionan la rodilla.

REFERENCIAS

① Dorsal ancho
② Oblicuo externo
③ Sacro
④ Cóccix
⑤ Fémur
⑥ Aductor magno
⑦ Semimembranoso
⑧ Aponeurosis lumbodorsal
⑨ Cresta iliaca
⑩ Glúteo medio
⑪ Glúteo máximo
⑫ Tracto iliotibial

En la parte anterior del abdomen, el músculo recto, similar a una correa, se origina en el hueso púbico de la pelvis y se inserta en el esternón y las costillas. Flexiona y hace girar el tronco, facilita la flexión anterior de éste frente a una resistencia (por ejemplo, cuando una persona hace abdominales), y empuja los órganos del abdomen hacia adentro. Es asistido en estas funciones por los músculos laterales, que se apoyan uno sobre el otro. Superficialmente se encuentra el oblicuo externo, cuyas fibras se extienden hacia abajo y hacia adentro y que se origina en las costillas y se inserta a través de una aponeurosis ancha en la cintura pélvica. Profundamente a éste se encuentra el oblicuo interno, cuyas fibras se encuentran a 90° con respecto a las del oblicuo externo, y que se origina en la pelvis posterior y se inserta en las costillas, la pelvis anterior y la línea alba, la unión de tendones que se extiende desde el esternón hasta el hueso púbico. Profundamente al oblicuo interno se encuentra el transverso abdominal, cuyas fibras se extienden en forma horizontal y que comprime el contenido del abdomen.

CONTRACCIÓN ISOTÓNICA E ISOMÉTRICA

Los músculos no siempre se acortan cuando se contraen. La contracción muscular es un proceso activo en el cual se genera una fuerza llamada tensión muscular. Esta tensión muscular se ejerce en una parte del cuerpo. Esta parte del cuerpo, llamada carga, ejerce una fuerza opuesta que resiste a la tracción del músculo.

Durante la contracción isotónica –la forma de contracción que ya se ha descripto–, un músculo se acorta y provoca un movimiento; la tensión muscular generada es superior a la carga. En la contracción isométrica, la tensión se desarrolla y el músculo ejerce una fuerza de tracción, pero no se acorta porque las fuerzas opuestas se igualan.

La mayoría de los movimientos involucran contracciones isotónicas e isométricas. Sin embargo, las contracciones que provocan movimientos definidos, como patear o saludar con la mano, son esencialmente isotónicas, mientras que las que permiten mantener una postura erguida son básicamente isométricas.

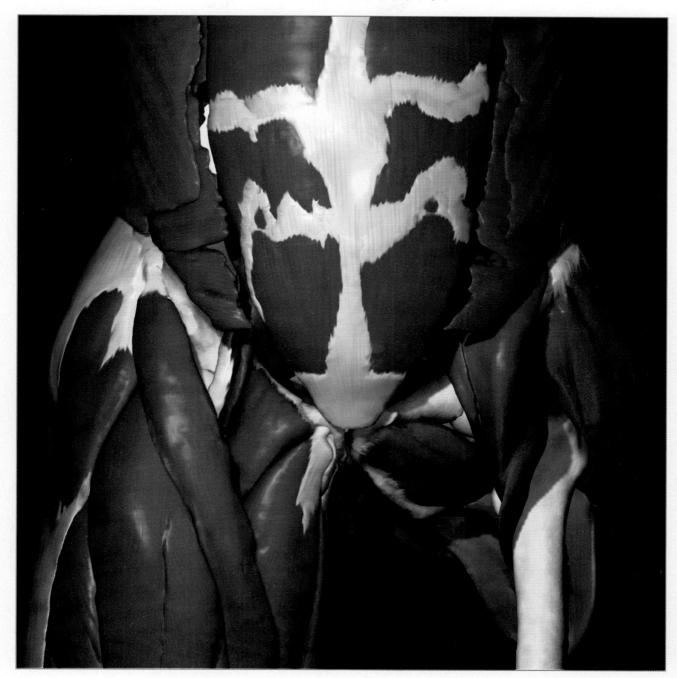

REFERENCIAS

① Oblicuo externo

② Músculo iliopsoas

③ Músculo pectíneo

④ Tensor de la fascia lata

⑤ Recto femoral

⑥ Recto abdominal

⑦ Cresta ilíaca

⑧ Pubis del hueso coxal
 izquierdo

⑨ Fémur

⑩ Isquion del hueso coxal
 izquierdo

⑪ Aductor largo

⑫ Sartorio

⑬ Grácil

Vista anterior de los músculos del abdomen y el muslo. El tamaño y la fuerza de estos músculos reflejan la función de las extremidades inferiores en el movimiento y en el apoyo.

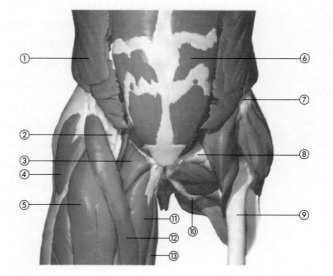

Los miembros inferiores poseen músculos muy poderosos, y son lo suficientemente fuertes para sostener el cuerpo y para desplazarlo en la marcha, en la carrera o en el salto. Varios músculos del muslo se originan en la cintura pélvica y se insertan en la tibia. Algunos sólo actúan a nivel de la articulación coxofemoral; otros, sólo a nivel de la rodilla; y algunos en ambas articulaciones. Los músculos de la parte anterior (frente) de la pelvis y del muslo flexionan la cadera para elevar el muslo, realizan la aducción, rotan el muslo y extienden (enderezan) la pierna en la rodilla. De esta manera, estos músculos producen la fase del movimiento hacia adelante de la marcha.

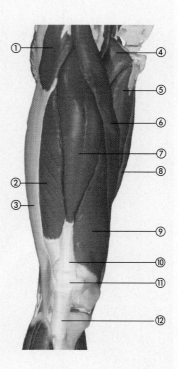

PELVIS, MUSLO Y RODILLA

El tamaño y la potencia de los músculos del muslo reflejan su función de desplazamiento del peso de la parte superior del cuerpo durante la marcha o la carrera.

El potente y carnoso cuádriceps femoral se compone de cuatro músculos (cuádriceps significa "cuatro cabezas"): el músculo recto femoral se origina en la cintura pélvica; los otros tres músculos, el vasto lateral, el vasto medial y el vasto intermedio, se originan en el fémur. Los cuatro tienen una inserción común en la tibia a través de la patela (rótula). El cuádriceps femoral extiende la rodilla al levantarse, trepar, saltar y correr; el músculo recto femoral también flexiona la cadera.

El músculo pectíneo, que se origina en la cintura pélvica y se inserta en el fémur, flexiona y mueve el muslo hacia el plano medio. El músculo sartorio, similar a una correa, que se origina en la cintura pélvica y se inserta en la tibia, flexiona el muslo y lo rota lateralmente.

Los músculos aductores de la cadera, aductor magno, aductor largo, aductor breve, pectíneo y grácil, tiran del muslo hacia adentro en dirección al cuerpo. La aducción (y abducción) del muslo es importante al caminar para mantener el peso de la parte superior del cuerpo equilibrado sobre los miembros inferiores. Los músculos aductores magno, largo y breve se originan

en la parte inferior de la cintura pélvica y se insertan en varias partes del fémur. Estos músculos flexionan y rotan lateralmente el muslo. Este músculo, que también se origina en la cintura pélvica inferior, se inserta en la tibia. El músculo grácil también flexiona el muslo y rota la pierna en forma medial.

El tensor de la fascia lata se origina en la cintura pélvica y se inserta en la tibia a través de un largo tendón, el tracto iliotibial. Este músculo flexiona la rodilla y abduce el muslo, rotándolo en forma medial.

REFERENCIAS

① Tensor de la fascia lata
② Vasto lateral
③ Tracto iliotibial
④ Pectíneo
⑤ Aductor largo
⑥ Sartorio
⑦ Recto femoral (se apoya sobre el vasto intermedio)
⑧ Grácil
⑨ Vasto medial
⑩ Tendón del cuádriceps femoral
⑪ Rótula
⑫ Ligamento rotuliano

E sta vista anterior del muslo derecho muestra los poderosos músculos que flexionan el muslo y extienden la rodilla.

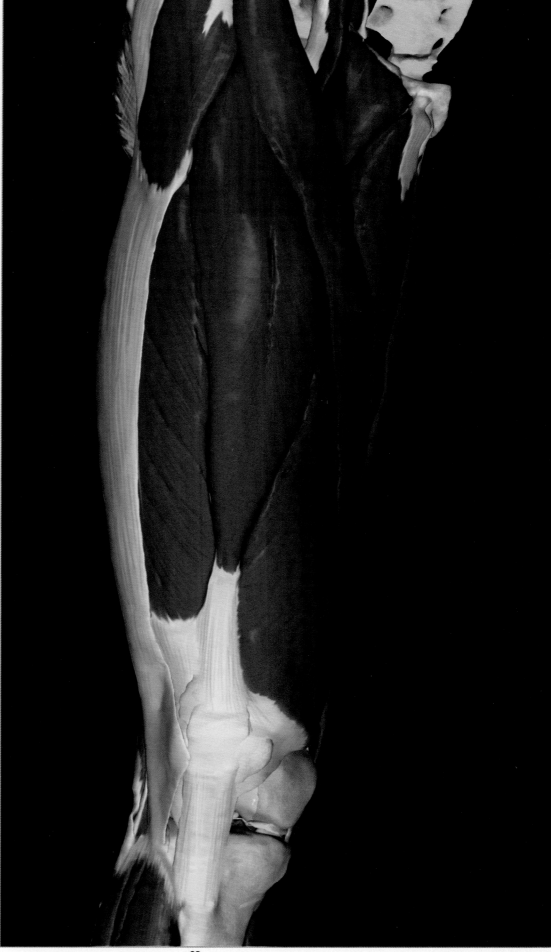

Los músculos posteriores (traseros) de la cadera y del muslo extienden (enderezan) la cadera haciendo un efecto de tracción del muslo desde la parte posterior, la abducen y la rotan lateralmente, y flexionan (doblan) la rodilla. Estas acciones configuran el movimiento de balanceo hacia atrás del cuerpo durante la marcha.

PELVIS, MUSLO Y RODILLA

Los grandes y carnosos músculos de la parte posterior del muslo, el bíceps femoral, el semitendinoso y el semimembranoso, se conocen colectivamente como los tendones de la corva. Los tendones de la corva pueden sentirse detrás de la rodilla al sentarse y al tensar la pierna. Antagonistas del cuádriceps femoral, los tendones de la corva atraviesan la articulación de la cadera y la de la rodilla, y son responsables de la extensión de la cadera y de la flexión de la rodilla. La acción de estos tendones depende de cuál de las dos articulaciones, la cadera o la rodilla, se encuentre fija. Si la cadera está fija y extendida, los tendones de la corva provocan la flexión de la rodilla; si la rodilla está fija y extendida, los tendones provocan la extensión de la cadera. Los tres músculos que conforman los tendones de la corva se originan en la cintura pélvica, y todos se insertan en la tibia, aunque el bíceps femoral también se inserta en la fíbula. Además de extender el muslo y flexionar la rodilla, los tendones de la corva también rotan el muslo, en especial cuando la rodilla está flexionada.

El glúteo máximo, el músculo más grande del cuerpo, se origina en la cintura pélvica y se inserta en el fémur y en el tracto iliotibial. Extiende el muslo a nivel de la cadera y lo rota lateralmente. El glúteo máximo actúa cuando se requiere una vigorosa extensión del muslo para sacarlo de la posición flexionada, en la carrera o al subir las escaleras. Los glúteos más pequeños, glúteo medio y glúteo mínimo, que con el glúteo máximo forman la prominencia de la nalga, también se extienden entre la cintura pélvica y el fémur. Abducen y rotan el muslo en forma medial, acción importante durante la marcha, para que el pie del miembro que está balanceándose no toque el piso.

Los músculos posteriores de la cadera y del muslo, mostrados aquí en un miembro inferior derecho, extienden el muslo y flexionan la rodilla.

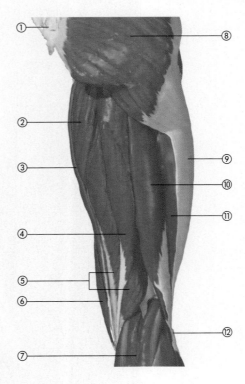

REFERENCIAS

① Sacro
② Aductor magno
③ Grácil
④ Semitendinoso
⑤ Semimembranoso
⑥ Sartorio
⑦ Gastrocnemio
⑧ Glúteo máximo
⑨ Tracto iliotibial
⑩ Bíceps femoral
⑪ Vasto lateral
⑫ Tendón del bíceps femoral

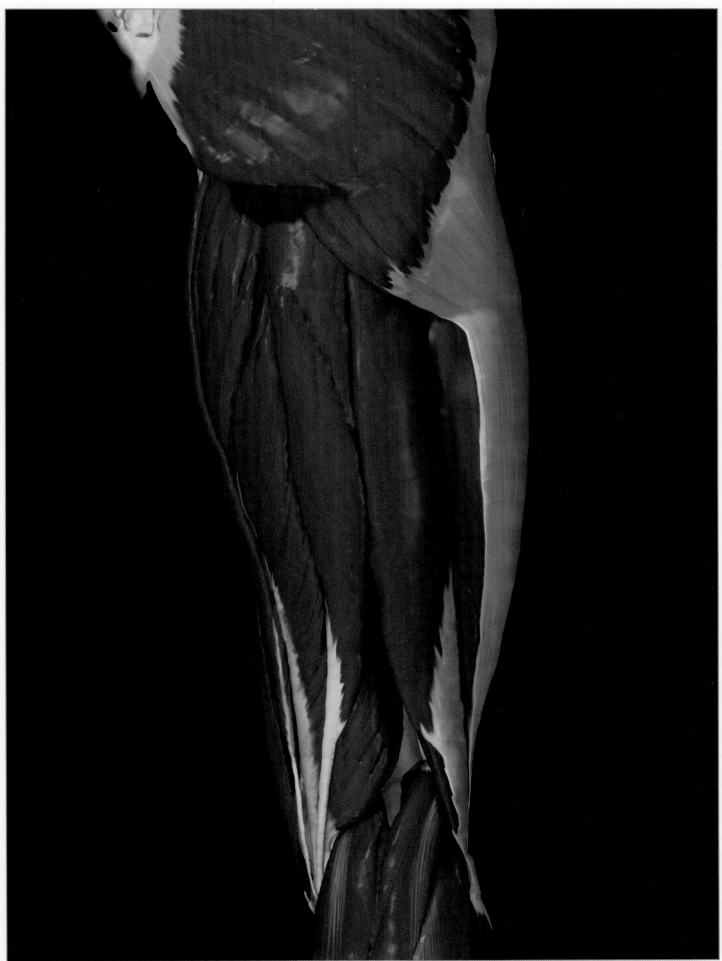

Los músculos de la pierna y del pie mueven el pie y los dedos y les dan el empuje necesario para propulsar el cuerpo al caminar o al correr, y también estabilizan el pie al estar parado. Aunque el ordenamiento de los músculos de la pierna, terminados por largos tendones, y de los músculos del pie son similares a los de las manos; los pies son más fuertes y menos móviles que las manos, debido a su función en el apoyo y la marcha. En el tobillo –una articulación de tipo bisagra–, los músculos permiten la dorsiflexión (flexionar el pie hacia arriba) y la flexión plantar (flexión del pie hacia abajo). Otros músculos flexionan y extienden los dedos del pie, e invierten (llevan la planta del pie hacia adentro) o evierten (llevan la planta del pie hacia afuera) el pie. En él existen músculos intrínsecos que facilitan el movimiento de los dedos y, más importante aún, trabajan junto con los músculos de la pierna en el soporte de los arcos del pie.

PIERNA Y PIE

El tobillo y el pie derechos vistos desde abajo, a la derecha; en la página siguiente, la pierna y el pie derechos en vistas lateral (izquierda) y anterior (derecha).

REFERENCIAS

① Músculo flexor largo
   de los dedos
② Aponeurosis plantar
③ Músculo flexor corto
   de los dedos
④ Músculo abductor
   del dedo gordo
⑤ Músculo flexor largo
   del dedo gordo
⑥ Músculo flexor corto
   del dedo gordo
⑦ Hállux (dedo gordo)
⑧ Tendón calcáneo
   (de Aquiles)
⑨ Calcáneo (hueso del talón)
⑩ Músculo abductor
   del dedo meñique
⑪ Músculo flexor corto del
   dedo meñique
⑫ Músculo lumbrical

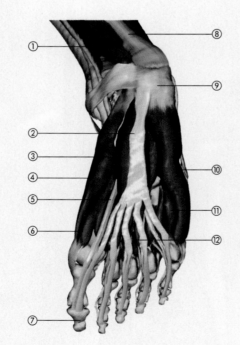

En la parte anterior (frente) de la pierna, los músculos extensores dorsiflexionan el tobillo y llevan el pie hacia arriba. La dorsiflexión no es un movimiento muy poderoso, pero impide que los dedos se arrastren por el suelo al levantar el pie. El responsable principal de la dorsiflexión es el tibial anterior, que también invierte el pie y aplana el arco interno del pie. Otros músculos anteriores que dorsiflexionan el pie son el extensor largo de los dedos, que también extiende los dedos; el peroneo tercio o anterior, que también evierte el pie; y el extensor largo del dedo gordo, que también extiende el hallux o dedo gordo.

Los músculos de la parte posterior (trasera) de la pierna realizan la flexión plantar del pie. La flexión plantar es el movimiento más poderoso del tobillo, necesario para el empuje durante la fase de arranque al caminar o correr. Los principales responsables por la flexión plantar son el gastrocnemio y el sóleo. Ambos se insertan mediante el fuerte tendón calcáneo en el calcáneo o hueso del talón. Los músculos flexor largo de los dedos y flexor largo del dedo gordo flexionan el pie y lo invierten. El primero también flexiona los dedos, mientras que el segundo flexiona el dedo gordo. La flexión de los dedos ayuda al pie a "agarrar" el suelo. En el lado lateral (externo) de la pierna, el peroneo largo y el peroneo corto también participan en la flexión plantar del pie, y lo evierten para ayudarlo a mantenerse completamente apoyado en el suelo.

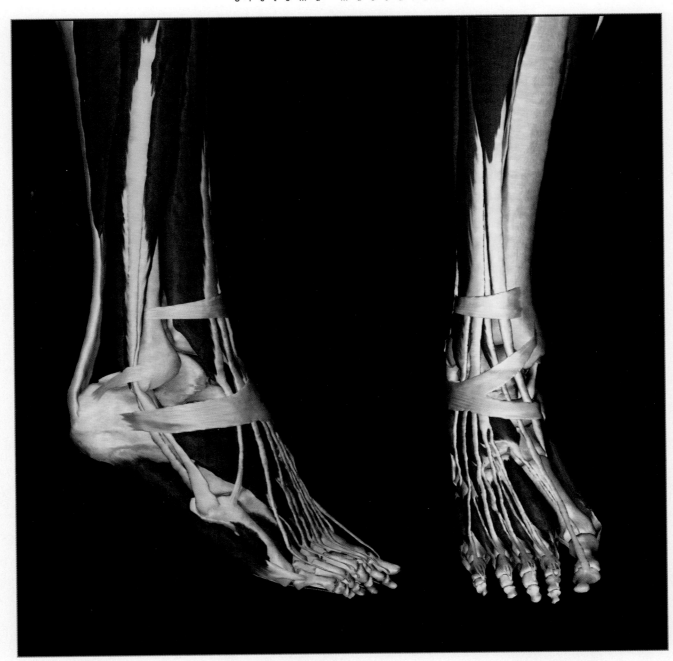

REFERENCIAS

① Gastrocnemio

② Sóleo

③ Peroneo largo

④ Peroneo corto

⑤ Tendón calcáneo (de Aquiles)

⑥ Peroneo tercio

⑦ Fíbula

⑧ Calcáneo (hueso del talón)

⑨ Músculo extensor corto de los dedos

⑩ Tibial anterior

⑪ Músculo extensor largo de los dedos

⑫ Músculo extensor largo del dedo gordo

⑬ Tendón del músculo extensor largo
   de los dedos

⑭ Tibia

⑮ Retináculo extensor

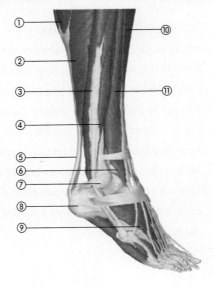

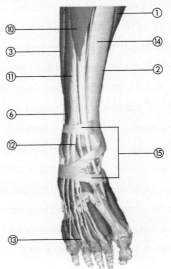

El sistema nervioso es una red de comunicación que controla y coordina la mayoría de las actividades del organismo. Cada pensamiento, recuerdo, emoción o sensación que tiene una persona, y cada acción que lleva a cabo, es el resultado de la actividad de este sistema. Por otra parte, el sistema nervioso trabaja silenciosamente en la regulación de innumerables sucesos internos, como el equilibrio de la temperatura del cuerpo o la alteración del ritmo cardíaco, con el fin de mantener la homeostasis, el estado de equilibrio y estabilidad que existe en un cuerpo sano, más allá de los cambios del medio interno y del externo.

El sistema nervioso se extiende a lo largo y ancho del cuerpo y proporciona coordinación y control de alta velocidad. En el núcleo de este sistema se encuentran el cerebro y la médula espinal, que reciben mensajes y los envían a través de los nervios.

SISTEMA NERVIOSO

Esta red de comunicación está compuesta por cuatrillones de neuronas o células nerviosas interconectadas, que se extienden a lo largo y ancho del cuerpo. Estas células son únicas en su capacidad para transmitir señales eléctricas, denominadas impulsos nerviosos, a alta velocidad, de manera tal que toda la información necesaria para controlar el cuerpo pueda ser recogida, procesada y distribuida en fracciones de segundo, y actualizada constantemente según los cambios en el ambiente interno y externo del cuerpo.

El sistema nervioso es controlado por tres funciones relacionadas. En primer lugar, la información sensorial provista por millones de receptores sensoriales que verifican los cambios, llamados estímulos, que ocurren dentro y fuera del cuerpo. En segundo lugar, un centro de procesamiento e integración analiza, almacena y organiza la información sensorial y toma decisiones acerca de las acciones que se deben realizar. En tercer lugar, una respuesta motriz activa los efectores, ya sean músculos o glándulas, lo que produce un resultado. Así, por ejemplo, si vemos un elefante que corre a atacarnos (información sensorial), esto significa peligro (procesamiento e integración),

por lo cual los músculos se activan (respuesta motriz) para escapar a toda velocidad.

PARTES DEL SISTEMA NERVIOSO

El sistema nervioso está compuesto por dos partes principales. El sistema nervioso central, que incluye el cerebro, el cerebelo, el tronco encefálico y la médula espinal, cumple la función de procesamiento e integración descripta anteriormente; el sistema nervioso periférico está compuesto por nervios similares a cables, formados por los axones de dos tipos de neuronas.

Las neuronas sensoriales transportan la información sensorial desde los receptores al sistema nervioso central, mientras que las neuronas motoras transmiten la respuesta motriz desde el sistema nervioso central a los músculos y las glándulas. Las neuronas motoras se dividen en dos grupos. Las del sistema nervioso somático llevan señales a los músculos esquéleticos para que se muevan. Las neuronas motoras que componen el sistema nervioso autónomo controlan las actividades involuntarias, como el ritmo respiratorio y la digestión, activando glándulas y músculo liso o cardíaco.

REFERENCIAS

① Cerebro
② Médula espinal
③ Plexo braquial
④ Nervio mediano
⑤ Nervio radial
⑥ Plexo lumbar
⑦ Nervio cubital
⑧ Plexo sacro
⑨ Nervio femoral
⑩ Nervio ciático
⑪ Hemisferio cerebral
⑫ Tronco encefálico
⑬ Cerebelo
⑭ Nervios espinales cervicales
⑮ Nervios espinales torácicos
⑯ Nervios espinales lumbares
⑰ Nervios espinales sacros

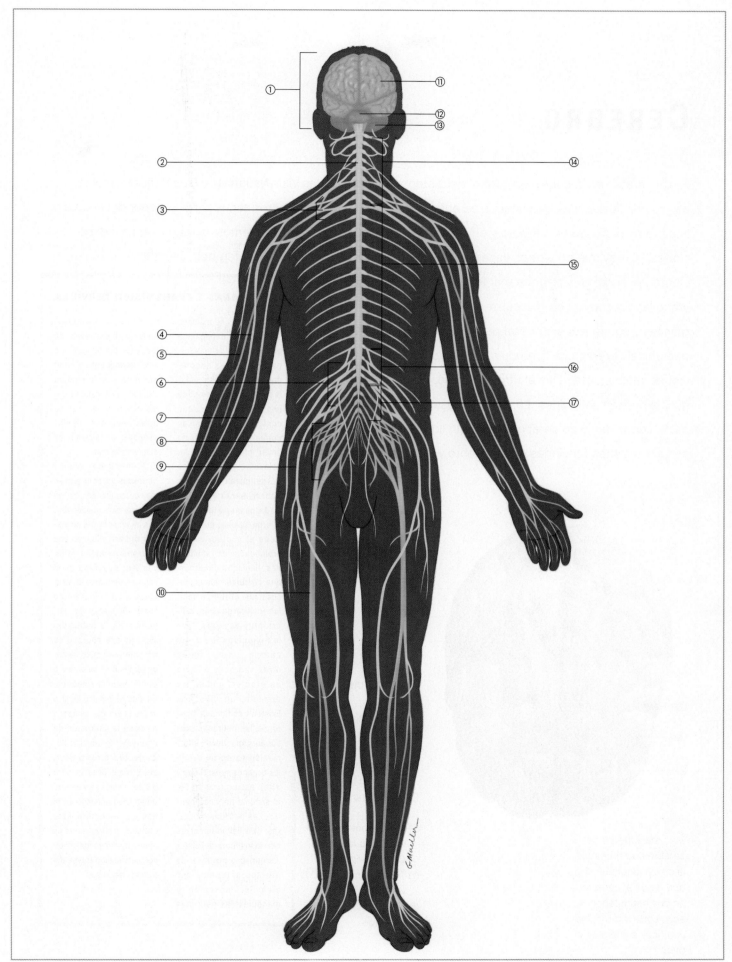

CEREBRO

El cerebro es el centro de control del sistema nervioso. Estas vistas superior y lateral muestran sus partes principales. Los hemisferios cerebrales izquierdo y derecho conforman la parte superior del encéfalo, la parte más grande del cerebro y el lugar donde se producen los pensamientos, la memoria, las sensaciones, el movimiento y otros aspectos del comportamiento consciente. El cerebelo constituye el 10 por ciento del encéfalo y permite mantener el cuerpo en equilibrio y que las contracciones musculares produzcan movimientos gráciles y coordinados; por otra parte, el tronco encefálico, que une al cerebro con la médula espinal, controla varias funciones vitales, entre ellas el ritmo cardíaco, el ritmo respiratorio y la presión sanguínea. Los ventrículos dentro del cerebro están llenos de fluido cerebroespinal, un líquido transparente con importantes funciones en el cerebro y la médula espinal.

NEURONAS Y TRANSMISIÓN NERVIOSA

Los miles de millones de neuronas del sistema nervioso son células largas y delgadas adaptadas para transmitir señales eléctricas llamadas impulsos nerviosos, que conforman un sistema de comunicación capaz de llevar información a alta velocidad y que permite a los seres humanos pensar, sentir y actuar. Cada neurona tiene un cuerpo celular, que contiene el núcleo; varias prolongaciones ramificadas, llamadas dendritas, que conducen los impulsos hacia el cuerpo celular; y un largo axón, o fibra nerviosa, que lleva los impulsos fuera del cuerpo celular hacia otras neuronas o hacia un efector, como, por ejemplo, un músculo. Existen tres tipos de neuronas: las neuronas sensoriales, que llevan información sensorial desde los órganos sensoriales y otras estructuras hacia el sistema nervioso central; las neuronas motoras, que llevan impulsos nerviosos fuera del sistema nervioso central a los efectores, como, por ejemplo, músculos y glándulas; las neuronas asociativas, que constituyen el 90 por ciento de todas las neuronas y que sólo se encuentran en el encéfalo y en la médula espinal, retransmiten impulsos nerviosos entre otras neuronas, clasificándolos y analizándolos al mismo tiempo.

Cuando dos o más neuronas se encuentran muy cerca una de otra, no se tocan pero quedan unidas en uniones denominadas sinapsis. Cuando una neurona es estimulada, una descarga eléctrica, el impulso nervioso, la atraviesa a velocidades de hasta 100 metros por segundo. En la punta del axón de esa neurona se encuentra un bulto llamado terminal presináptico o protuberancia sináptica. Cuando el impulso llega a la protuberancia sináptica provoca la liberación de un elemento químico llamado neurotransmisor, que cruza el espacio entre las dos neuronas y genera un impulso nervioso en la neurona receptora. Este proceso unidireccional es el que transmite los impulsos nerviosos a través del sistema nervioso.

REFERENCIAS

① Cuerno inferior del ventrículo lateral
② Ventrículo lateral
③ Cuerno anterior del ventrículo lateral
④ Hemisferio cerebral derecho
⑤ Cuerno posterior del ventrículo lateral
⑥ Cisura longitudinal
⑦ Tercer ventrículo o ventrículo medio
⑧ Hemisferio cerebral izquierdo

Vista superior del cerebro que muestra la cisura longitudinal, que divide al cerebro en dos hemisferios, y, en la parte interna, los ventrículos laterales y medio.

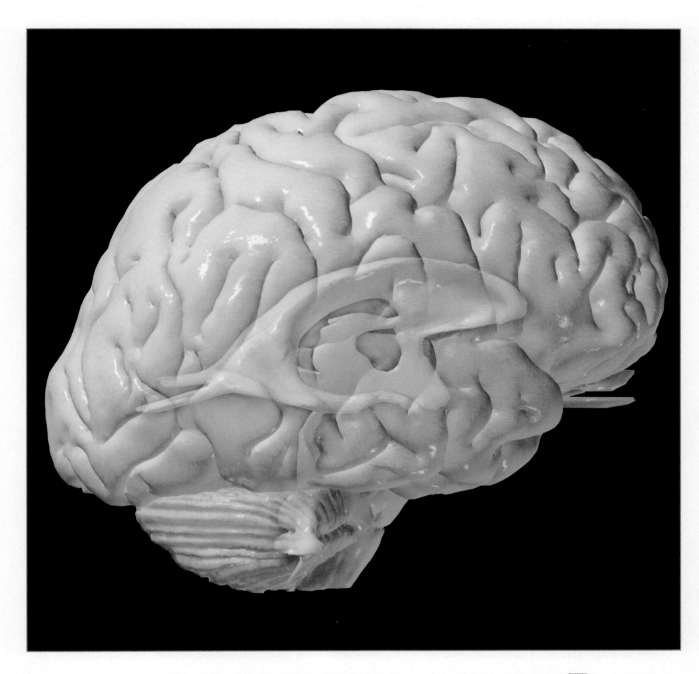

REFERENCIAS

1. Hemisferio cerebral derecho
2. Cuerno posterior del ventrículo lateral
3. Tercer ventrículo
4. Cerebelo
5. Ventrículo lateral
6. Cuerno anterior del ventrículo lateral
7. Foramen interventricular
8. Acueducto cerebral
9. Cuarto ventrículo
10. Puente o protuberancia anular
11. Bulbo raquídeo

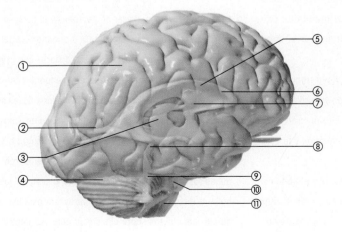

Dentro del cerebro existen cuatro cavidades llamadas ventrículos, llenas de fluido cerebroespinal: dos ventrículos laterales, el tercero o medio, y el cuarto ventrículo.

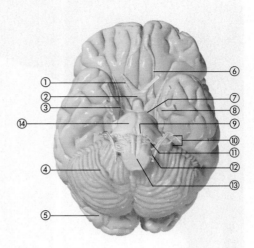

Los doce pares de nervios craneales que surgen del cerebro y el tronco encefálico se dedican principalmente a llevar información sensorial desde la piel y los órganos sensoriales de la cabeza y el cuello, y transmitir la respuesta motriz a los músculos de esas regiones. Algunos nervios del cráneo son puramente sensoriales; otros son mixtos, ya que sus axones provienen de neuronas sensoriales y motoras.

CEREBRO

Los nervios craneales se enumeran usando números romanos y se clasifican según sus funciones primarias.

•Nervio olfatorio (I): lleva información sobre olores desde la cavidad nasal.

•Nervio óptico (II): lleva señales visuales desde la retina del ojo.

•Nervio oculomotor (III) y nervio troclear (IV): controlan los músculos extrínsecos que mueven los globos oculares.

•Nervio trigémino (V): lleva información sensorial desde el ojo, la cara y los dientes; controla los músculos de la masticación.

•Nervio abductor (VI): controla el músculo que gira los glóbulos oculares lateralmente.

•Nervio facial (VII): controla los músculos de la expresión facial y las glándulas lagrimal, submandibular y subligual (estas dos últimas son glándulas salivales); además, lleva información sensorial sobre gusto desde la legua.

•Nervio vestibulococlear (VIII): lleva información sensorial de los oídos sobre audición y equilibrio.

•Nervio glosofaríngeo (IX): lleva información sobre sabor desde la lengua; controla la deglución y la glándula parótida (salival).

•Nervio vago (X): se extiende al tórax y el abdomen para controlar varias funciones vitales, como el ritmo cardíaco, la respiración y la digestión; además de controlar los músculos de la laringe (emisión de la voz).

•Nervio accesorio (XI): controla el movimiento de la cabeza y de los hombros.

•Nervio hipogloso (XII): controla los movimientos de la lengua.

LA BARRERA DE SANGRE DEL CEREBRO

El cerebro requiere un aporte de sangre constante y generoso con el fin de recibir suficiente glucosa y oxígeno que le permitan satisfacer sus altas demandas de energía. De hecho, a pesar de que represente sólo el 2 por ciento de la masa corporal, recibe el 20 por ciento de la sangre que circula por el cuerpo por unidad de tiempo. Si le falta oxígeno, el cerebro rápidamente entra en coma y muere. A pesar de esta necesidad absoluta, el cerebro, más que cualquier otro tejido, también debe protegerse de los fluctuantes niveles de sangre y de los fluidos químicos de los tejidos que se producen, por ejemplo, después de comer o hacer ejercicio. Estas fluctuaciones podrían causar la activación al azar de neuronas y el colapso del centro de control. Esta protección la proporciona la barrera de sangre del cerebro. Los vasos capilares que irrigan los tejidos cerebrales tienen paredes que forman una barrera para impedir la circulación de la mayoría de las sustancias, incluyendo varias drogas. Generalmente, sólo pequeñas moléculas, como la glucosa, el oxígeno y el dióxido de carbono pueden atravesarla. Sin embargo, algunas sustancias solubles en grasa, como el etanol (alcohol) y la nicotina, también pueden atravesar esta barrera; de allí, sus efectos sobre el sistema nervioso central, al igual que la de los anestésicos.

REFERENCIAS

① Nervio óptico (II)
② Quiasma óptico
③ Nervio troclear (IV)
④ Cerebelo
⑤ Hemisferio cerebral derecho
⑥ Nervio olfatorio (I)
⑦ Nervio oculomotor (III)
⑧ Nervio trigémino (V)
⑨ Nervio abductor (VI)
⑩ Nervios facial (VII), vestibulococlear (VIII), glosofaríngeo (IX) y vago (X)
⑪ Nervio hipogloso (XII)
⑫ Nervio accesorio (XI)
⑬ Bulbo raquídeo
⑭ Puente

Vista ventral del cerebro, con la extremidad anterior apuntando hacia lo alto de la página, que muestra los nervios craneales.

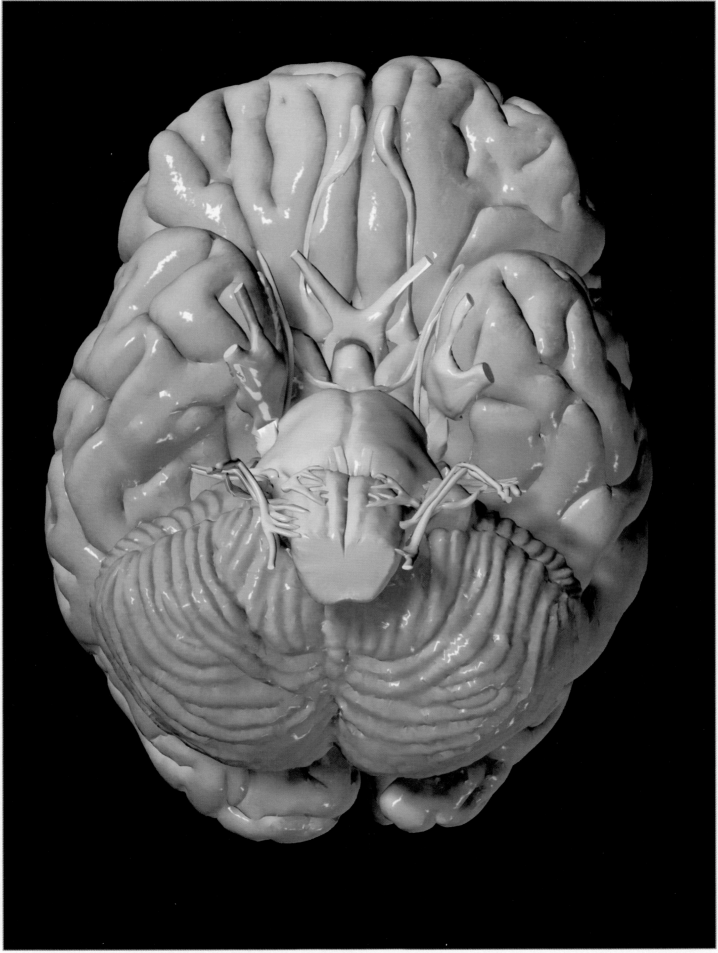

Unida al cerebro por el tronco encefálico, la médula espinal se extiende unos 45 cm a lo largo de la espalda desde el foramen magno, la amplia abertura del hueso occipital en la base del cráneo, hasta el nivel de la primera vértebra lumbar. La anchura máxima de la médula espinal es de 1,8 cm, no más que el ancho de un dedo. La médula espinal está protegida por un túnel óseo formado por vértebras adyacentes de la columna vertebral. De la médula espinal surgen 31 pares de nervios espinales que salen del conducto raquídeo por los agujeros intervertebrales.

MÉDULA ESPINAL

FUNCIÓN DE LA MÉDULA ESPINAL

La médula espinal transmite información entre el cerebro y el resto del cuerpo a través de los nervios espinales. Además de formar un enlace de comunicación vital, la médula espinal también es responsable por muchos actos reflejos. Éstas son respuestas automáticas en milésimas de segundo, muchas de las cuales protegen al cuerpo de riesgos, como retirar automáticamente la mano de un objeto caliente.

ESTRUCTURA INTERNA DE LA MÉDULA ESPINAL

Internamente, la médula espinal se compone de un núcleo central de materia gris en forma de H, compuesto por neuronas asociativas, extremos de neuronas sensoriales y cuerpos de células de neuronas motoras. Alrededor de la materia gris se encuentra la materia blanca, compuesta por fibras nerviosas y ordenada en haces llamados tractos, que suben y bajan por la médula espinal. Los tractos ascendentes llevan información sensorial al cerebro, y están formados por los axones de las neuronas sensoriales ubicadas en los ganglios espinales; los tractos descendentes llevan instrucciones del cerebro a las neuronas motoras, que la transmiten, a través de los nervios espinales, a los músculos y las glándulas.

ESTRUCTURA DE LOS NERVIOS

Los nervios son hilos brillosos de color crema que conforman el "cableado" del cuerpo o sistema nervioso periférico. Los nervios del cráneo, que surgen del cerebro, y los nervios espinales, que surgen de la médula espinal, comparten la misma estructura. Un nervio contiene largas fibras nerviosas (axones) de neuronas, llamados fascículos. Cada fascículo está rodeado por una capa de tejido conectivo llamada perineurio; por otro lado, el epineurio, revestimiento de tejido conectivo externo del nervio, une varios fascículos, y los vasos sanguíneos del nervio. La mayoría de los nervios son mixtos, y llevan tanto información sensorial como motora.

95

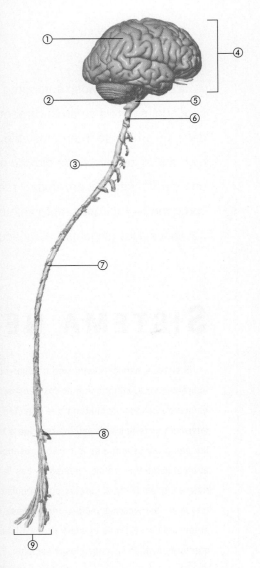

Vista derecha del cerebro y la médula espinal. La curvatura de la médula espinal sigue la de la columna vertebral, que la rodea y la protege.

REFERENCIAS

① Hemisferio cerebral derecho
② Cerebelo
③ Médula espinal
④ Cerebro
⑤ Tronco encefálico
⑥ Nervio espinal cervical
⑦ Nervio espinal torácico
⑧ Nervio espinal lumbar
⑨ Cola de caballo

El sistema nervioso autónomo es una división del sistema nervioso central y periférico que, segundo a segundo, controla automáticamente funciones involuntarias con el objeto de mantener la homeostasis, es decir, un ambiente interno estable, más allá de los cambios en las condiciones internas o externas. Por ejemplo, si los niveles de dióxido de carbono en sangre aumentan, el sistema nervioso autónomo provoca una respiración más profunda y más rápida con el fin de reducir esos niveles y aumentar los de oxígeno. Se compone de neuronas motoras, ubicadas en el tronco encefálico y la médula espinal, que llevan impulsos nerviosos a las glándulas, al músculo liso de vasos sanguíneos y otros órganos, y al músculo cardíaco.

SISTEMA NERVIOSO AUTÓNOMO

El sistema nervioso autónomo trabaja recibiendo, indirectamente, información de los sensores que se encuentran en todo el cuerpo y que detectan cambios internos y externos y envían información a través de las neuronas sensoriales al cerebro, esencialmente al hipotálamo y al tronco encefálico. Las instrucciones se envían desde el cerebro o la médula espinal a través de las neuronas motoras del sistema nervioso autónomo con el fin de ajustar las actividades de los efectores cuando las condiciones cambian. Por ejemplo, el olor de una deliciosa comida desencadena la producción de saliva adicional por parte de las glándulas salivales.

El sistema nervioso autónomo tiene dos divisiones con efectos muchas veces opuestos que permiten mantener el equilibrio interno. El sistema nervioso simpático es típicamente excitativo y prepara el cuerpo para la tensión aumentando, por ejemplo, el ritmo cardíaco o disminuyendo el movimiento de los intestinos. El sistema nervioso parasimpático restituye o mantiene la energía disminuyendo, por ejemplo, el ritmo cardíaco o acelerando el movimiento de los intestinos. Ambas divisiones del sistema nervioso autónomo pueden inervar el mismo órgano, pero producen efectos diferentes porque sus neuronas motoras liberan neurotransmisores diferentes.

DIFERENCIAS ENTRE LOS SISTEMAS NERVIOSOS SOMÁTICO Y AUTÓNOMO

Los axones de las neuronas motoras del sistema nervioso somático se extienden desde el sistema nervioso central hasta los músculos esqueléticos que mueven el cuerpo y cuyo movimiento controlan. En el sistema nervioso autónomo, una cadena de dos neuronas forma la unión entre el sistema nervioso central y los órganos efectores, en este caso músculo liso, músculo cardíaco o glándulas. La neurona preganglionar (primera) entra en sinapsis con la neurona posganglionar (segunda) en un ganglio (nódulo). En el caso del sistema nervioso simpático, las neuronas preganglionares se ubican en las regiones torácica y lumbar de la médula espinal y entran en sinapsis en una cadena de ganglios ubicada en posición adyacente a la columna vertebral. En el sistema nervioso parasimpático, las neuronas preganglionares se ubican en el tronco encefálico y en la parte sacra de la médula espinal y entran en sinapsis en ganglios dentro o cerca de su órgano efector.

REFERENCIAS

① Cerebro
② Médula espinal
③ Ganglio paravertebral (tronco simpático)
④ Tronco o cadena simpática
⑤ Nervio oculomotor (III)
⑥ Nervio facial (VII)
⑦ Nervio glosofaríngilo (IX)
⑧ Nervio vago
⑨ Salida parasimpática craneal
⑩ Nervios esplácnicos pélvicos (salida parasimpática sacra)

Vista diagramática del sistema nervioso autónomo. Los mensajes transportados por la división simpática pasan de las regiones torácica y lumbar de la médula espinal a través de la cadena de ganglios paravertebrales hacia su destino; los mensajes transportados por la división parasimpática surgen ya sea del tronco encefálico (salida craneal) o de la médula espinal sacra (salida sacra). Para mayor claridad, sólo se muestra una división a cada lado de la médula espinal.

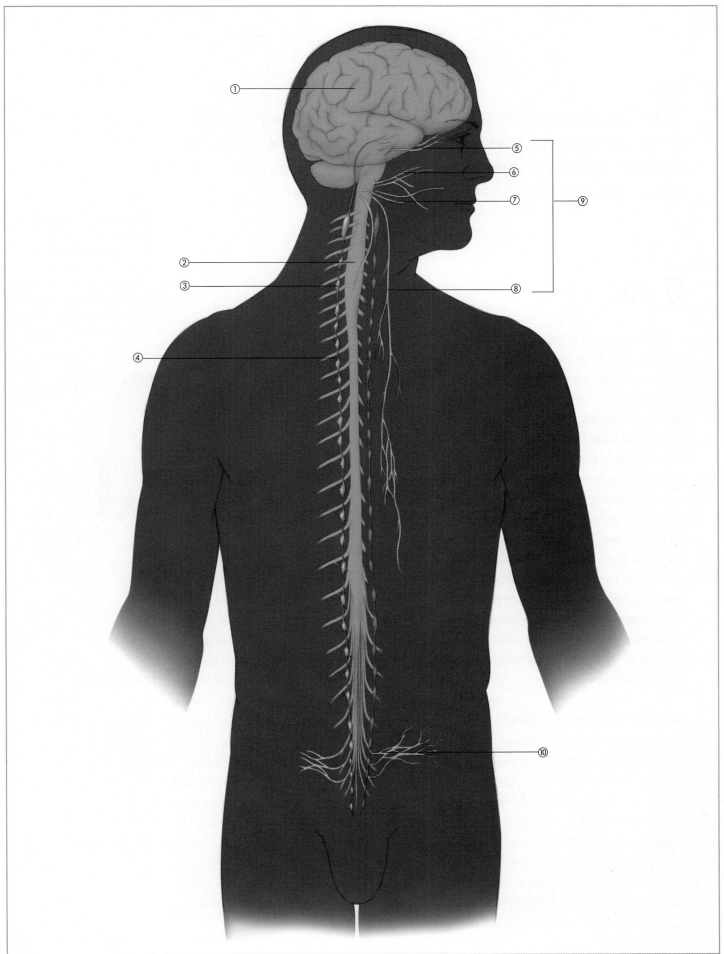

La visión es el más importante de los cinco sentidos. Proporciona un medio de comprensión del mundo que nos rodea, facilitando al mismo tiempo la comunicación. Los órganos sensoriales de la visión son los ojos: detectan la luz y envían impulsos nerviosos al cerebro que se interpretan como imágenes "ya vistas".

Gran parte del globo ocular se encuentra protegido dentro de un espacio óseo, la órbita, ubicada en el cráneo; sólo una sexta parte de éste es visible desde el exterior.

Ojo

Sólo una pequeña porción de cada ojo, o globo ocular, es visible; el resto del órgano esférico y hueco se encuentra encerrado y protegido por un almohadón de tejido graso dentro de la órbita ósea formada por varios huesos del cráneo. El globo ocular tiene tres capas. La capa fibrosa externa se compone principalmente por la capa esclerótica, dura, blanca y protectora; forma en la parte frontal del ojo una ventana transparente, la córnea, a través de la cual penetra la luz. Músculos extrínsecos ligados a la esclerótica y a la órbita mueven el globo ocular. La capa vascular media forma el iris, el área de color que rodea la pupila, además de los ligamentos suspensorios que mantienen el cristalino en su lugar. La capa interna, la retina, contiene los receptores sensoriales de la visión. Estos fotorreceptores detectan los patrones producidos por la luz reflejada de objetos fuera del cuerpo y envían mensajes al cerebro.

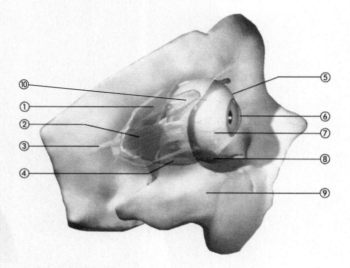

LA VISIÓN Y LA CORTEZA VISUAL

La percepción consciente de imágenes visuales, la visión, se produce en la corteza visual primaria, ubicada en el lóbulo occipital de los hemisferios cerebrales izquierdo y derecho. Las fibras nerviosas de la retina, forman los nervios ópticos, que llegan, mediante los tractos ópticos al tálamo, un área del cerebro que procesa la mayor parte de la información sensorial, y éste la transmite a las áreas visuales primarias. En el camino, algunas fibras se cruzan de manera tal que el área visual primaria izquierda recibe imágenes visuales del lado derecho del objeto visualizado y el área visual primaria derecha recibe imágenes visuales del lado izquierdo.

Diferentes centros dentro de cada corteza visual primaria procesan información acerca de la forma, el color, el movimiento y la ubicación del objeto que se está mirando. Debido a que cada área visual primaria recibe una visión del objeto ligeramente diferente, la información de ambas áreas se "mezcla" y produce la visión binocular o tridimensional, que permite a una persona percibir la profundidad. Alrededor de las áreas visuales primarias se encuentran las áreas de asociación visual. Allí, la información visual que ingresa se compara con experiencias visuales previas de tal manera que, por ejemplo, una persona pueda reconocer un rostro o un objeto familiar.

REFERENCIAS

1. Músculo recto superior
2. Músculo recto lateral
3. Nervio óptico
4. Músculo recto inferior
5. Globo ocular
6. Córnea
7. Esclerótica
8. Músculo oblicuo inferior
9. Cráneo
10. Glándula lagrimal

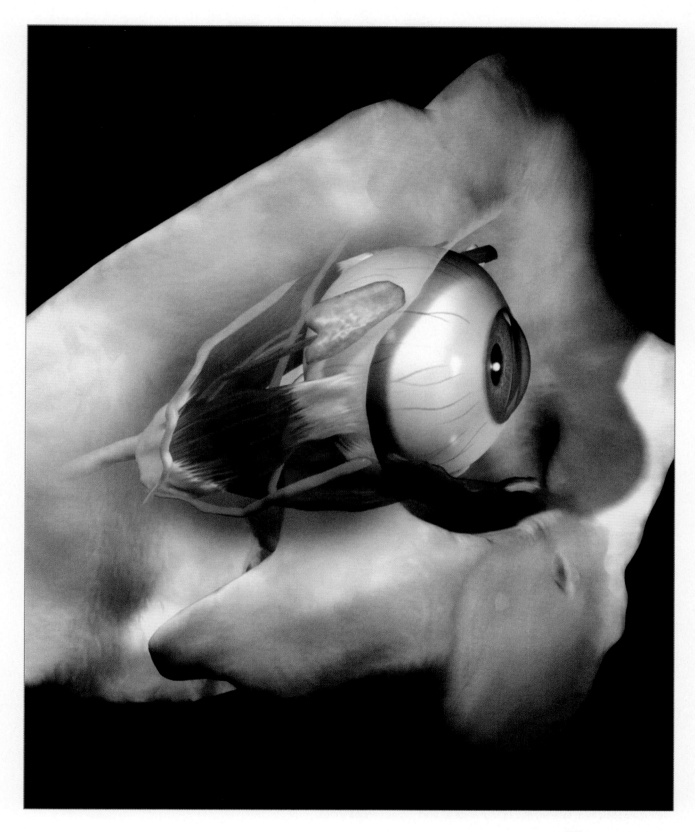

Vista desde el lado derecho del globo ocular dentro de la órbita, que muestra los músculos extrínsecos que lo mueven.

El sentido de la audición le permite al hombre oír más de 400.000 sonidos diferentes producidos en el ambiente. Los sonidos son detectados por los oídos, que también desempeñan un papel importante en el equilibrio. Las estructuras del oído funcionan como un sistema de conducción que transporta ondas sonoras, ondas de presión en el aire, a la parte interna, llena de fluido, del oído, donde son detectadas por receptores sensibles a las vibraciones; éstos envían impulsos nerviosos al cerebro, que las interpreta como sonidos.

Gran parte del oído se encuentra oculto y protegido dentro del hueso temporal del cráneo; sólo el colgajo externo del oído, la oreja, se puede ver.

Oído

El oído consta de tres partes y está casi totalmente contenido en (y protegido por) el hueso temporal del cráneo. El oído externo está compuesto por la oreja o colgajo del oído, la única parte visible del oído, y el conducto auditivo externo, de 2,5 cm de largo. El extremo interno del conducto auditivo se encuentra cubierto por una membrana tensa, el tímpano. El oído medio está lleno de aire y contiene tres pequeños huesos, los osículos, que unen el tímpano con una membrana que cubre la ventana oval, la entrada al oído interno. Las ondas sonoras pasan por el conducto auditivo, a través del tímpano, por los osículos, y a través de la ventana oval hacia adentro del oído interno.

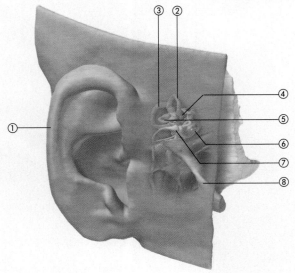

La corteza auditiva

El ingreso de ondas sonoras en el oído produce vibraciones en el fluido que llena la cóclea en forma de caracol del oído interno. Dentro de la cóclea, los mecanorreceptores perciben las vibraciones y envían impulsos nerviosos por la división coclear del nervio vestibulococlear al tálamo, que la transmite al área auditiva primaria de la corteza cerebral.

Los impulsos nerviosos llevados por el nervio vestibulococlear llegan al área auditiva primaria del cerebro, localizada en el margen superior del lóbulo temporal. Algunas fibras nerviosas "se entrecruzan" en su trayecto desde los oídos, de tal manera que cada área auditiva primaria recibe impulsos de ambos oídos. El área auditiva primaria distingue sonidos en términos de sus características básicas: timbre, altura y volumen. El área de asociación auditiva, posterior al área auditiva primaria, determina la naturaleza de esos sonidos, si se trata de habla, música o ruido, para que se los perciba u oiga.

REFERENCIAS

① Oreja
② Conducto semicircular anterior
③ Conducto semicircular posterior
④ Ampolla del conducto semicircular
⑤ Conducto semicircular lateral
⑥ Cóclea
⑦ Osículos
⑧ Apófisis zigomática del hueso temporal

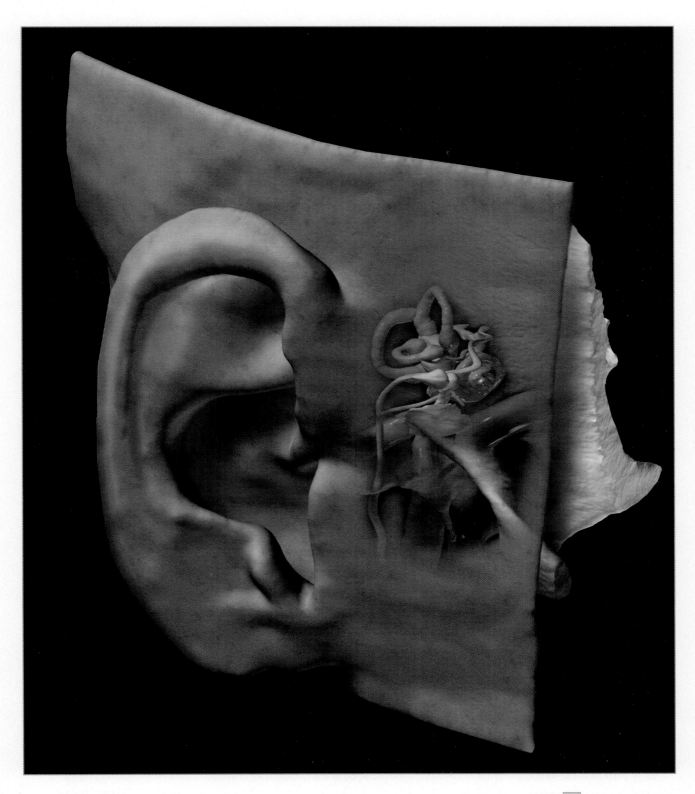

Vista lateral de la cabeza con parte del hueso temporal removido para mostrar las partes que componen el oído derecho.

L as fosas nasales permiten el acceso del aire durante la respiración, calentándolo, humedeciéndolo y filtrándolo mientras se inhala. También alberga receptores olfatorios. En la conformación de las fosas nasales participan los huesos nasal, frontal, lagrimal, etmoides, palatino, cornete inferior, esfenoides y maxilar, además de placas flexibles de cartílago.

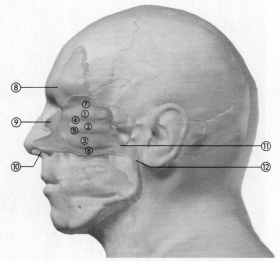

CAVIDAD NASAL

Detrás de la nariz se encuentra la cavidad o fosa nasal. La parte superior está formada por los huesos nasales, etmoides y esfenoides; la parte inferior, por el paladar, que la separa de la boca. Verticalmente, la cavidad nasal está dividida en mitades, derecha e izquierda, por el tabique nasal. Las aperturas externas de la cavidad nasal son los orificios nasales externos o narinas. Más atrás, la cavidad nasal se abre dentro de la faringe a través de los orificios internos o coanas. La cavidad nasal está recubierta por una membrana mucosa que segrega mucus acuoso, que humedece el aire que ingresa, disuelve los elementos químicos de manera tal que puedan ser detectados por los receptores olfatorios, y captura la suciedad y las bacterias.

EL OLFATO, LA CORTEZA OLFATORIA Y EL SISTEMA LÍMBICO

En la parte superior de cada lado de la cavidad nasal existe un área de membrana mucosa, del tamaño de una estampilla, llamada epitelio olfatorio, que contiene más de 10 millones de receptores olfatorios (de los olores). Específicamente, éstos son quimiorreceptores que detectan sustancias químicas transpor-

tadas por el aire que se disuelven en el mucus acuoso. Los quimiorreceptores olfatorios pueden detectar más de 10.000 olores diferentes. Al ser estimulados, los receptores envían impulsos nerviosos a través de las fibras del nervio olfatorio, que pasa por unos orificios del hueso etmoideos y penetra en los bulbos olfatorios, cuyos axones se proyectan en los tractos olfatorios al cerebro.

Los tractos olfatorios llegan a la corteza olfatoria primaria, sobre la superficie medial del lóbulo temporal del cerebro. En esta región primitiva de la corteza, que forma parte del sistema límbico (la parte del cerebro responsable de las emociones y la memoria), se produce la captación consciente de los olores. Parte de la información olfativa viaja a otras partes del sistema límbico y también al hipotálamo, provocando respuestas de memoria y emoción subconscientes con respecto a los olores; por ejemplo, el olor de una determinada comida evoca recuerdos de infancia.

L a mucosa olfatoria se ubica en la parte superior y posterior de la cavidad nasal. En esta vista del lado izquierdo de la cabeza, se puede observar la pared lateral izquierda de la cavidad nasal y los senos frontal y esfenoidal izquierdos.

REFERENCIAS

① Cornete nasal superior
② Cornete nasal medio
③ Cornete nasal inferior
④ Meato superior
⑤ Meato medio
⑥ Meato inferior
⑦ Epitelio olfatorio
⑧ Seno paranasal frontal
⑨ Cavidad nasal
⑩ Orificio nasal externo izquierdo
⑪ Desembocadura faríngea de trompa auditiva
⑫ Nasofaringe
⑬ Seno paranasal esfenoidal

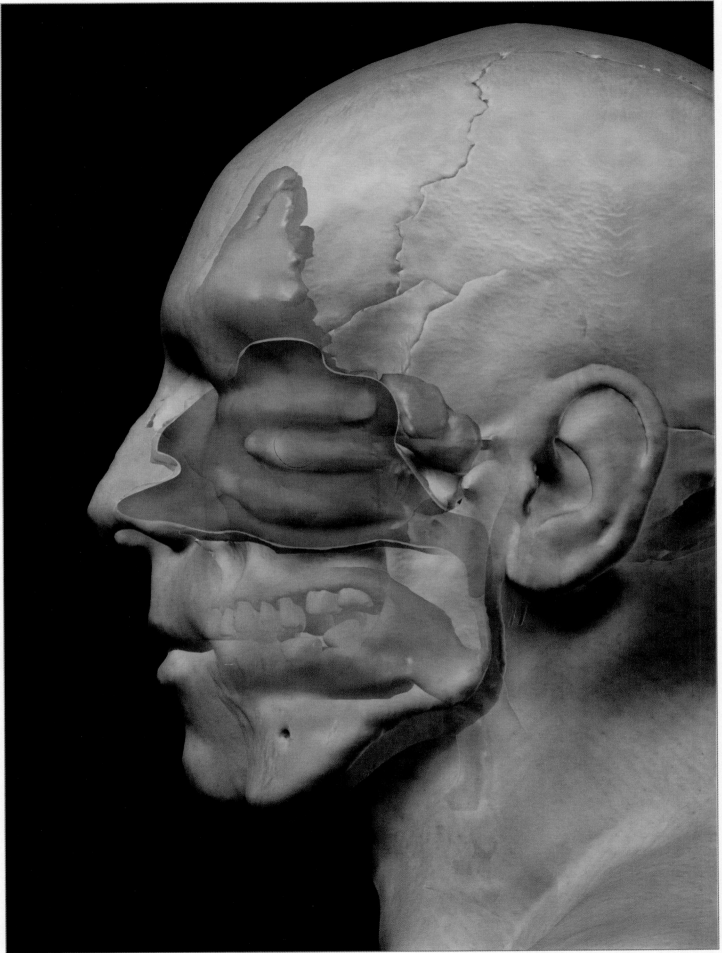

Dos sistemas permiten que el cuerpo funcione en forma controlada y coordinada. El primero es el sistema nervioso, el segundo es el sistema endocrino, o sistema hormonal, que se compone de glándulas endocrinas ubicadas en la cabeza, el cuello y el tronco. Entre las numerosas actividades del cuerpo que coordina este sistema está la producción de características sexuales secundarias (como los senos o el vello púbico), la reproducción y el crecimiento.

SISTEMA ENDOCRINO

GLÁNDULAS ENDOCRINAS

Las glándulas son órganos, o grupos de células, que producen sustancias llamadas secreciones hacia adentro o fuera del cuerpo. Existen dos tipos de glándulas. Las glándulas exocrinas, que liberan sus secreciones a través de conductos dentro de espacios del cuerpo, como las glándulas salivales, que producen saliva y la vierten dentro de la boca, y las glándulas sudoríparas, que producen sudor.

La glándulas endocrinas carecen de conductos y liberan sus secreciones, llamadas hormonas, directamente al torrente sanguíneo. Las glándulas endocrinas principales son la pituitaria o hipófisis, la pineal, la tiroides, las paratiroides y las suprarrenales. El páncreas, los ovarios y los testes o testículos también producen secreciones endocrinas.

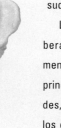

Esta comparación entre la pelvis masculina y la femenina muestra la diferencia entre los sistemas endocrinos masculino y femenino. La pelvis femenina (arriba, parte superior) contiene los ovarios, mientras que debajo de la pelvis masculina (arriba, parte inferior) se encuentran los testículos.

FUNCIONAMIENTO DE LAS HORMONAS

Cada hormona viaja por el torrente sanguíneo para llevar un mensaje químico a un área objetivo específica sobre la cual produce un efecto. Algunas hormonas pueden tener como objetivo todas o la mayoría de las células del organismo, mientras que otras afectan sólo a un tejido en particular. Cuando una hormona alcanza una célula objetivo, se adhiere a un sitio receptor determinado. Esta acción puede aumentar o disminuir los niveles de ciertas reacciones químicas que se producen dentro de la célula, alterando, de esta forma, la actividad de la célula.

COMPARACIÓN ENTRE LOS SISTEMAS ENDOCRINO Y NERVIOSO

Los sistemas endocrino y nervioso trabajan juntos en la coordinación de las actividades del cuerpo, pero cada uno trabaja de una manera muy diferente. El sistema endocrino libera sustancias químicas en la sangre con el fin de alterar las actividades metabólicas de las células. Trabaja en forma relativamente lenta, y consigue generalmente resultados prolongados. El sistema nervioso, al contrario, usa impulsos eléctricos que viajan a alta velocidad por las neuronas con el fin de alterar las actividades de los músculos y de las glándulas, y consigue resultados inmediatos y de corto plazo.

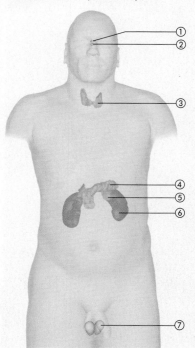

Los órganos endocrinos más importantes del cuerpo masculino. El hipotálamo es una parte del cerebro que controla la actividad de la hipófisis. Los riñones se han incluido en este gráfico debido a que las glándulas suprarrenales se encuentran sobre ellos.

REFERENCIAS

1. Hipotálamo
2. Glándula pituitaria
3. Glándula tiroides (las glándulas paratiroides se hallan en la superficie posterior)
4. Páncreas
5. Glándula suprarrenal
6. Riñón
7. Testículos

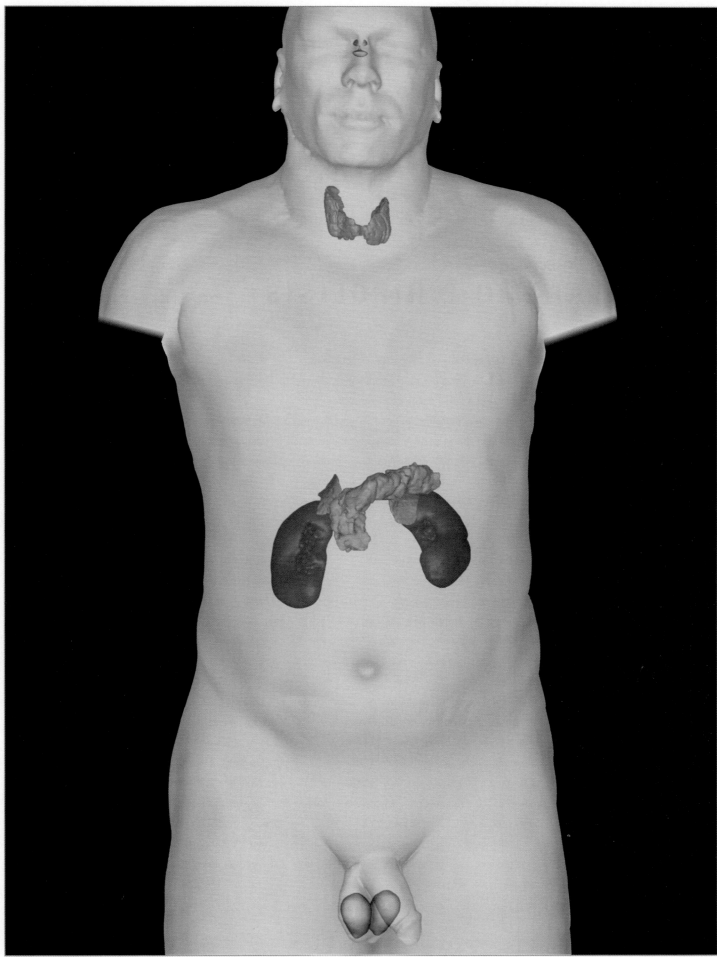

Similar a una arveja, la hipófisis o glándula pituitaria se encuentra debajo del cerebro. Está conectada mediante un pedúnculo al hipotálamo, una pequeña área del cerebro que controla y regula varias de las actividades del organismo. La hipófisis libera más de ocho hormonas, muchas de las cuales controlan otros órganos del sistema endocrino. Por tal motivo, se la considera como la glándula endocrina más importante. Sin embargo, la fuerza impulsora detrás de la hipófisis es el hipotálamo.

HIPOTÁLAMO E HIPÓFISIS

La hipófisis se divide en dos partes. El lóbulo anterior produce la mayor parte de las hormonas pituitarias. Es controlado por el hipotálamo, que secreta sus propias hormonas, llamadas factores de liberación, para estimular la liberación de hormonas pituitarias. El lóbulo posterior, más pequeño, libera dos hormonas, la oxitocina y la hormona antidiurética (ADH), elaboradas por el hipotálamo y transportadas por fibras nerviosas especiales al lóbulo posterior.

HORMONAS DE LA HIPÓFISIS

Las hormonas del lóbulo anterior son:

•Hormona del crecimiento, que estimula el crecimiento durante la niñez y la adolescencia.

•Hormona estimulante de la tiroides (TSH), que estimula la liberación de la hormona tiroidea por parte de la glándula tiroides.

•Hormona adrenocorticotropa (ACTH), que estimulan la liberación de hormonas glucocorticoides por parte de las glándulas suprarrenales.

•Hormona estimulante del folículo (FSH), que estimula la maduración de los óvulos y la liberación de estrógeno por parte del ovario, y estimula la producción de espermatozoides en los testículos.

•Hormona luteinizante (LH), que estimula la ovulación y la producción de progesterona en el ovario, y la de testosterona en los testículos.

•Prolactina, que estimula la producción de leche por las glándulas mamarias.

Las hormonas del lóbulo posterior son:

•Oxitocina, que estimula la contracción del útero durante el parto, y la liberación de leche por las glándulas mamarias.

•ADH, que actúa en los riñones para reducir el volumen de orina expulsada.

EL CONTROL DE LOS NIVELES HORMONALES

Los niveles hormonales deben controlarse cuidadosamente para que no tengan un efecto demasiado pequeño o demasiado grande. En la mayoría de los casos el control se logra mediante un sistema de retroalimentación negativa que revierte automáticamente cualquier cambio no deseado. Por ejemplo, si el hipotálamo detecta niveles demasiado bajos de hormona tiroidea, secreta un factor de liberación que estimula la secreción de la hormona estimulante de la tiroides (TSH) por parte de la pituitaria. Por su parte, esto hace que la tiroides secrete mayor cantidad de hormona tiroidea. Los niveles demasiado elevados de hormona tiroidea, por otro lado, detienen la secreción del factor de liberación y reducen la producción de TSH, reduciendo así los niveles de hormona tiroidea.

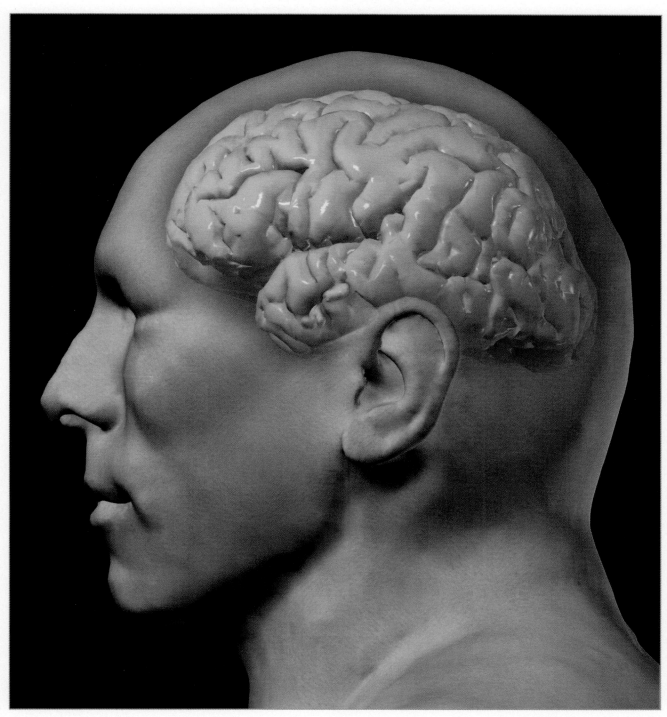

Vista de la cabeza desde la izquierda, para mostrar la posición de la hipófisis. Se encuentra debajo del cerebro, entre los lóbulos temporales de los dos hemisferios cerebrales. La mayor parte de las hormonas liberadas por el lóbulo anterior de la hipófisis controlan las secreciones de otras glándulas endocrinas.

REFERENCIAS

1. Posición del hipotálamo
2. Posición de la hipófisis
3. Hemisferio izquierdo del cerebro
4. Lóbulo temporal izquierdo

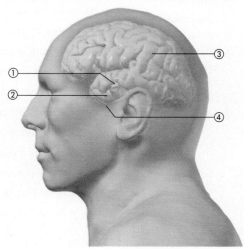

La tiroides, una glándula en forma de mariposa, se encuentra en la parte frontal del cuello, sobre la tráquea y la laringe. Folículos huecos dentro de la tiroides liberan tres hormonas: triyodotironina y tiroxina, que contienen yodo y se conocen colectivamente como hormona tiroidea, y calcitonina.

TIROIDES Y PARATIROIDES

La glándula puramente endocrina de mayor tamaño del organismo, la tiroides, se compone de dos lóbulos laterales unidos por un istmo estrecho. En la superficie posterior de cada lóbulo se encuentran dos glándulas paratiroides, de color marrón amarillento.

REFERENCIAS

1. Cuello
2. Cartílago tiroides
3. Laringe
4. Cartílago cricoides
5. Lóbulo derecho
6. Glándula tiroides
7. Istmo
8. Cabeza
9. Lóbulo izquierdo
10. Tráquea

La hormona tiroidea actúa como el "pedal del acelerador" del organismo. Acelera su metabolismo, es decir, la velocidad de las reacciones químicas dentro de las células. Entre otros roles, la hormona tiroidea también promueve el crecimiento durante la niñez y la adolescencia, y garantiza el funcionamiento normal del corazón y el sistema nervioso. La liberación de la hormona tiroidea es controlada por la hormona estimulante de la tiroides (TSH), producida por la hipófisis.

La tercera hormona tiroidea, la calcitonina, ayuda a controlar los niveles de calcio en sangre. El calcio, el mineral más abundante en el cuerpo humano, es fundamental para la formación de los huesos y dientes, la transmisión de los impulsos nerviosos, la con-

tracción de los músculos y la coagulación de la sangre. Por lo tanto, es vital mantener niveles estables de calcio en sangre. La calcitonina reduce los niveles de calcio en sangre, reduciendo la velocidad a la que los huesos (el principal depósito de calcio del organismo) se reabsorben o descomponen, y acelerando la captación de calcio para producir más matriz ósea. Si los niveles de calcio en sangre aumentan, también aumenta la secreción de calcitonina por la glándula tiroides. El control preciso de los niveles de calcio en sangre depende de la acción de la calcitonina junto con una hormona que tiene el efecto opuesto. Esta hormona es segregada por las glándulas paratiroides.

GLÁNDULAS PARATIROIDES

Cuatro diminutas glándulas paratiroides se encuentran en la parte posterior de la glándula tiroides. Secretan hormona paratiroidea (PTH), que eleva los niveles de calcio en sangre, aumentando la velocidad a la que se descompone el hueso, estimulando la captación de calcio de los alimentos digeridos en el intestino delgado, y aumentando la reabsorción del calcio en el torrente sanguíneo a través de los riñones. La PTH se libera cuando se registran bajos niveles de calcio, y es inhibida por altos niveles de este mineral en sangre.

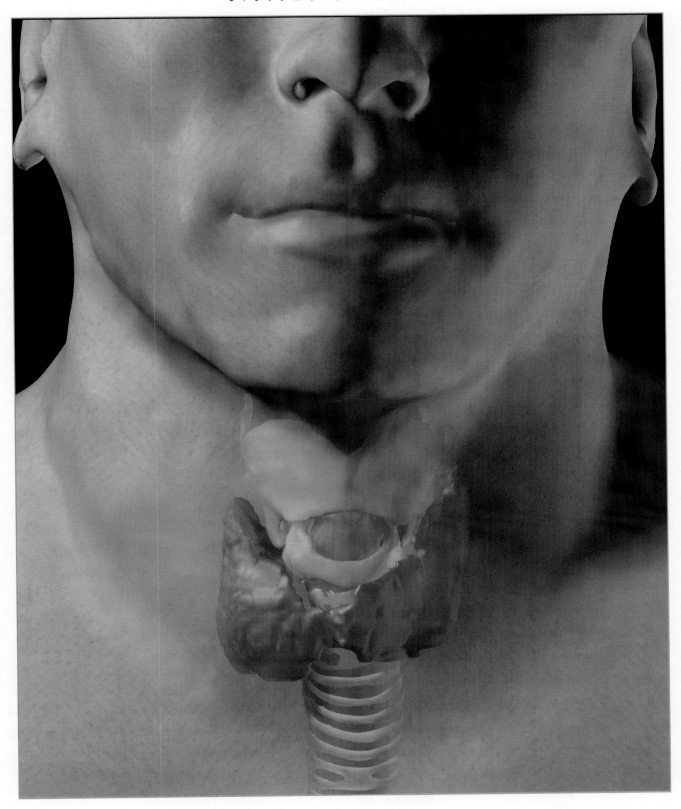

El yodo es el principal elemento químico de las hormonas tiroideas. Es sumamente importante que la dieta incluya suficiente yodo; de lo contrario, la glándula tiroides aumentará de tamaño como compensación, para intentar mantener los niveles normales de hormona. El aumento del tamaño de la tiroides produce una hinchazón del cuello característica, conocida como bocio.

Las dos glándulas suprarrenales, en forma de pirámide, parecen "sombreros" colocados en la parte superior de los riñones. Cada glándula se divide en dos secciones claramente diferenciadas. La zona externa, o corteza, produce las hormonas esteroideas denominadas corticosteroides. La zona interna, o médula, produce dos hormonas: la epinefrina (adrenalina) y la noradrenalina, que desencadenan la reacción de "luchar o huir" cuando el cuerpo está expuesto a peligro o estrés.

GLÁNDULAS SUPRARRENALES

Las dos glándulas suprarrenales se ubican en la región posterior de la parte superior del abdomen, apoyadas sobre los riñones. Cada glándula suprarrenal se encuentra rodeada y protegida por una cápsula fibrosa y una capa amortiguadora de grasa.

REFERENCIAS

① Glándula suprarrenal derecha
② Riñón derecho
③ Glándula suprarrenal izquierda
④ Riñón izquierdo

En la corteza suprarrenal se producen tres grupos de hormonas corticosteroides. Los mineralocorticoides, como, por ejemplo, la aldosterona, controlan los niveles de sodio y potasio en sangre y otros fluidos corporales. El mantenimiento de niveles equilibrados y estables de sodio y potasio es fundamental para regular la presión sanguínea y el volumen de sangre; ambos minerales también son fundamentales para la conducción de impulsos nerviosos y para la contracción de los músculos. La aldosterona actúa sobre los riñones, evitando la pérdida de sodio en la orina.

Los glucocorticoides, especialmente la hidrocortisona, ayudan al cuerpo a adaptarse a los cambios, estabilizando los niveles de glucosa en sangre e influenciando el metabolismo celular. La liberación de hidrocortisona es estimulada y regulada por una hormona hipofisaria, la hormona adrenocorticotropa (ACTH). Durante los períodos de estrés producidos, por

ejemplo, por una cirugía, hemorragia, trauma o infección, la hidrocortisona inicia varios procesos que ayudan al organismo a superar la crisis.

Los gonadocorticoides son principalmente hormonas masculinas o andrógenos. En los varones, la cantidad de andrógenos producidos por las suprarrenales es insignificante en comparación con los producidos por los testículos. En las mujeres, en cambio, los andrógenos suprarrenales estimulan el crecimiento del vello púbico y de las axilas. Igualmente, promueven el impulso sexual y otros comportamientos sexuales.

REACCIÓN DE "LUCHAR O HUIR" Y ESTRÉS

Ante la amenaza de estrés o peligro a corto plazo, el cuerpo se prepara para quedarse y luchar, o para escapar. Esta reacción de luchar o huir está controlada por la epinefrina y la noradrenalina, cuya secreción es estimulada por el sistema nervioso autónomo. Al contrario de lo que ocurre con otras hormonas, la epinefrina y la noradrenalina actúan rápidamente y sus efectos son temporarios. Provocan un aumento del ritmo cardíaco y el respiratorio (oxígeno extra) y de los niveles de glucosa en sangre (combustible extra), y dirigen más sangre a los músculos esqueléticos (energía extra para la contracción de los músculos), para que el cuerpo se prepare para pelear o escapar.

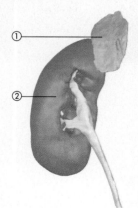
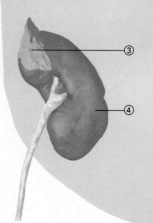

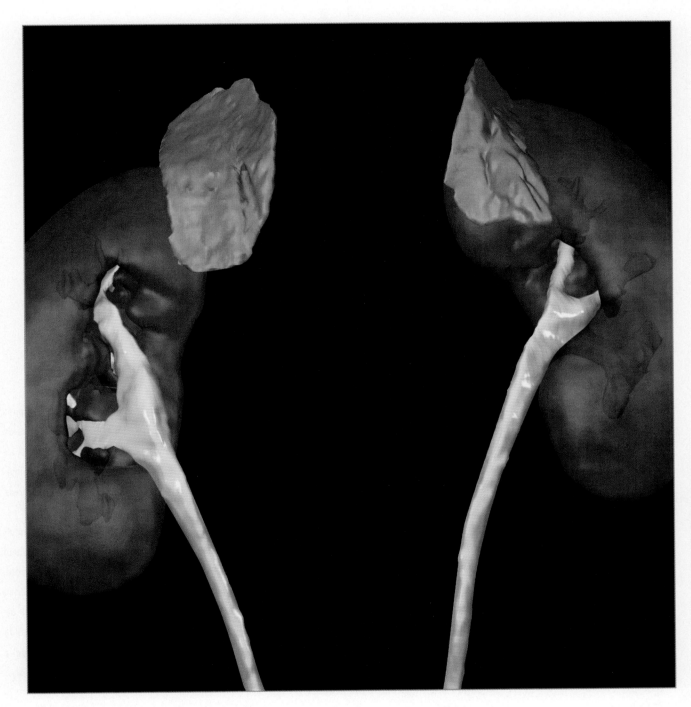

Cada glándula suprarrenal se compone de dos partes, una corteza externa y una médula interna. La corteza produce los glucocorticoides, los gonadocorticoides y los mineralocorticoides, mientras que la médula produce la epinefrina (adrenalina) y la noradrenalina.

En posición horizontal, debajo y detrás del estómago, el páncreas se compone de cabeza, cuello y cola. La cabeza se encuentra colocada en la curva formada por el duodeno, la primera parte del intestino delgado. El páncreas, en realidad, son dos glándulas en una: es parte exocrina y parte endocrina. Noventa y nueve por ciento de su masa se compone de pequeñas glándulas exocrinas, denominadas ácinos, que liberan jugo digestivo en el duodeno. Dispersos entre los ácinos hay entre 1 y 2 millones de diminutos racimos de células endocrinas, denominados islotes pancreáticos o de Langerhans.

PÁNCREAS

El páncreas es una glándula mixta: la mayor parte de los tejidos se encuentran involucrados en la producción y secreción de enzimas que se liberan en el duodeno para digerir los alimentos; pero algunos de ellos segregan dos hormonas que controlan el nivel de glucosa en sangre.

REFERENCIAS

① Hígado
② Vesícula biliar
③ Cabeza del páncreas
④ Duodeno
⑤ Páncreas
⑥ Bazo
⑦ Cola del páncreas
⑧ Cuerpo del páncreas

Los islotes pancreáticos producen dos hormonas, glucagón e insulina, que garantizan que el organismo disponga de suficiente combustible, bajo la forma del azúcar glucosa, para suministrar a las células la energía necesaria para funcionar normalmente. Los niveles de glucosa en el torrente sanguíneo deben mantenerse relativamente estables, aunque la persona no haya comido por varias horas, o aunque la glucosa de un alimento consumido recientemente inunde el torrente sanguíneo. El exceso o la falta de glucosa en sangre inhibe la captación de la glucosa por parte de las células. En el caso del cerebro, los niveles fluctuantes de glucosa pueden tener como resultado confusión mental, convulsiones y hasta coma.

El glucagón y la insulina tienen efectos opuestos, y cada uno contrarresta la acción del otro para mantener niveles estables de glucosa en sangre. Si los niveles de glucosa en sangre son bajos, las celulas alfa liberan más glucagón en los islotes pancreáticos. Esta hormona estimula al hígado para que transforme el glicógeno (una reserva compleja de hidratos de carbono formada por moléculas de glucosa) almacenado en sus células en glucosa, que pasa al torrente sanguíneo para restaurar los niveles normales de glucosa.

El nivel de la glucosa en sangre se eleva después de las comidas, lo que estimula a las células beta de los islotes pancreáticos para que liberen insulina. La insulina reduce los niveles de glucosa en sangre, almacenando el exceso para satisfacer la futura demanda. Tiene tres objetivos clave: estimula a los músculos esqueléticos a que capten la glucosa del torrente sanguíneo y la almacenen como glicógeno, o bien que la usen para liberar la energía necesaria para el movimiento. Estimula las células adiposas (grasas) para que usen la glucosa como una fuente de energía inmediata o la almacenen bajo la forma de grasa. Por último, estimula las células del hígado para que capten la glucosa de la sangre y la conviertan en glicógeno.

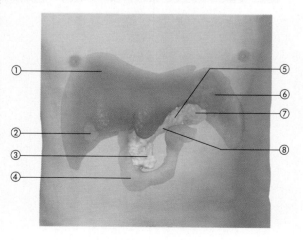

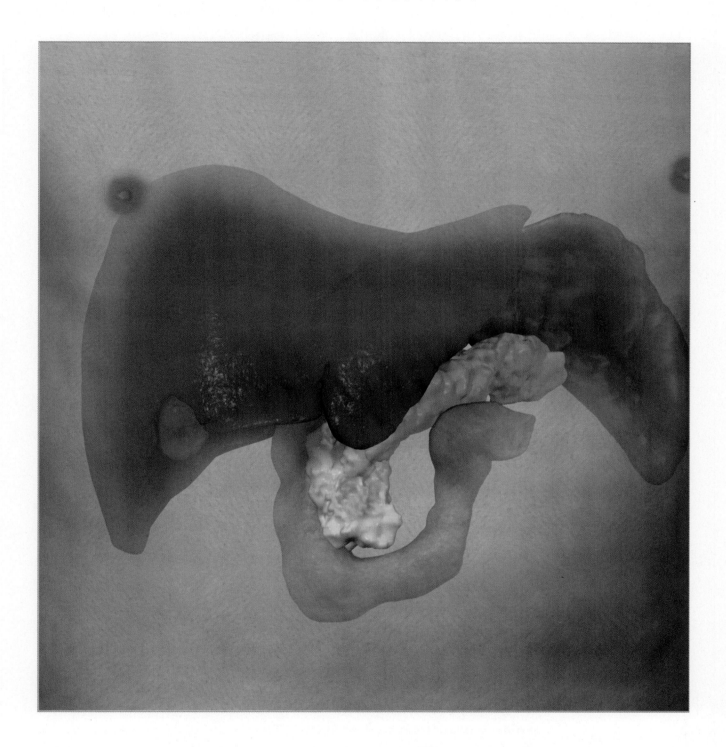

Vista frontal del abdomen que muestra el páncreas, que se extiende desde el hígado hacia la superficie lateral del estómago, el órgano que también lo cubre y esconde parcialmente. El extremo mayor de la cabeza del páncreas se ahúsa en dirección al cuerpo y termina en la cola. Mientras que mayoritariamente el páncreas está involucrado en la producción de enzimas digestivas, dentro de él se encuentran dispersos miles de grupos celulares denominados islotes pancreáticos, responsables de la producción de insulina.

Los ovarios, que tienen forma de almendra, se encuentran a ambos lados del útero. Son los órganos principales del aparato reproductor femenino y tienen un doble propósito: como lugares de almacenamiento de los oocitos, los ovarios liberan un oocito maduro, u óvulo, cada mes entre la pubertad y la menopausia. Si es fecundado por un espermatozoide, el óvulo da origen a un bebé. Como órganos endocrinos, los ovarios liberan dos hormonas sexuales, el estrógeno y la progesterona, que mantienen el sistema reproductor y preparan el cuerpo para el embarazo.

REFERENCIAS

① Cintura pélvica
② Coxal derecho
   (hueso de la cadera)
③ Ovario derecho
④ Útero
⑤ Coxal izquierdo
⑥ Ovario izquierdo
⑦ Vagina

OVARIOS

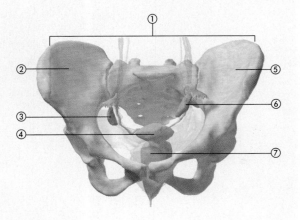

Los ovarios, los principales órganos sexuales de la mujer, se encuentran en la cavidad pélvica, uno a cada lado del útero. Como glándulas endocrinas, los ovarios liberan las hormonas que controlan los ciclos ovárico y menstrual, y mantienen las características sexuales secundarias femeninas.

El estrógeno ejerce por primera vez sus efectos en la pubertad. En ese momento, hace que el sistema reproductor madure y comience a funcionar, y estimula la producción y mantenimiento de las características sexuales femeninas secundarias, entre las cuales se incluyen el crecimiento de los senos, el desarrollo del cuerpo femenino a través del depósito característico de grasas, el ensanchamiento de la pelvis y el patrón de crecimiento de vello en la cara y el cuerpo. El estrógeno también funciona con la hormona del crecimiento para promover el rápido crecimiento durante la pubertad. Cada mes, entre la pubertad y la menopausia, el estrógeno estimula el espesamiento del endometrio, el revestimiento del útero, para que pueda recibir un óvulo fertilizado. La progesterona actúa en conjunto con el estrógeno para espesar el endometrio.

La liberación de estrógeno y progesterona es controlada por otras dos hormonas, las gonadotropinas FSH y LH, liberadas por la hipófisis. Las gonadotropinas también controlan la maduración y liberación de un óvulo cada mes. A medida que los niveles de estrógeno y progesterona aumentan, inhiben la liberación de gonadotropinas. Si la fertilización no se produce, la secreción de estrógeno y progesterona por parte de los ovarios se reduce y los niveles de gonadotropina aumentan. A medida que las hormonas sexuales y las gonadotropinas interactúan entre sí y sus niveles fluctúan, sincronizan dos eventos o ciclos que siguen la misma secuencia todos los meses: el ciclo ovárico, que libera un óvulo del ovario, y el ciclo menstrual, que espesa el endometrio y prepara el útero para recibir el óvulo fertilizado y, si no se produce la fertilización, hace que el endometrio se elimine. Si se produce la fertilización, los altos niveles de estrógeno y progesterona se mantienen para inhibir la liberación de gonadotropinas y evitar que se produzcan el ciclo ovárico o el ciclo menstrual durante el embarazo.

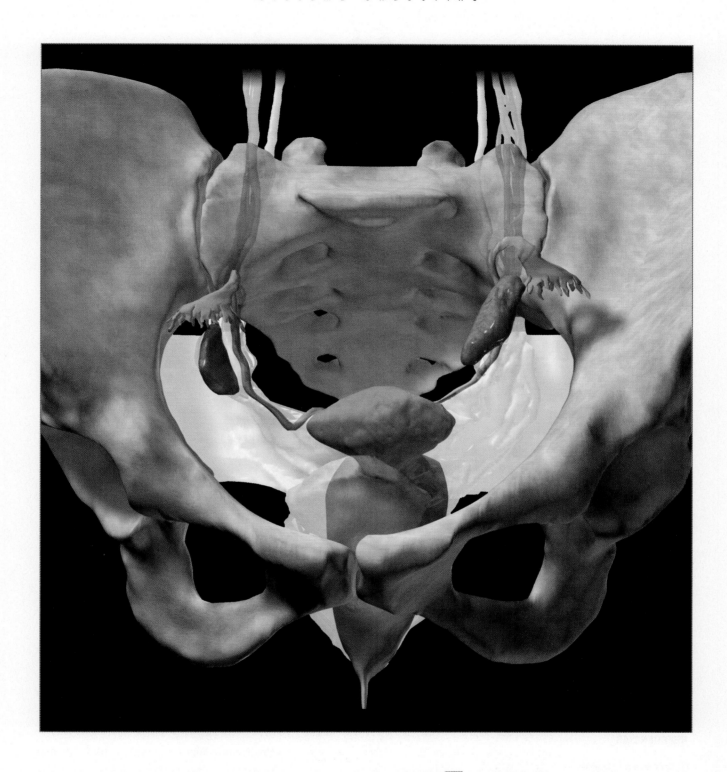

os ovarios no funcionan plenamente en el momento del nacimiento: entonces se limitan a producir unas pocas hormonas. Al llegar a la pubertad, el aumento repentino de los niveles de hormonas sexuales produce la iniciación del ciclo reproductivo y el desarrollo de las características sexuales secundarias.

Los testes, o testículos, que tienen forma oval y se presentan en pares, se encuentran en una bolsa de piel, llamada escroto, que cuelga entre los muslos. Los testículos son el órgano principal del aparato reproductor masculino y, al igual que los ovarios, tienen dos roles. En primer lugar, túbulos enrollados denominados túbulos seminíferos, ubicados dentro de los testículos, son responsables por la producción de cientos de millones de células sexuales llamadas espermatozoides, durante toda la vida del varón, a partir, aproximadamente, de los catorce años de edad. En segundo lugar, los testículos son órganos endocrinos que liberan hormonas sexuales masculinas en el torrente sanguíneo.

TESTÍCULOS

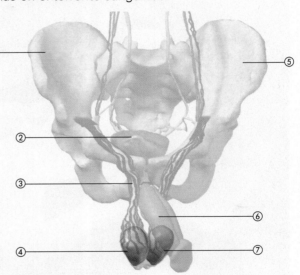

Los testes, o testículos, que son los principales órganos sexuales del varón, se encuentran fuera y debajo de la cavidad pélvica, y producen hormonas que estimulan la producción de espermatozoides y mantienen las características sexuales secundarias masculinas. El cordón espermático contiene los vasos sanguíneos que transportan las hormonas hacia afuera de los testículos.

REFERENCIAS

① Coxal derecho (hueso de la cadera)
② Vejiga
③ Cordón espermático
④ Teste (testículo) derecho
⑤ Coxal izquierdo
⑥ Pene
⑦ Teste (testículo) izquierdo

Los andrógenos, especialmente la hormona testosterona, son secretados por las células endocrinas llamadas intersticiales, o de Leydig, que rodean los túbulos seminíferos. Cuando un niño alcanza la pubertad, la secreción de testosterona aumenta y estimula el crecimiento y maduración del sistema reproductor, trabaja en conjunto con la hormona del crecimiento para causar el crecimiento rápido, y produce la aparición de las características sexuales secundarias masculinas. En el varón, estas características incluyen el crecimiento de músculos esqueléticos y huesos, para producir la forma corporal típicamente masculina, con hombros anchos y caderas estrechas, la aparición de vello facial, púbico, en las axilas y el pecho, y el crecimiento de la laringe, lo que tiene como resultado la aparición de una voz más grave y profunda. En los adultos, la testosterona mantiene las características sexuales secundarias, estimula la producción de espermatozoides y promueve el impulso sexual o libido. En las mujeres, el impulso sexual y la apariencia de vello púbico también están controlados por la testosterona, pero la hormona es liberada por las glándulas suprarrenales.

La liberación de testosterona es controlada por otra hormona, una gonadotropina llamada LH, secretada por la hipófisis. La LH estimula a las células intersticiales para que liberen testosterona. Todo el sistema está controlado por un mecanismo de retroalimentación que controla la liberación de testosterona: si hay demasiada testosterona en el torrente sanguíneo, inhibe la liberación de LH por la hipófisis; la falta de testosterona produce el efecto contrario. De esta manera, los niveles de testosterona en sangre se mantienen relativamente estables, al contrario de lo que ocurre con las fluctuaciones cíclicas de las hormonas sexuales femeninas. Otra gonadotropina, FSH, liberada por la hipófisis, funciona junto con la testosterona para estimular los túbulos seminíferos para producir espermatozoides.

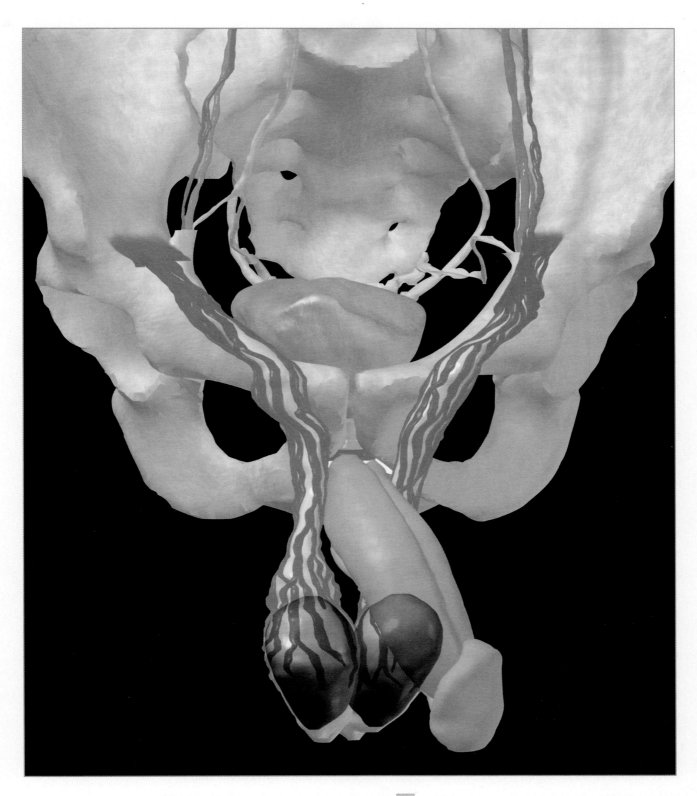

La producción de andrógenos por los testículos estimula la maduración del sistema reproductor masculino y el desarrollo de características sexuales secundarias masculinas, como el desarrollo del cuerpo típicamente masculino, el crecimiento de vello facial, en las axilas y el pecho, y el engrosamiento de la voz, causado por el crecimiento de la laringe.

El cuerpo humano se compone de cuatrillones de células. Estas células están rodeadas por un líquido tisular, o fluido intersticial, del cual extraen constantemente oxígeno, nutrientes y otras sustancias que necesitan para mantenerse vivas, y en el cual depositan el material de desecho producido por las reacciones químicas del metabolismo. Para que las células se mantengan vivas, el contenido de nutrientes y oxígeno en el líquido tisular se debe reabastecer constantemente, y los desechos se deben eliminar antes de que las células se envenenen con sus propios desperdicios. Estas funciones de abastecimiento y eliminación son cumplidas por el sistema cardiovascular o circulatorio, que posee tres elementos principales: la sangre, los vasos sanguíneos y el corazón.

SISTEMA CARDIOVASCULAR

La sangre es el medio líquido de transporte que lleva oxígeno, nutrientes, material de desecho y otras sustancias. También contiene células, denominadas glóbulos blancos, que rastrean y destruyen microorganismos, como bacterias y virus, antes de que puedan infectar el organismo y producir enfermedades.

Los vasos sanguíneos son tubos flexibles y vivientes que forman una red que lleva la sangre hacia y desde todas las partes del cuerpo, salvo el cabello, uñas y la capa externa de la piel, las córneas de los ojos y el esmalte dental.

Hay tres tipos principales de vasos sanguíneos: las arterias transportan la sangre desde el corazón, las venas llevan la sangre al corazón, y los vasos capilares unen arterias y venas y transportan sangre a través de los tejidos, donde los nutrientes y el oxígeno pasan a las células a través del líquido tisular, y los desechos van en dirección opuesta, a la sangre.

En el centro del sistema está el corazón. Esta bomba muscular tiene dos compartimientos, izquierdo y derecho, que bombean sangre simultáneamente en un

Vista anterior de la pelvis y el miembro inferior derecho, que muestra las arterias y venas principales. Estos vasos sanguíneos irrigan los músculos, huesos y piel del muslo, pierna y pie.

recorrido en forma de ocho, a través de dos circuitos de vasos sanguíneos. En el circuito pulmonar, el lado derecho del corazón bombea sangre con poco oxígeno a los pulmones por la arteria pulmonar, y la sangre llena de oxígeno vuelve al lado izquierdo del corazón a través de las venas pulmonares. En el circuito sistémico, el lado izquierdo del corazón bombea sangre rica en oxígeno a la aorta, que se divide en arterias cada vez más pequeñas que suministran oxígeno a los órganos del cuerpo, donde se lo consume. Las venas de estos órganos se fusionan para formar la vena cava superior y la vena cava inferior, donde la sangre pobre en oxígeno entra al lado derecho del corazón, completando así el circuito.

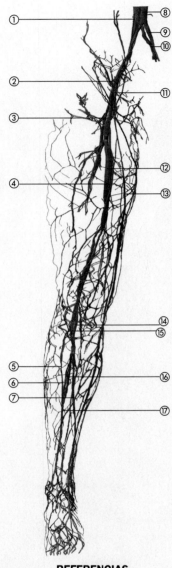

REFERENCIAS

① Vena cava inferior
② Arteria ilíaca externa
③ Arteria femoral profunda
④ Arteria femoral
⑤ Arteria tibial anterior
⑥ Vena peronea
⑦ Arteria tibial posterior
⑧ Aorta abdominal
⑨ Arteria ilíaca común
⑩ Vena ilíaca común
⑪ Vena ilíaca externa
⑫ Vena femoral
⑬ Vena safena mayor
⑭ Vena poplítea
⑮ Arteria poplítea
⑯ Arteria peronea
⑰ Vena tibial anterior

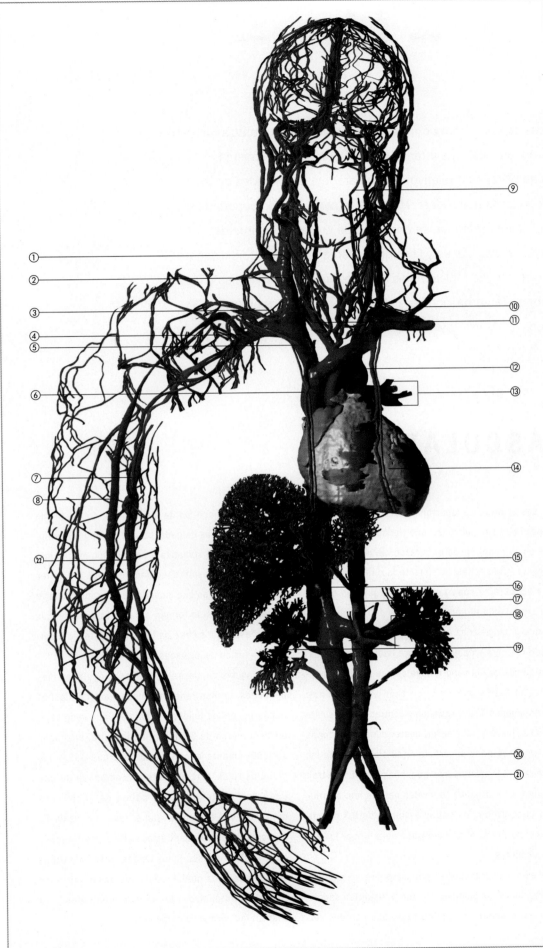

REFERENCIAS

1. Arteria carótida común
2. Vena yugular interna
3. Arteria subclavia derecha
4. Vena subclavia derecha
5. Vena braquiocefálica
6. Vena cava superior
7. Arteria braquial
8. Vena cefálica
9. Arteria carótida externa
10. Arteria subclavia izquierda
11. Arteria braquiocefálica
12. Arco aórtico
13. Arterias pulmonares
14. Corazón
15. Aorta abdominal
16. Vena cava inferior
17. Tronco celíaco
18. Arteria renal
19. Venas renales
20. Vena ilíaca común
21. Arteria ilíaca común
22. Vena basílica

Vista anterior del corazón y las arterias y venas principales de la cabeza, extremidad superior derecha y tronco.

rterias, venas y vasos capilares forman un sistema de distribución tubular de unos 150.000 kilómetros de longitud total. Las arterias y venas comparten la misma estructura, pero difieren en el espesor relativo de sus paredes. Las paredes de las arterias y venas tienen tres capas que rodean el lumen, el canal interno por donde pasa la sangre. La capa interna, la túnica íntima, se compone de un revestimiento de endotelio, una sola capa de células planas y lisas que están en contacto con la sangre, sostenidas por tejido de soporte. La túnica media se compone de músculo liso y fibras elásticas. La túnica adventicia, externa, contiene fibras de colágeno resistentes y protege el vaso sanguíneo.

SISTEMA CARDIOVASCULAR

Las arterias transportan sangre rica en oxígeno (salvo la arteria pulmonar, que transporta sangre pobre en oxígeno) desde el corazón. En general tienen paredes gruesas (especialmente la túnica media), lo que les permite soportar la elevada presión que se genera cuando el corazón bombea sangre por ellas. Cuando la sangre entra en la arteria, la arteria se expande y contrae para empujar la sangre hacia adelante. Esto significa que la sangre fluye en una corriente continua, inclusive cuando el corazón se relaja entre contracciones. Esta expansión y contracción se siente como un pulso o latido en los lugares donde las arterias pasan cerca de la superficie de la piel, como en las muñecas. Las arterias más pequeñas que suministran oxígeno a los órganos se dividen para formar arteriolas, con paredes delgadas y menos de 0,3 mm de diámetro, que a su vez se dividen para formar los vasos capilares.

Las venas transportan sangre pobre en oxígeno (salvo las venas pulmonares, que transportan sangre rica en oxígeno) hacia el corazón. Sus paredes son más delgadas que las de las arterias, con la túnica media mucho más delgada, porque la sangre que fluye por ellas está sometida a una presión mucho menor. Como la presión sanguínea es baja, las venas contienen válvulas que impiden que la sangre vuelva atrás. Las venas se forman a partir de vénulas más pequeñas que, a su vez, se forman en el tejido a partir de la fusión de los vasos capilares.

Los vasos capilares, los vasos sanguíneos más pequeños, forman redes extensas, llamadas lechos capilares, en los tejidos y órganos. Cada vaso capilar tiene cerca de 0,008 mm de diámetro, apenas lo suficientemente ancho como para que pasen los glóbulos rojos. Sus paredes se componen de una capa de endotelio de una célula de ancho. Los nutrientes y el oxígeno pasan a través de los vasos capilares al líquido tisular y éstos se llevan los desechos en dirección opuesta. Si los tejidos están inflamados o infectados, los glóbulos blancos pasan entre las células endoteliales a los tejidos infectados para destruir los gérmenes patógenos.

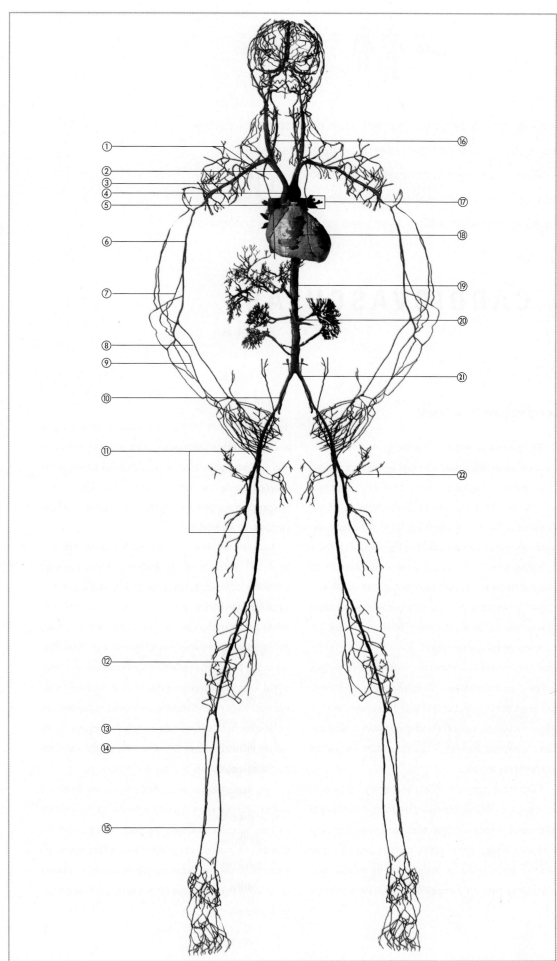

REFERENCIAS

① Arteria subclavia
② Arteria braquiocefálica
③ Arteria axilar
④ Arco aórtico
⑤ Tronco pulmonar
⑥ Arteria braquial
⑦ Arteria braquial profunda
⑧ Arteria radial
⑨ Arteria cubital
⑩ Arteria ilíaca externa
⑪ Arteria femoral
⑫ Arteria poplítea
⑬ Arteria tibial anterior
⑭ Arteria peronea
⑮ Arteria tibial posterior
⑯ Arteria carótida común
⑰ Arterias pulmonares
⑱ Corazón
⑲ Aorta abdominal
⑳ Arteria renal izquierda
㉑ Arteria ilíaca común
㉒ Arteria femoral profunda

Vista anterior del cuerpo, mostrando las arterias principales. Las arterias son vasos sanguíneos que transportan sangre rica en oxígeno desde el corazón hacia los tejidos. Las arterias pulmonares transportan sangre pobre en oxígeno desde el corazón a los pulmones.

La sangre es un tejido vivo que fluye constantemente por el organismo y cumple tres funciones principales. Como medio de transporte, la sangre lleva materiales fundamentales hacia las células y se lleva el material de desecho de ellas. Como regulador, la sangre distribuye el calor para mantener el cuerpo caliente. Como protector, algunas células sanguíneas detectan y destruyen los gérmenes patógenos.

SISTEMA CARDIOVASCULAR

LA COMPOSICIÓN DE LA SANGRE

Las mujeres adultas tienen entre 4 y 5 litros de sangre en el organismo, mientras que los varones adultos tienen entre 5 y 6 litros. La sangre tiene dos componentes básicos. El plasma constituye alrededor del 55 por ciento de la sangre, mientras que el 45 por ciento restante está compuesto por células sanguíneas. El plasma, un líquido amarillento, se compone principalmente de agua, en la que se encuentran disueltas más de 100 sustancias, como nutrientes, hormonas, anticuerpos y desechos transportados por la sangre. Otras sustancias, como iones de sodio y de potasio, y proteínas del plasma, ayudan a regular la composición normal de la sangre. Los cambios constantes en la composición del plasma, que se producen a medida que las células absorben y liberan materiales, son controlados por mecanismos homeostáticos que mantienen la composición del plasma relativamente estable.

Existen tres tipos de células sanguíneas: los glóbulos rojos, los glóbulos blancos y las plaquetas. Los glóbulos rojos, que constituyen el 99 por ciento de las células sanguíneas, tienen forma de rosquilla, no tienen núcleo y están llenos de una proteína de un color rojo anaranjado llamada hemoglobina. Durante su tiempo de vida, que es de 120 días, los glóbulos rojos recogen el oxígeno de los pulmones y lo transportan a los tejidos. La hemoglobina tiene la capacidad de captar el oxígeno donde las concentraciones son elevadas, y descargarlo donde la concentración de oxígeno es baja, como en los tejidos.

Los glóbulos blancos tienen una función de defensa. Se dividen en tres tipos. Los granulocitos detectan a los gérmenes patógenos, rodeándolos y envolviéndolos, y luego los digieren. Los monocitos penetran en los tejidos, donde se transforman en voraces cazadores de gérmenes y son llamados macrófagos. Los linfocitos liberan sustancias químicas llamadas anticuerpos, que inhabilitan a los gérmenes para que puedan ser destruidos. Los macrófagos y los linfocitos también se encuentran en los ganglios linfáticos (ver página 124). En conjunto, la población de macrófagos y linfocitos en la sangre y el sistema linfático componen el sistema inmunológico.

Las plaquetas son pequeños fragmentos de célula que se adhieren entre sí para formar un "tapón" cuando un vaso sanguíneo se daña. También inician la conversión de una proteína sanguínea, llamada fibrinógeno, en haces de fibrina que, como una red de pescador, atrapan los glóbulos rojos para que forman parte del coágulo que sella la herida.

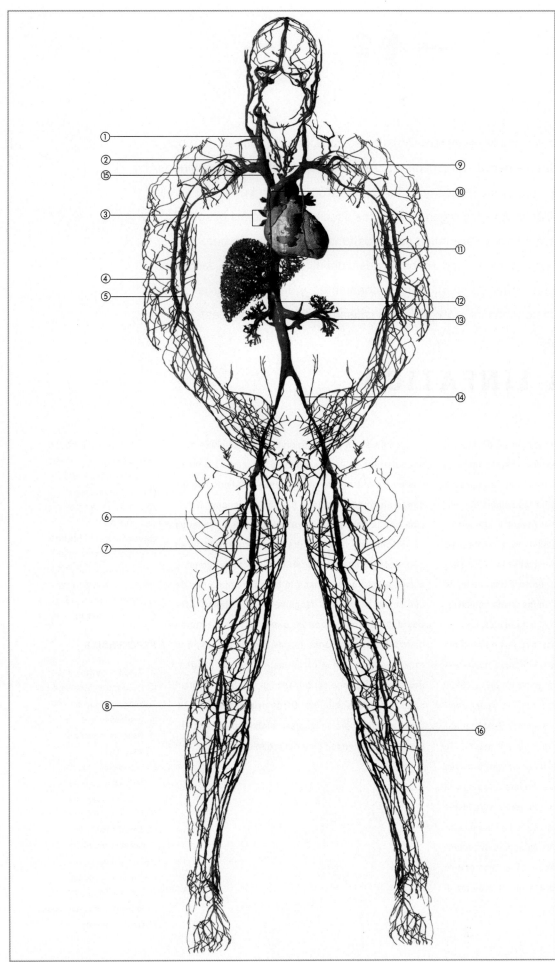

① Tronco común de las
   venas facial,
   retromandibular y lingual
② Vena yugular interna
③ Venas pulmonares
④ Vena cefálica
⑤ Vena basílica
⑥ Vena safena mayor
⑦ Vena femoral
⑧ Vena tibial anterior
⑨ Vena subclavia izquierda
⑩ Vena cava superior
⑪ Corazón
⑫ Vena cava inferior
⑬ Vena renal izquierda
⑭ Vena ilíaca común izquierda
⑮ Vena braquiocefálica
⑯ Vena safena menor

Vista anterior del cuerpo que muestra las venas principales. Las venas son vasos sanguíneos que transportan sangre pobre en oxígeno desde los tejidos hacia el corazón. Las venas pulmonares transportan sangre rica en oxígeno desde los pulmones hacia el corazón.

Como el sistema cardiovascular, el sistema linfático se compone de una red de tubos, o vasos, que alcanzan todas las partes del organismo. Al contrario de los vasos sanguíneos, los vasos linfáticos tienen extremos ciegos, y no hay un corazón que bombee fluido en ellos. El sistema linfático también incluye los órganos linfáticos asociados, como los ganglios linfáticos, el timo y el bazo. El sistema linfático tiene dos funciones diferentes pero superpuestas: drenar el líquido acumulado en los tejidos y devolverlo al torrente sanguíneo para que su volumen y concentración se mantengan constantes, y defender al organismo destruyendo gérmenes patógenos (microorganismos causantes de enfermedades).

SISTEMA LINFÁTICO

Veamos en primer lugar la función de drenaje. A medida que la sangre fluye por los vasos capilares, hay fluidos que se escurren a través de las paredes de los vasos capilares para bañar las células del tejido que los rodea. Este fluido transporta elementos esenciales, como nutrientes y oxígeno, a las células, y retira los desechos antes de volver al torrente sanguíneo. Sin embargo, alrededor de un sexto del fluido no vuelve a través de la pared de los vasos capilares, y se queda en los tejidos como líquido tisular. Diseminados en los tejidos hay vasos capilares linfáticos minúsculos, de extremos ciegos. El líquido tisular excesivo, ahora denominado linfa, entra en estos vasos capilares, que entonces lo eliminan. Los vasos capilares linfáticos se fusionan para formar vasos linfáticos cada vez de mayor tamaño, que eventualmente forman troncos linfáticos que desembocan, a través de dos conductos linfáticos (el conducto torácico y el conducto linfático derecho) en las venas subclavias izquierda y derecha, respectivamente. La linfa es empujada por la contracción de los músculos esqueléticos que rodean los vasos linfáticos. Tal como ocurre con las venas, hay válvulas que ayudan a evitar el flujo en sentido erróneo.

La linfa es un líquido traslúcido que también contiene detritos y gérmenes patógenos, como bacterias y virus. En el trayecto de los vasos linfáticos hay órganos abultados llamados ganglios linfáticos. A medida que la linfa pasa por ellos, grandes cantidades de linfocitos y macrófagos detectan y destruyen gérmenes patógenos, matan células cancerígenas y eliminan detritos, y al hacerlo filtran la linfa antes de que vuelva al torrente sanguíneo. Los glóbulos blancos defensivos (linfocitos, que liberan sustancias químicas llamadas anticuerpos, y macrófagos, que rodean y destruyen a los gérmenes) que se encuentran en los sistemas cardiovascular y linfático forman el sistema inmunológico. Otros órganos linfáticos, como el bazo y las amígdalas, también participan en la respuesta inmunológica del organismo.

El sistema linfático se compone de vasos y ganglios asociados que alcanzan la mayoría de las partes del cuerpo, devolviendo el líquido excesivo al torrente sanguíneo, y jugando un papel importante en la defensa contra los gérmenes patógenos.

REFERENCIAS

1 Ganglios cervicales
2 Conducto linfático derecho
3 Vena subclavia derecha
4 Ganglios axilares
5 Ganglios inguinales
6 Vaso linfático
7 Entrada del conducto torácico en la vena subclavia izquierda
8 Corazón
9 Conducto torácico (linfático izquierdo)
10 Cisterna del quilo (confluencia de los vasos linfáticos de la parte inferior del cuerpo)
11 Ganglio linfático

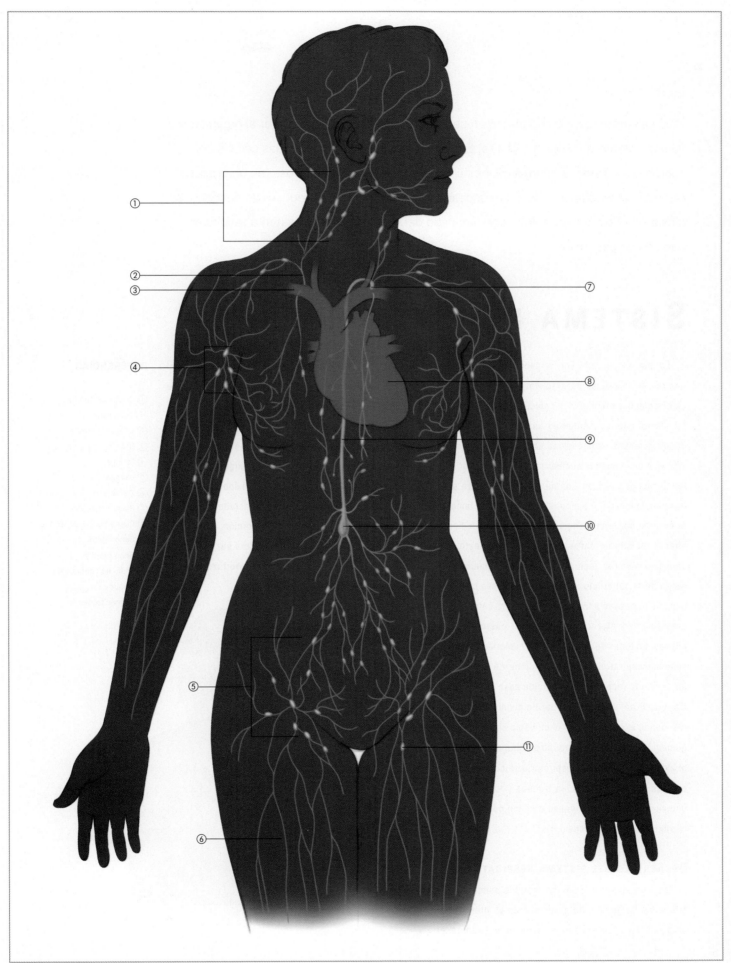

El sistema respiratorio presta un servicio fundamental al suministrar al organismo un flujo constante de oxígeno del aire. El oxígeno es utilizado por todas las células del cuerpo para liberar la energía de los "combustibles", como la glucosa, en un proceso llamado respiración aeróbica. La respiración también libera un producto de desecho, el dióxido de carbono, que debe ser eliminado del organismo por el sistema respiratorio, pues es un gas tóxico.

SISTEMA RESPIRATORIO

La energía liberada por la respiración es utilizada dentro de las células para activar las diversas reacciones químicas (conocidas colectivamente como metabolismo) que las mantienen funcionando como unidades vivientes. La necesidad absoluta de oxígeno es algo que los humanos compartimos con la mayoría de los demás seres vivos. Los más pequeños entre ellos (los platelmintos, por ejemplo), absorben directamente el oxígeno por la superficie del cuerpo por difusión, y liberan dióxido de carbono en sentido opuesto. Los animales mayores, incluyendo los seres humanos, carecen de la superficie suficiente como para captar el oxígeno necesario a través de la piel para satisfacer el gran volumen interno compuesto por cuatrillones de células. En lugar de ello, los seres humanos tienen un sistema respiratorio que se compone de dos partes: un conducto respiratorio por donde pasa el aire al entrar y salir del cuerpo, y un par de pulmones en el tórax, donde el oxígeno se difunde hacia el torrente sanguíneo, y el dióxido de carbono se difunde desde éste al exterior. El conducto respiratorio se compone de la cavidad nasal, la faringe, la tráquea y los bronquios, uno para cada pulmón, que se originan por división de la tráquea en su extremo inferior.

DESARROLLO DEL SISTEMA RESPIRATORIO

Durante la vida normal del feto, los pulmones están llenos de fluido y no participan en el intercambio de gases. Esta función está a cargo de la placenta, el órgano adherido a la pared del útero a través del cual pasa el oxígeno de la sangre de la madre a la sangre del feto. En el momento en que el bebé está listo para nacer, los canales del conducto respiratorio y los pulmones se han vaciado de fluido. En el momento del nacimiento, cesa el suministro de oxígeno desde la placenta, elevando los niveles de dióxido de carbono de la sangre del bebé, lo que es detectado por la parte del cerebro que controla la respiración, y esto estimula al bebé para respirar por primera vez, de manera que el intercambio gaseoso se produzca en los pulmones.

REFERENCIAS

① Placas de cartílago de la nariz
② Orificios nasales
③ Boca
④ Faringe
⑤ Laringe
⑥ Tráquea
⑦ Pulmón derecho
⑧ Cisura pulmonar oblicua
⑨ Seno frontal
⑩ Seno maxilar
⑪ Anillo de cartílago de la tráquea
⑫ Pulmón izquierdo

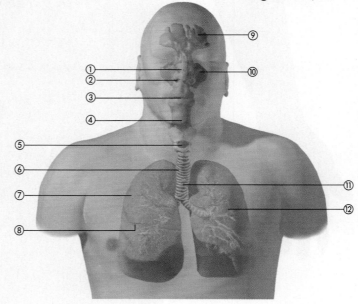

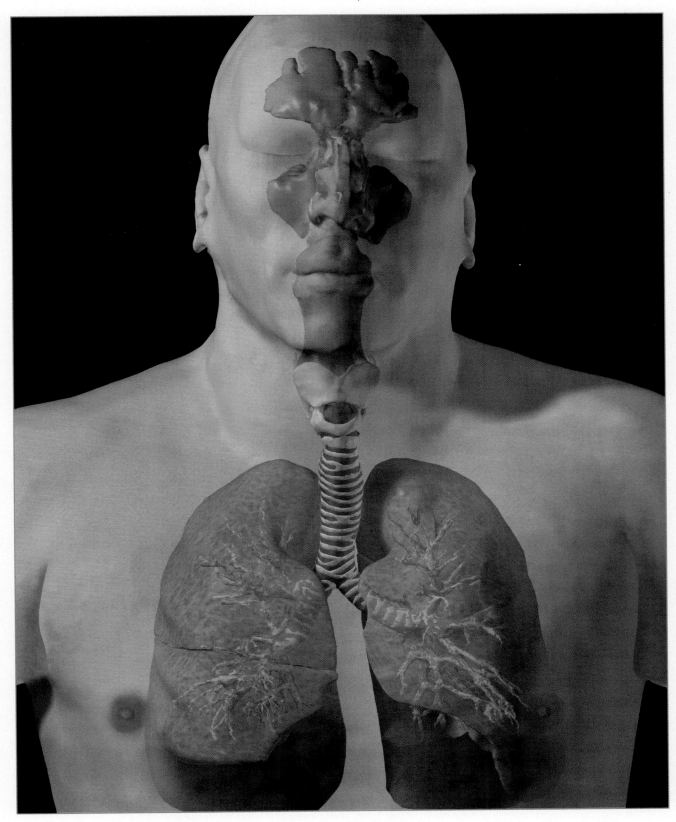

ista anterior de la cabeza y el tórax, que muestra el sistema respiratorio y los senos paranasales, huecos en el cráneo que ayudan a calentar y humedecer el aire inhalado.

E l conducto respiratorio, compuesto por la cavidad nasal, la faringe o garganta, la tráquea y los bronquios, es un pasaje a través del cual ingresa el aire hacia los pulmones y sale de ellos al exterior. También "procesa" el aire respirado calentándolo, humedeciéndolo y filtrándolo. El aire frío, seco y cargado de polvo y gérmenes dañaria los delicados tejidos de los pulmones.

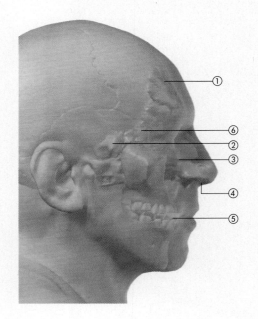

CAVIDAD NASAL Y GARGANTA

En la nariz, los pelos que cubren las paredes internas de los orificios nasales atrapan las partículas más grandes transportadas por el aire. La membrana mucosa que cubre la cavidad nasal (y la mayor parte del sistema respiratorio) humedece y calienta el aire, mientras que la mucosidad pegajosa captura el polvo, la suciedad y las bacterias. Cilios diminutos similares a pelos que cubren la membrana mucosa se balancean rítmicamente, como un campo de trigo que se mueve con el viento, empujando la mucosidad cargada de suciedad hacia la garganta, donde es tragada y digerida por los ácidos estomacales. Los senos paranasales, cavidades revestidas por una membrana en los huesos que rodean el pasaje nasal, también calientan y humedecen el aire. Esta acción de calentamiento y humedecimiento continúa en la faringe y la tráquea. La tráquea también tiene cilios que empujan la mucosidad contaminada hacia arriba, en dirección a la garganta, donde se la traga.

EL HABLA Y LA LARINGE

El habla juega un papel fundamental en la comunicación, y es exclusiva de los humanos. Los sonidos son producidos por la laringe, un conjunto de cartílagos en forma de embudo que se une a la faringe y a la tráquea.

Estirados a través de la laringe, del frente hacia atrás, hay un par de membranas llamadas cuerdas vocales. Durante la respiración normal las cuerdas vocales están totalmente abiertas para que el flujo de aire no se vea impedido. Mientras se habla, los músculos de la laringe aproximan las cuerdas vocales, de forma semejante a cuando se corren las cortinas frente a una ventana, haciendo que queden más tirantes. Cuando el aire exhalado pasa en ráfagas controladas a través de las cuerdas vocales cerradas, las cuerdas vibran y producen sonidos. Estos sonidos son amplificados por la garganta, la boca, la cavidad nasal y los senos paranasales, y son convertidos en sonidos reconocibles del habla por la lengua y los labios. Cuanto más tirantes estén las cuerdas vocales, más alto será el timbre de los sonidos, mayor la fuerza del aire exhalado y más fuerte el sonido. Las cuerdas vocales del varón son más largas y gruesas, y vibran más lentamente, produciendo sonidos de timbre más bajo.

L os senos paranasales, cavidades dentro de los huesos del cráneo que rodean la cavidad nasal, calientan y humedecen el aire antes de que penetre en el delicado tejido pulmonar, y actúan como cámaras de resonancia de la voz.

REFERENCIAS

① Seno frontal
② Seno esfenoidal
③ Seno maxilar
④ Vestíbulo nasal
⑤ Cavidad oral
⑥ Celdillas etmoidales

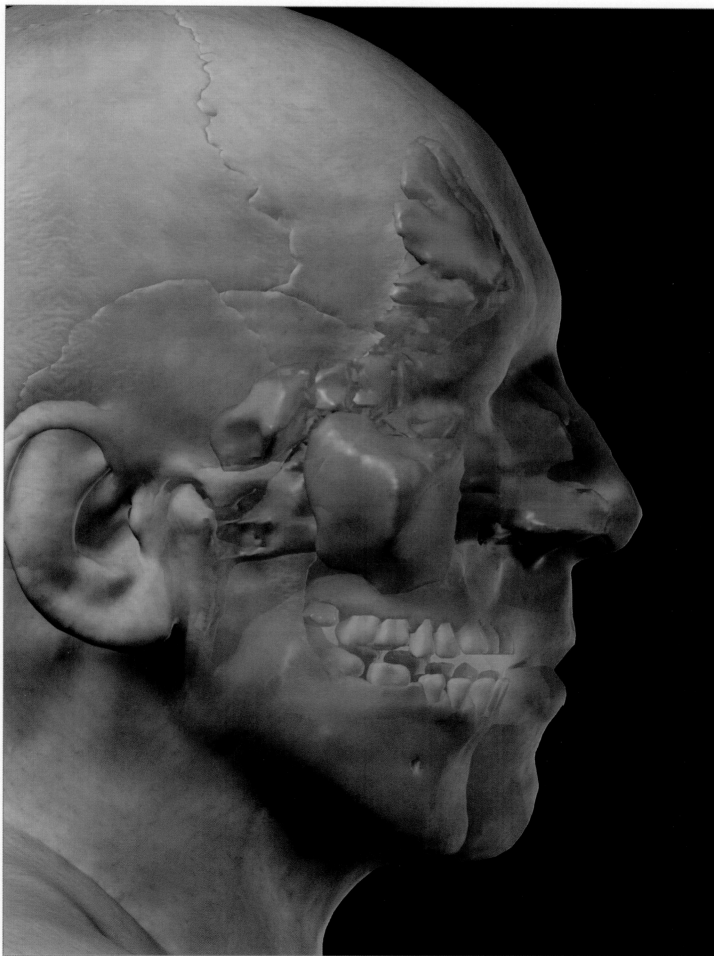

Los pulmones, dos órganos cónicos, ocupan la mayor parte del espacio dentro del tórax. Los pulmones descansan sobre el diafragma, un músculo abovedado que separa el tórax del abdomen, y están rodeados por una "jaula" formada por las costillas, el esternón y la columna vertebral. El movimiento de las costillas y el diafragma, denominado respiración o ventilación, hace que el aire entre y salga de los pulmones aproximadamente 20.000 veces por día. Así, brinda un suministro constante de aire fresco.

PULMONES

Los bronquios se ramifican dentro de los pulmones y terminan en sacos microscópicos, los alvéolos, donde el oxígeno es intercambiado por dióxido de carbono.

REFERENCIAS

① Laringe
② Tráquea
③ Lóbulo superior del pulmón derecho
④ Bronquio primario derecho
⑤ Cisura pulmonar
⑥ Lóbulo medio del pulmón derecho
⑦ Lóbulo inferior del pulmón derecho
⑧ Lóbulo superior del pulmón izquierdo
⑨ Bronquio primario izquierdo
⑩ Bronquio secundario (lobular)
⑪ Bronquio terciario (segmentario)
⑫ Lóbulo inferior del pulmón izquierdo

Internamente, los pulmones se componen de una red de tubos y sacos, a veces denominada "árbol bronquial", debido a su semejanza con un árbol colocado cabeza abajo, con la tráquea como tronco. Dentro de los pulmones, los dos bronquios, que son las subdivisiones de la tráquea, se dividen una y otra vez formando bronquios cada vez más pequeños, que a su vez se dividen en bronquiolos, que a su vez se subdividen otra vez hasta formar bronquiolos respiratorios microscópicos, al final de los cuales se encuentran los alvéolos, el lugar donde se produce el intercambio gaseoso.

INTERCAMBIO GASEOSO

El intercambio del oxígeno, necesario para la vida, por el dióxido de carbono de desecho se produce en los alvéolos. El aire respirado que entra en los pulmones contiene aproximadamente 21 por ciento de oxígeno, mientras que el aire que sale de los pulmones contiene aproximadamente 16 por ciento. El 5 por ciento restante pasa a través de los alvéolos al torrente sanguíneo. El aire exhalado contiene 100 veces más dióxido de carbono que el aire inhalado.

Los pulmones contienen aproximadamente 300 millones de alvéolos microscópicos, agrupados en racimos como los de uvas. Estos alvéolos tienen una superficie interna de unos 70 metros cuadrados, equivalente a 35 veces la superficie de la piel que cubre todo el cuerpo, comprimida dentro del tórax. Esta enorme superficie es necesaria para garantizar que el cuerpo absorba suficiente oxígeno, lo más rápidamente posible, para satisfacer las necesidades corporales.

Los alvéolos están rodeados por una red de vasos capilares que introducen la sangre pobre en oxígeno y retiran sangre enriquecida con oxígeno. En conjunto, los alvéolos y las paredes de los vasos capilares forman una delgada membrana respiratoria, donde se produce el intercambio gaseoso entre sangre y aire, de sólo 0,001 mm de espesor. El oxígeno se difunde a través de la membrana respiratoria desde los alvéolos, donde existe una elevada concentración de oxígeno, hacia el torrente sanguíneo, donde la concentración es baja. El dióxido de carbono se difunde en dirección opuesta. La superficie interna de los alvéolos está cubierta por una película fluida en la que el oxígeno se disuelve antes de difundirse a través de la membrana respiratoria, acelerando así el proceso.

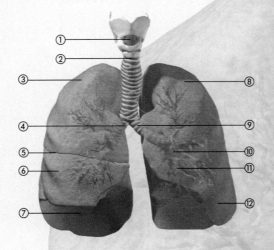

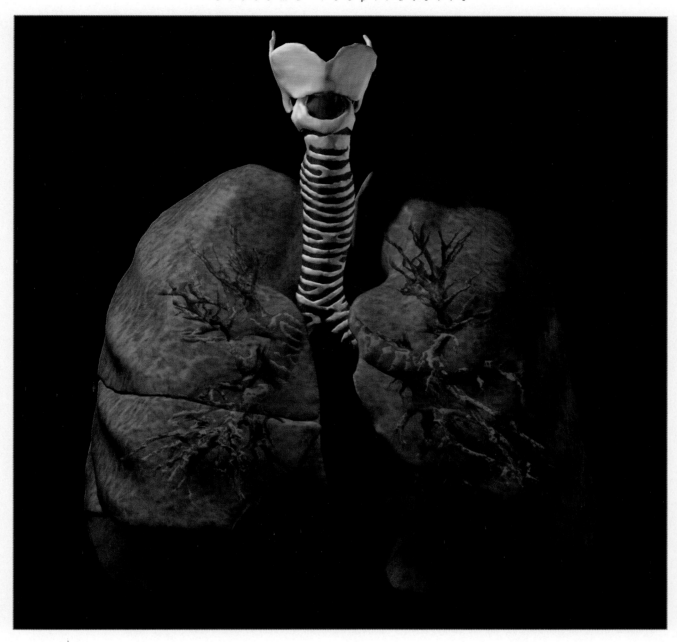

La tráquea y sus ramas se denominan "árbol bronquial" debido a que se asemejan a un árbol cabeza abajo. A la derecha, la tráquea, los bronquios y los pulmones vistos desde atrás.

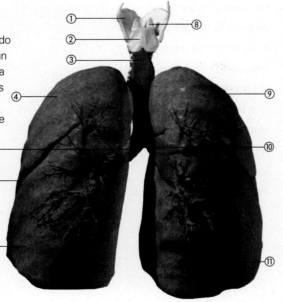

REFERENCIAS

① Cartílago tiroideo
② Cartílago cricoides
③ Tráquea
④ Lóbulo superior del pulmón izquierdo
⑤ Bronquio primario izquierdo
⑥ Cisura oblicua
⑦ Lóbulo inferior del pulmón izquierdo
⑧ Cartílago aritenoides
⑨ Lóbulo superior del pulmón derecho
⑩ Bronquio primario derecho
⑪ Lóbulo inferior del pulmón derecho

Vista anterior de los pulmones, que muestra que el pulmón derecho está dividido en tres lóbulos mediante dos cisuras, mientras que el pulmón izquierdo sólo tiene dos lóbulos, separados por una cisura.

Los alimentos son esenciales para la vida. Los nutrientes que contienen los alimentos hacen que las células del cuerpo puedan funcionar, suministrándoles la energía y la materia prima que necesitan para crecer y mantenerse. El único problema es que la mayoría de estos nutrientes esenciales se encuentran "encerrados" en los alimentos que consumimos. Las moléculas complejas de los alimentos deben descomponerse, o digerirse, para liberar los nutrientes simples, como la glucosa y los aminoácidos, que el organismo puede utilizar. Este proceso es la función del sistema digestivo.

SISTEMA DIGESTIVO

La mayoría de los alimentos, como un trozo de pan o una pata de pollo, se componen de una mezcla de diferentes nutrientes, especialmente hidratos de carbono, proteínas, grasas, vitaminas, minerales y fibras. Entre los hidratos de carbono se incluyen los azúcares simples, como la glucosa, y los hidratos de carbono complejos, como el almidón, que se compone de cadenas de moléculas de azúcar simple. Durante la digestión, los hidratos de carbono complejos se descomponen para liberar azúcares simples, que brindan energía. Las proteínas se descomponen en las moléculas que las constituyen, los aminoácidos, que las células utilizan para formar nuevas proteínas. Las proteínas se utilizan para el crecimiento y reparación de las células, y como enzimas, para acelerar procesos dentro de las células y para digerir moléculas complejas. Las grasas se descomponen durante la digestión, transformándose en ácidos grasos y glicerol, que pueden ser utilizados como combustible, o reensamblarse para formar grasas utilizadas como aislante térmico. Las vitaminas, como la vitamina C, y los minerales, como el calcio y el hierro, son fundamentales para el funcionamiento normal de las reacciones químicas del metabolismo. Finalmente, las hebras no digeribles de tejido vegetal, las fibras, garantizan que los intestinos funcionen eficientemente.

EL PROCESO DIGESTIVO

El procesamiento de los alimentos por parte del sistema digestivo lleva entre 24 y 48 horas y se divide en cuatro etapas básicas.

• La ingestión es la toma de alimentos y bebidas a través de la boca.

• La digestión es la descomposición de varios tipos de alimentos en moléculas nutrientes simples. La digestión puede ser mecánica, como en la masticación de los alimentos con los dientes o el aplastamiento provocado por las paredes del estómago, o química, mediante la acción de las enzimas.

• La absorción es el movimiento de las moléculas nutrientes simples hacia el torrente sanguíneo, que las lleva donde son necesarias.

• La defecación es la eliminación de los alimentos no digeridos en forma de heces a través del ano.

REFERENCIAS

① Hígado
② Vesícula biliar
③ Intestino grueso
④ Pelvis
⑤ Esófago
⑥ Bazo
⑦ Estómago
⑧ Páncreas
⑨ Intestino delgado
⑩ Recto

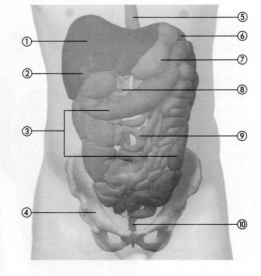

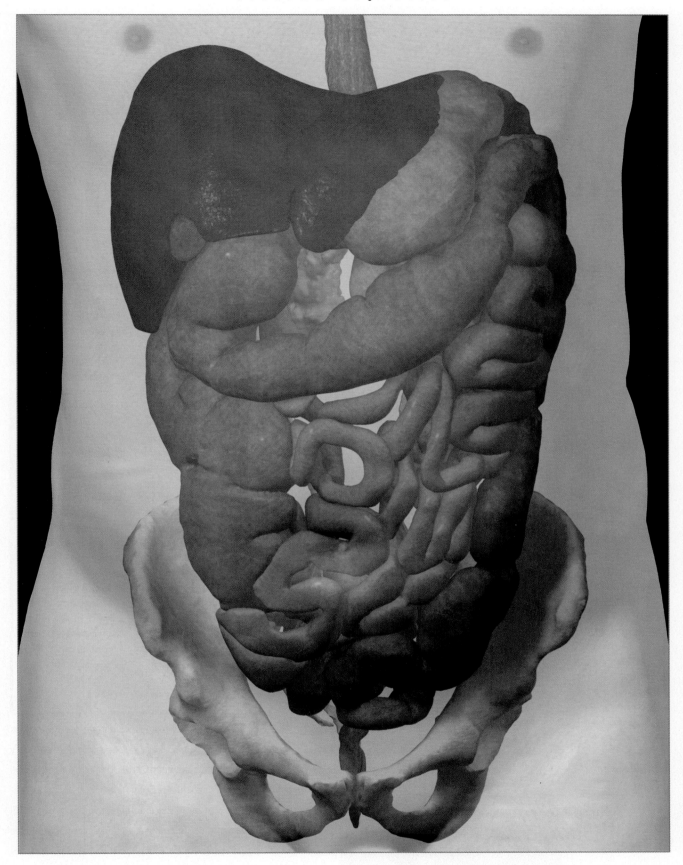

La mayor parte de los órganos digestivos se ubican en el abdomen, tal como lo revela una vista anterior con los órganos *in situ*.

TUBO DIGESTIVO Y ÓRGANOS AUXILIARES

El tubo digestivo es un largo conducto compuesto por órganos conectados: la boca, la faringe (garganta), el esófago, el estómago, el intestino delgado y el intestino grueso. El tubo digestivo va desde la boca hasta el ano. Los órganos digestivos auxiliares son la lengua y los dientes, que muelen los alimentos, las glándulas salivales, el hígado y el páncreas, que liberan secreciones digestivas a lo largo de conductos hacia el tubo digestivo, y la vesícula biliar, que almacena secreciones del hígado. El hígado también procesa los nutrientes una vez que se los ha absorbido.

Los órganos digestivos del abdomen se ven aquí en una vista lateral, con la parte frontal del cuerpo hacia la derecha de la figura.

REFERENCIAS

① Esófago
② Hígado
③ Vesícula biliar
④ Intestino grueso
⑤ Colon ascendente
⑥ Riñón derecho
⑦ Pelvis
⑧ Intestino delgado
⑨ Recto

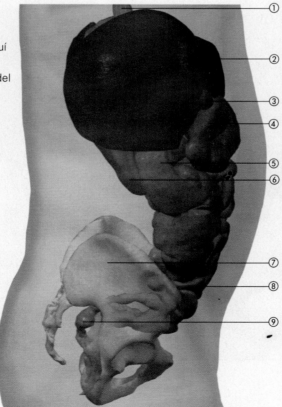

¿QUÉ SON LAS ENZIMAS?

Las enzimas son proteínas que actúan como catalizadores biológicos: aceleran las reacciones químicas dentro del organismo miles o millones de veces, pero las mismas enzimas permanecen sin cambios. Las enzimas intracelulares funcionan, como su nombre lo indica, dentro de las células, donde aceleran las reacciones metabólicas. Las enzimas digestivas son extracelulares ("fuera de las células"), liberadas por las células en las glándulas salivales, el estómago, el páncreas y el intestino delgado hacia el tubo digestivo. Sin las enzimas, la digestión se produciría demasiado lentamente, lo que haría que el organismo no pudiera obtener los nutrientes necesarios.

Las enzimas son específicas de ciertos sustratos moleculares. El sustrato cabe precisamente en un área especial de la enzima, conocida como sitio activo, de la misma manera en que una llave calza en una cerradura. Los productos de la reacción resultante se liberan desde el sitio activo, y la enzima, que permanece inalterada, calza en más moléculas de sustrato. Las enzimas digestivas catalizan reacciones que involucran la hidrólisis ("división de aguas"). La enzima cataliza la descomposición de compuestos orgánicos (alimentos) mediante la interacción del agua. Por ejemplo, la enzima amilasa (en la saliva) transforma el almidón en maltosa, y la enzima maltasa (en el jugo pancreático) transforma la maltosa en glucosa.

La pared del tubo digestivo normalmente tiene dos capas de músculo liso: una capa circular interna, y una capa longitudinal externa. Ondas de contracción muscular denominadas peristaltismo empujan los alimentos a lo largo del tubo digestivo hacia el ano. El movimiento del tubo digestivo y la secreción de jugos digestivos es controlada automáticamente por el sistema nervioso autónomo y por hormonas. La ingestión es la única parte del proceso digestivo que está bajo control consciente.

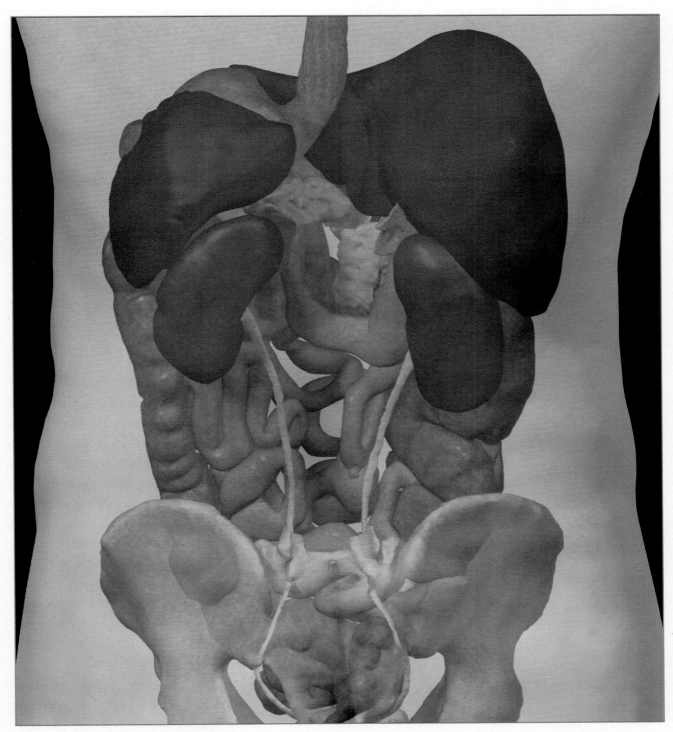

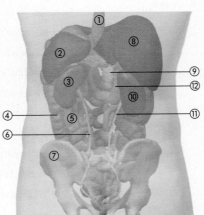

ista posterior del abdomen, que muestra la relación del sistema digestivo con los riñones.

REFERENCIAS

① Esófago
② Bazo
③ Riñón izquierdo*
④ Intestino grueso
⑤ Intestino delgado
⑥ Uréter izquierdo*

⑦ Pelvis
⑧ Hígado
⑨ Páncreas
⑩ Riñón derecho*
⑪ Uréter derecho*
⑫ Duodeno

*Parte del sistema urinario

La primera fase de la digestión se produce en la boca, o cavidad bucal. Aquí se ingieren los alimentos y en parte se los digiere antes de ser tragados. La boca está limitada por los labios en la parte frontal, el paladar y el velo del paladar en la parte superior, la región sublingual y la raíz de la lengua en la base, la entrada a la faringe o garganta en la parte posterior, y las mejillas o carrillos a los lados. En cavidades del maxilar y de la mandíbula se encuentran alojados los dientes. En cada uno de loa maxilares hay 16 dientes: 4 incisivos, que cortan los alimentos como cinceles; 2 caninos, que los sujetan y rasgan; 4 premolares y 6 molares, que los aplastan y muelen.

BOCA Y GARGANTA

REFERENCIAS

① Septo nasal
② Orificio nasal
③ Paladar
④ Cavidad bucal
⑤ Labio inferior
⑥ Lengua
⑦ Epiglotis
⑧ Laringe
⑨ Esófago
⑩ Tráquea
⑪ Hemisferio cerebral izquierdo
⑫ Tronco encefálico
⑬ Cerebelo
⑭ Nasofaringe
⑮ Velo del paladar
⑯ Orofaringe
⑰ Laringofaringe
⑱ Vértebras cervicales
⑲ Disco intervertebral
⑳ Médula espinal

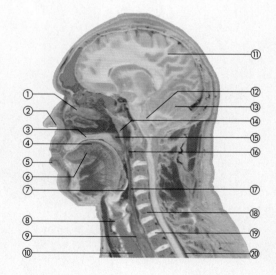

Después de la ingestión, los alimentos se mastican. Los labios se cierran y los músculos de las mejillas tiran hacia adentro, y los músculos masticadores llevan la mandíbula hacia arriba. Cuando la mandíbula se mueve, los dientes cortan y aplastan los alimentos para poder tragarlos, y para aumentar la superficie disponible para la acción de las enzimas. Al mismo tiempo, los tres pares de glándulas salivales aumentan en gran medida la producción de saliva (la saliva en realidad se produce todo el tiempo, para limpiar la boca). La producción de saliva es un acto reflejo estimulado por el pensamiento, vista u olor de la comida. La saliva es un líquido acuoso que contiene mucosidad viscosa y amilasa (una enzima que digiere parcialmente el almidón). Durante la masticación, la lengua, una aleta de músculo esquelético, mezcla los alimentos masticados con la saliva. Cuando las moléculas de los alimentos se disuelven en la saliva, las papilas gustativas de la superficie de la lengua detectan cuatro sabores básicos: dulce, ácido, salado y amargo. Después de masticar por unos 60 segundos, la lengua empuja la bola resbalosa de comida triturada, llamada bolo alimenticio, a la garganta o faringe para su deglución.

La faringe, que se extiende desde la parte posterior de la cavidad nasal hasta aproximadamente la mitad del cuello, funciona como pasaje para los alimentos, pero no tiene un papel en la digestión. Cuando los alimentos masticados tocan la parte posterior y los costados de la faringe, producen un reflejo. Los músculos de la pared de la faringe se contraen para empujar el bolo alimenticio hacia abajo en dirección al esófago. Al mismo tiempo, la laringe se eleva y una aleta cartilaginosa, la epiglotis, se dobla sobre la entrada a la laringe para impedir que los alimentos se vayan "por el camino equivocado", es decir, a la tráquea.

ección sagital de la cabeza y el cuello, con la mitad derecha vista desde el lado izquierdo.

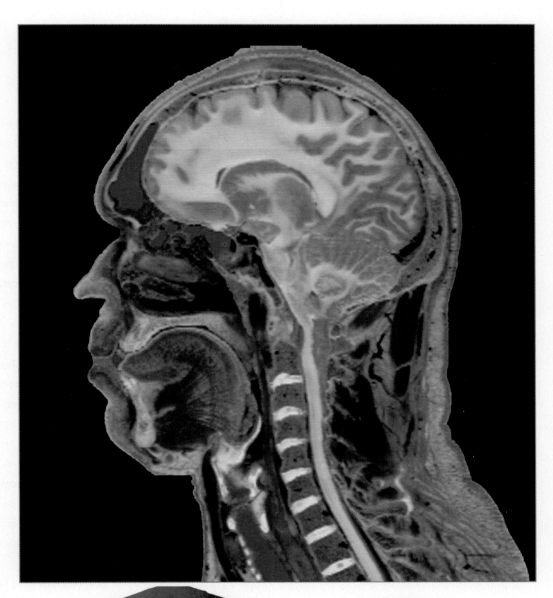

DIENTES

La superficie externa de cada diente está constituida por el esmalte, una de las sustancias más duras del mundo. Los dos incisivos están diseñados para cortar y rebanar, los caninos para sujetar y desgarrar, y los molares y premolares para aplastar, moler y masticar el alimento.

REFERENCIAS

① Incisivo central

② Incisivo lateral

③ Canino

④ Primer premolar

⑤ Segundo premolar

⑥ Primer molar

⑦ Segundo molar

⑧ Tercer molar

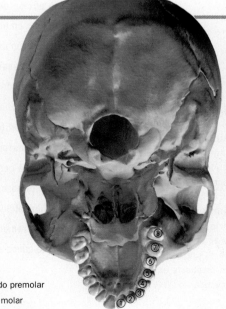

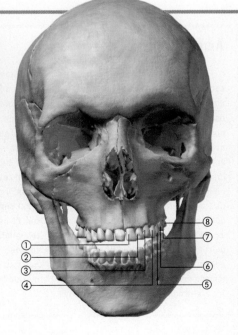

El esófago es un tubo muscular revestido de mucosa de unos 25 cm de largo, que lleva los alimentos desde la garganta hasta el estómago. El descenso del bolo alimenticio por el esófago es la fase final de la deglución de los alimentos. La capa interna de músculo circular en la pared del esófago se contrae detrás del bolo alimenticio, apretando las paredes del esófago hacia adentro y empujando el bolo alimenticio hacia abajo. Al mismo tiempo, delante del bolo alimenticio, la capa externa del músculo longitudinal se contrae para ensanchar y acortar esa parte del esófago. Una serie de contracciones y relajaciones sucesivas, denominada peristaltismo, recorre el esófago hacia abajo para empujar el

El esófago es el nexo entre la boca y la faringe, por donde entran los alimentos, y el estómago.

ESÓFAGO Y ESTÓMAGO

bolo alimenticio al estómago. Para llegar desde la garganta hasta el estómago los alimentos sólidos tardan entre 4 y 8 segundos y los líquidos y los alimentos muy blandos, sólo un segundo.

El estómago es una parte expansible en forma de "J" del tubo digestivo, que digiere parcialmente los alimentos y los almacena temporariamente durante 2 a 4 horas. La pared estomacal tiene tres capas de músculo liso, longitudinal externa, circular media y oblicua interna, que se contraen para aplastar y moler la comida. En el revestimiento del estómago hay dispersas millones de pequeñas depresiones denominadas fóveas gástricas. Glándulas ubicadas en el fondo de estas cavidades producen cerca de 2 litros de jugo gástrico por día. Su producción es estimulada por la vista u olor de la comida, o inclusive al pensar en comer, y por la llegada de los alimentos al estómago. El jugo gástrico contiene una enzima llamada pepsina, que descompone las proteínas en moléculas más pequeñas llamadas péptidos. El ácido clorhídrico secretado en el jugo gástrico activa la pepsina y proporciona el pH necesario para funcionar correctamente. También tiene un papel defensivo, al matar las bacterias nocivas que vienen con el alimento. El estómago está revestido con mucosidad, lo que evita que se digiera a sí mismo con sus propias secreciones.

La acción trituradora de las paredes del estómago y la acción del jugo gástrico convierten el bolo alimenticio en una pasta semilíquida llamada quimo. La contracción de los músculos del estómago empuja el alimento desde la región cardíaca del estómago a través del fondo (región superior) y el cuerpo (región media) hacia el antro pilórico, que termina en el píloro la región en forma de embudo unida al duodeno, la primera parte del intestino delgado. La salida del píloro está cerrada por el esfínter pilórico, un músculo en forma de anillo en la pared del estómago. La presión del quimo contra el esfínter hace que éste se abra ligeramente, permitiendo que pequeñas cantidades de quimo entren al duodeno.

ÁCIDO ESTOMACAL

El ácido estomacal o gástrico es secretado por las células parietales ubicadas en revestimiento mucoso del estómago. El ácido estomacal se compone principalmente de ácido clorhídrico concentrado, que ayuda a matar los gérmenes y bacterias, y esteriliza los alimentos. El ácido gástrico también contiene agua y la enzima pepsina (una enzima divisora de proteínas), que, combinada con el ácido clorhídrico, ayuda a descomponer los productos químicos que componen el alimento y activa otras enzimas gástricas. El estómago del adulto medio contiene entre 1 y 1,5 litro de ácido gástrico y fabrica la misma cantidad cada 24 horas.

La secreción del ácido gástrico es controlada por el nervio vago, que nace en el bulbo raquídeo; por la hormona gastrina, secretada en el torrente sanguíneo por células de la parte superior de la pared del estómago en respuesta a la estimulación nerviosa; y por la histamina, una hormona local sintetizada en la mucosa gástrica. El nervio vago envía impulsos a las células en el revestimiento del estómago para que segreguen ácido gástrico en respuesta ante el gusto y olor de la comida.

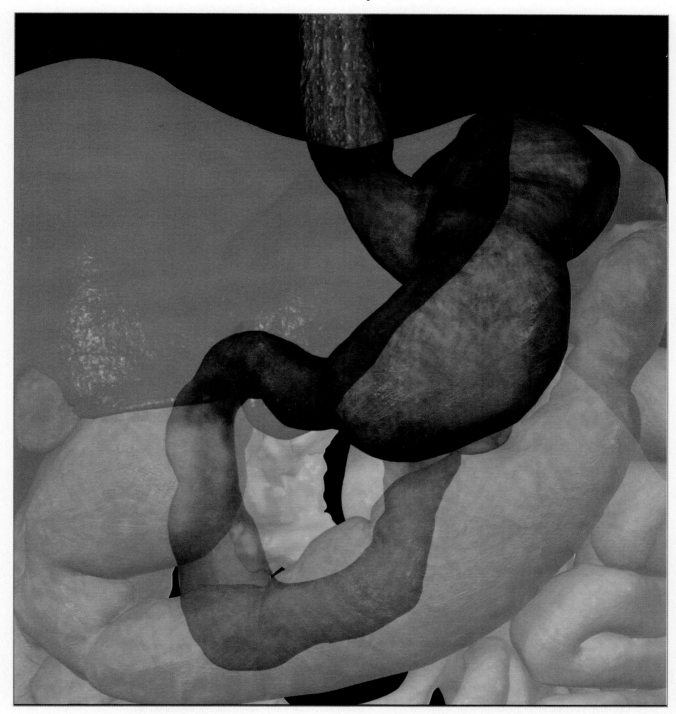

Las paredes musculares del estómago se contraen poderosamente para aplastar los alimentos deglutidos, para que las enzimas puedan digerirlos más eficientemente.

REFERENCIAS

① Cardias (región cardíaca)

② Curvatura menor

③ Pilóro

④ Esfínter pilórico

⑤ Duodeno

⑥ Esófago

⑦ Fondo

⑧ Cuerpo

⑨ Curvatura mayor

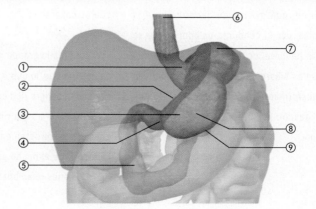

E l duodeno forma la primera parte del intestino delgado, que es la parte más larga del tubo digestivo y el órgano digestivo más importante. También es el punto de entrada para las secreciones **alcalinas** de dos glándulas auxiliares, el páncreas y el hígado, que, junto con los jugos intestinales, sirven para neutralizar el quimo ácido cuando entra al duodeno a través del esfínter pilórico.

HÍGADO, VESÍCULA BILIAR, PÁNCREAS Y DUODENO

El páncreas se encuentra lleno de racimos de células llamados ácinos, que secretan jugos digestivos en el conducto pancreático, que desembocan en el duodeno. Diariamente se secretan cerca de 1,5 litro de jugo pancreático alcalino, cuya producción es estimulada por la llegada del quimo al duodeno. El jugo pancreático contiene las enzimas amilasa, que descompone el almidón; tripsina, quimotripsina y carboxipeptidasa, que descomponen las proteínas; lipasa, que descompone las grasas; y nucleasas, que descomponen los ácidos nucleicos, como el ADN. El páncreas también tiene células endocrinas (ver página 112) que secretan hormonas, que controlan los niveles de glucosa en sangre.

El hígado secreta bilis, un líquido verdoso que es parte digestivo y parte excretorio. La bilis se almacena y se concentra en la vesícula biliar, un pequeño saco muscular ubicado en la parte anterior e inferior del hígado. La llegada del quimo desencadena la excreción de bilis, por el conducto calédoco, que se une al conducto pancreático antes de vaciarse en el duodeno. Las sales biliares en la bilis emulsionan las grasas (las transforman en pequeñas gotas), lo que hace que su digestión por parte de la enzima lipasa sea más eficiente.

LAS FUNCIONES DEL HÍGADO

Miles de millones de células hepáticas, o hepatocitos, realizan cientos de funciones relacionadas con la regulación de la composición sanguínea. La única función digestiva del hígado es la producción de bilis, una mezcla de agua, sales biliares y pigmentos biliares (un producto de desecho de los glóbulos rojos agotados). Las funciones relacionadas con la digestión incluyen:
- Control de los niveles de glucosa en sangre.
- Metabolización de aminoácidos y grasas.
- Almacenamiento de vitaminas y minerales.

Estas funciones de procesamiento de los alimentos evitan que la sangre quede "sobrecargada" de nutrientes después de una comida. Otras funciones incluyen:
- Eliminación de elementos tóxicos, como medicamentos y toxinas de la sangre.
- Producción de proteínas del plasma.
- Generación de calor, ayudando a mantener el cuerpo caliente.

Este órgano grande e importante recibe sangre desde dos fuentes, lo que no es común. La arteria hepática suministra sangre rica en oxígeno; la vena porta hepática suministra sangre rica en nutrientes recientemente absorbidos, directamente desde el intestino delgado. Esto se debe al hecho de que el hígado desempeña varias funciones relacionadas con la digestión.

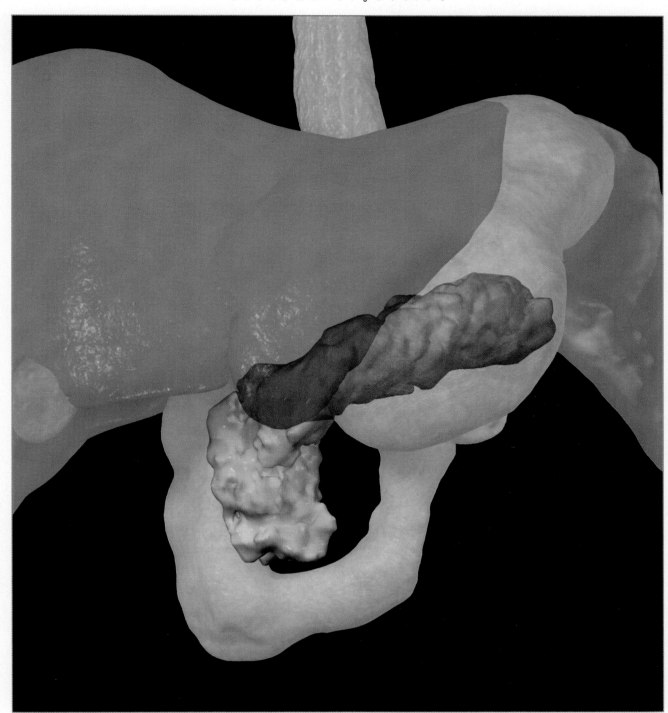

REFERENCIAS

① Lóbulo derecho del hígado
② Vesícula biliar
③ Duodeno
④ Cabeza del páncreas
⑤ Lóbulo izquierdo
   del hígado
⑥ Cola del páncreas
⑦ Cuerpo del páncreas
⑧ Yeyuno
⑨ Región del duodeno donde
   se abren los conductos
   colédoco y pancreático.

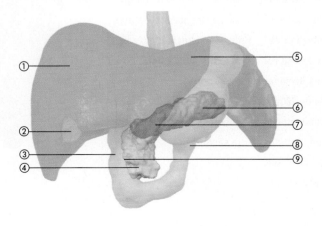

Los tres órganos auxiliares, el hígado, la vesícula biliar y el páncreas, vacían sus secreciones en el duodeno para colaborar en la digestión.

El intestino delgado se encuentra enrollado dentro de la región central del abdomen y se extiende desde el estómago hasta el intestino grueso. El término "delgado" se refiere a su diámetro, que es de sólo 2,5 cm. Es la parte más larga del tubo digestivo, y esto refleja su importancia como el lugar donde tiene lugar casi todo el proceso de digestión y absorción de los nutrientes.

INTESTINO DELGADO

El intestino delgado consta de tres partes: el duodeno, curvo, de 25 cm de largo, que recibe el quimo del estómago; el yeyuno, medio, que tiene cerca de un metro de largo; y la sección final, el íleon, de unos dos metros de largo, que se une al intestino grueso en la valvula ileocecal. Las dimensiones aumentan después de la muerte, cuando se pierde el tono muscular, y la longitud total del intestino delgado pasa a ser de entre 6 y 7 metros.

Internamente, el revestimiento del intestino delgado brinda una superficie extensa con la cual se maximiza la eficiencia de la digestión y la absorción. Esto se logra mediante tres niveles de adaptación. En primer lugar, los pliegues circulares forman rebordes de unos 10 mm en la parte interna del intestino delgado. Segundo, pequeñas protuberancias de 1 mm de largo, similares a dedos, llamados vellosidades, se proyectan desde los pliegues circulares y entre las depresiones entre ellos. Cada vellosidad contiene una red de vasos capilares, y una rama del sistema linfático llamada quilífero. Tercero, la superficie externa de las células que revisten el intestino delgado (incluyendo las vellosidades) está cubierta por pequeñas proyecciones similares a pelos llamadas microvellosidades, de las cuales hay más de 200 millones por milímetro cuadrado de superficie intestinal. Las microvellosidades no sólo aumentan aún más la superficie disponible para la absorción, sino que también, adheridas a ellas, se encuentran enzimas digestivas que completan las últimas etapas de la digestión.

El quimo del estómago es neutralizado por los jugos pancreático e intestinal y la bilis, y es parcialmente digerido por las enzimas pancreáticas (ver página 140). Las enzimas adheridas a las microvellosidades (también denominadas enzimas del borde en cepillo) incluyen la maltasa, la sucrasa y la lactasa, que transforman los azúcares complejos en glucosa y otros azúcares simples, y las peptidasas, que transforman los péptidos en aminoácidos. Los azúcares simples y los aminoácidos pasan a través de las células de las vellosidades a los vasos capilares. Estos nutrientes absorbidos son transportados al hígado a través de la vena porta hepática. Los ácidos grasos y el glicerol se vuelven a transformar en grasa dentro de las células de las vellosidades y pasan al sistema linfático a través de los quilíferos; a través de los vasos linfáticos llegan al torrente sanguíneo.

Similar a una cadena de salchichas enrolladas, el intestino delgado, la parte más larga del tubo digestivo, es el órgano más importante de digestión y absorción.

REFERENCIAS

① Duodeno
② Yeyuno
③ Unión con el intestino grueso
④ Íleon
⑤ Intestino delgado

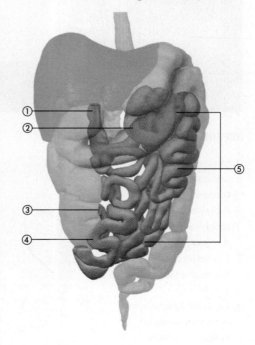

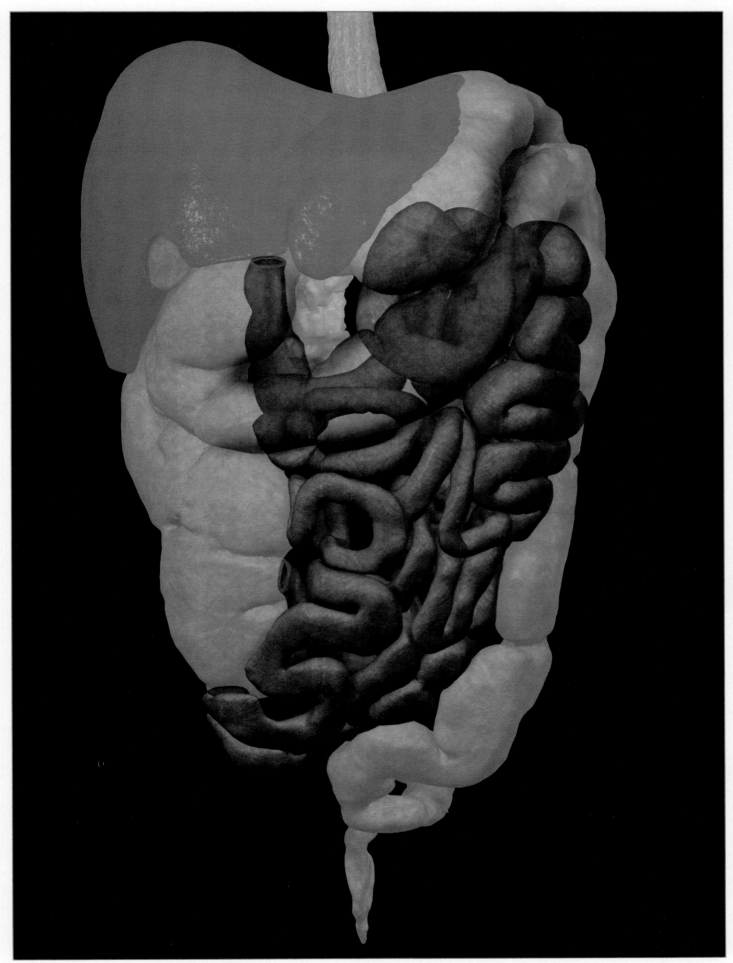

El intestino grueso elimina los alimentos no digeridos y otros desechos del organismo. Se compone de cuatro partes: el intestino ciego, el colon, el recto y el canal anal. El intestino ciego es corto y se encuentra debajo de la válvula ileocecal, la entrada en un solo sentido al intestino grueso desde el íleon. El colon se compone de secciones ascendente, transversa y descendente que, respectivamente, pasan hacia arriba sobre el lado derecho, a través de la cavidad abdominal y hacia abajo sobre el lado izquierdo, y el colon sigmoide, en forma de "s", que pasa a la pelvis. El recto se dirige hacia el canal anal, que se abre en el ano. En total, el intestino grueso tiene 1,5 metro de largo. El nombre "grueso" se refiere a su diámetro, que es de 5 a 6 cm, el doble del intestino delgado. El intestino grueso contiene miles de millones de bacterias, que en su interior son inofensivas, pero que pueden ser nocivas si se transfieren a los alimentos (de allí la importancia de lavarse las manos después de defecar), o si las reservas de agua se contaminan con heces.

INTESTINO GRUESO

Todos los días, alrededor de 1.500 ml de desecho semilíquido se introduce en el intestino grueso. Cuando esto ocurre, el agua es absorbida por el torrente sanguíneo, ayudando a mantener el equilibrio corporal de los fluidos. Después de 10 a 12 horas, el desecho líquido se transforma en un material semisólido llamado heces. Aparte de la fibra y el alimento no digerido, las heces también contienen células intestinales muertas y bacterias. Aunque el movimiento del intestino grueso normalmente es lento, la llegada de alimentos al estómago desencadena una onda más poderosa de peristaltismo, que empuja las heces hacia el colon sigmoide para su almacenamiento temporario.

EXPULSIÓN DE LAS HECES

La defecación o expulsión de las heces es provocada por la entrada de más heces al colon sigmoide cuando éste ya se encuentra lleno. El colon sigmoide, entonces, se contrae para empujar las heces hacia el recto, que normalmente está vacío. Cuando las paredes del recto se estiran, la persona siente el deseo consciente de defecar. Si se desea defecar, los músculos de la pared del recto se contraen para empujar

El intestino grueso atraviesa la cavidad abdominal hasta desembocar en el ano.

las heces al canal anal. Los dos esfínteres (interno y externo) que rodean el ano se relajan y las heces se expulsan hacia afuera.

EL APÉNDICE

El apéndice es un tubo ciego de unos 9 cm de largo unido al intestino ciego. Los conejos y otros herbívoros tienen un apéndice muy grande que contiene bacterias que descomponen la celulosa, un componente esencial de los pastos y otros vegetales, para poder liberar su glucosa esencial. En los seres humanos el apéndice es mucho más pequeño y, hasta hace poco, se consideraba vestigial. Sin embargo, investigaciones recientes indican que puede tener participación en el sistema inmunológico (ver página 124).

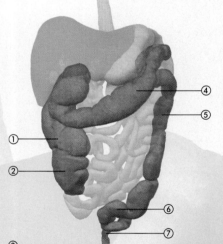

REFERENCIAS

① Colon ascendente
② Intestino ciego
③ Canal anal
④ Colon transversal
⑤ Colon descendente
⑥ Colon sigmoide
⑦ Recto
⑧ Ano

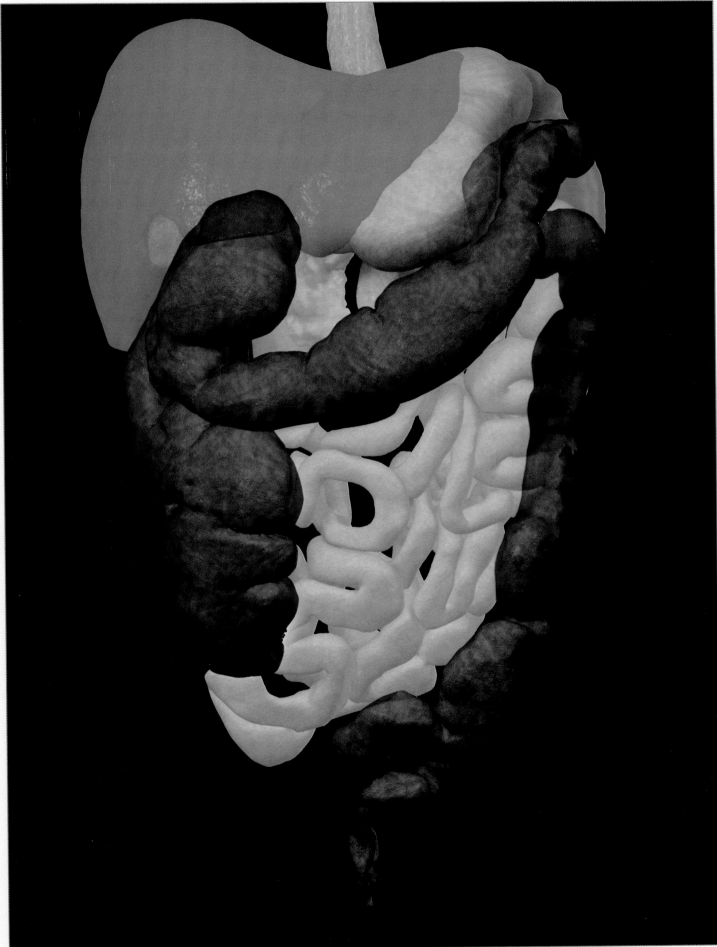

El sistema urinario está a cargo de la limpieza del cuerpo. Elimina materiales de desecho de la sangre y, al hacerlo, mantiene la concentración de la sangre y el líquido tisular dentro de límites estrechos. Este importante rol homeostático es fundamental para garantizar que las actividades de los cuatrillones de células del organismo no se vean afectadas por fluctuaciones letales de los fluidos que las rodean.

SISTEMA URINARIO

Los órganos principales del sistema urinario son los dos riñones. Estos órganos, de color marrón, en forma de poroto, de aproximadamente 12 cm de largo y 6 cm de ancho, se encuentran en la parte superior del abdomen, a ambos lados de la columna vertebral. Los riñones reciben aproximadamente 25 por ciento de la producción del corazón a través de las arterias renales (cerca de 1.800 litros de sangre por día), y devuelven sangre procesada a la circulación, a través de las venas renales.

El resultado de las actividades de procesamiento de los riñones es un líquido de desecho llamado orina. La orina contiene desechos disueltos que se deben eliminar rápidamente del organismo, porque son nocivos. La mayor parte de los desechos son el resultado de las actividades metabólicas dentro de las células. La principal sustancia de desecho es un compuesto nitrogenado (que contiene nitrógeno) llamado urea. La urea se forma en el hígado como resultado del exceso de aminoácidos (los materiales básicos de las proteínas) en los alimentos. El componente nitrogenado del exceso de aminoácidos (el amoníaco) es altamente venenoso y no se puede almacenar. En lugar de ello, se lo combina con dióxido de carbono para producir una urea menos venenosa, que se puede excretar. Otras sustancias excretorias incluyen medicamentos y toxinas procesadas por el hígado.

El riñón también elimina el exceso de agua y sales, como el sodio y el potasio, de la sangre, regulando el volumen y concentración de sal en la sangre y el líquido tisular, sin importar la cantidad de alimentos y bebidas que se consuman. Además, el riñón ayuda a regular la presión sanguínea, al activar el sistema hormonal renina-angiotensina, que eleva la presión al provocar la contracción del músculo liso arterial. Además, produce la hormona eritropoyetina, que estimula la producción de glóbulos rojos y activa la vitamina D producida por la piel al exponerse a la luz del sol.

La orina se transporta desde los riñones mediante tubos largos llamados uréteres, que entran a la pelvis y se abren en la superficie posterior de la vejiga, un órgano de almacenamiento hueco con paredes elásticas y musculares. La vejiga se abre al exterior a través de la uretra. En las mujeres, la uretra es corta y se abre entre las piernas en la vulva (ver página 156). En los varones la uretra es más larga, pasa a través del pene y se abre al exterior en el extremo de éste.

REFERENCIAS

1. Riñón derecho
2. Cáliz mayor
3. Uréter derecho
4. Vejiga (vacía)
5. Uretra
6. Apertura de la uretra (meato urinario)
7. Riñón izquierdo
8. Hilio renal
9. Pelvis renal
10. Uréter izquierdo
11. Posición del esfínter externo de la uretra
12. Pene

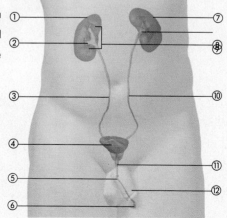

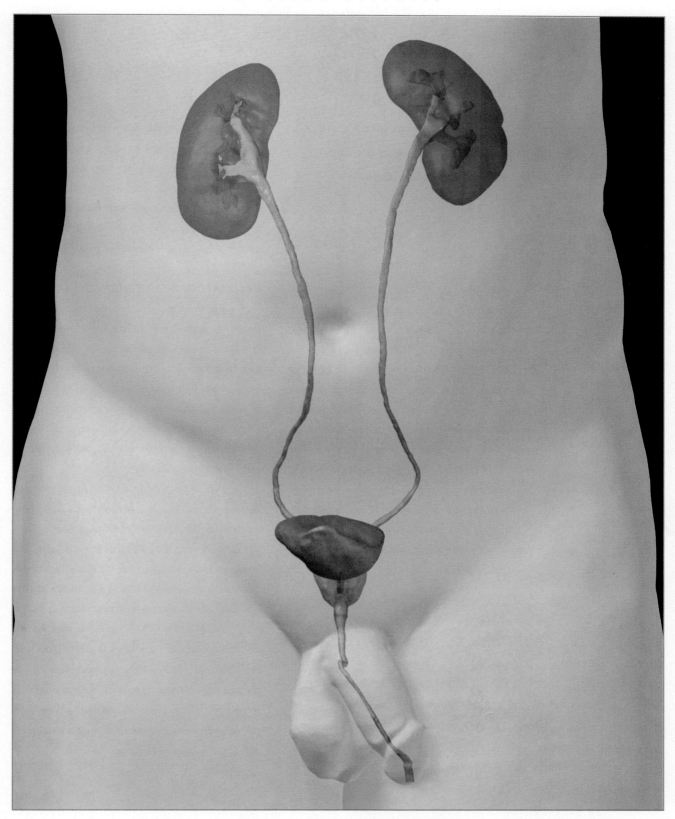

La vejiga urinaria, que almacena la orina producida por los dos riñones, se encuentra protegida por el hueso pubis.

Internamente, los riñones se dividen en tres zonas: la corteza, externa; la médula, interna y más oscura; y la pelvis renal, un embudo aplanado y hueco que se continúa con el uréter.

Riñones

REFERENCIAS

1. Vena cava inferior
2. Arteria hepática común
3. Arteria esplénica
4. Tronco celíaco
5. Arteria mesentérica superior
6. Vértebra torácica
7. Disco intervertebral
8. Aorta abdominal
9. Ramas de la arteria y vena renales dentro del riñón
10. Arteria renal izquierda
11. Riñón izquierdo
12. Vena renal izquierda
13. Uréter izquierdo
14. Arteria gástrica izquierda

Dentro de la corteza y la médula de cada riñón hay cerca de un millón de unidades microscópicas llamadas nefrones, que filtran la sangre para producir orina. Cada nefrón tiene dos partes: un túbulo renal y un glomérulo, que es una masa de vasos capilares. El túbulo renal se enrolla entre la corteza y la médula antes de unirse a un conducto colector común que se vacía en la pelvis renal. La alta presión dentro del glomérulo expulsa el líquido (el filtrado) de la sangre a la cápsula de Bowman, el extremo en forma de copa del túbulo renal. A medida que el filtrado crudo pasa por el túbulo, el agua, las sales y otras sustancias valiosas, como la glucosa y los aminoácidos, son reabsorbidos por la pared del túbulo

de vuelta al torrente sanguíneo. Lo que queda son los productos de desecho y el agua y sales excesivas, que forman la orina, que ahora fluye a la pelvis renal. Cada día los nefrones producen cerca de 180 litros de flitrado. La mayor parte del filtrado es reabsorbido por los túbulos renales. Sólo 1,5 litro de fluido se expulsa del cuerpo en forma de orina.

VACIAMIENTO DE LA VEJIGA

En la base de la vejiga, la bolsa muscular que almacena la orina, donde se une con la uretra, se encuentra el esfínter uretral interno, un anillo muscular bajo control involuntario que impide que la orina gotee hacia afuera. Debajo de él, los músculos de la base de la pelvis y el periné forman otro esfínter, el esfínter uretral externo, en torno a la uretra y que se controla voluntariamente. La pared de la vejiga misma contiene tres capas de músculo liso.

Se produce cerca de 1 ml (1/4 de cucharada de té) de orina por minuto y se la transporta por los uréteres mediante ondas peristálticas a la vejiga. Cuando la vejiga contiene entre 300 y 400 ml de orina, la pared de la vejiga se estira, haciendo que los receptores sensoriales envíen impulsos nerviosos a la médula espinal. Los impulsos nerviosos que vuelven desde la médula espinal hacen que el esfínter interno se abra y que la orina pase a la parte superior de la uretra. Otros mensajes pasan desde la médula espinal al cerebro, y la persona siente deseos de orinar. El esfínter externo se relaja bajo control consciente, los músculos de la pared de la vejiga se contraen y la orina es expulsada del cuerpo a través de la uretra.

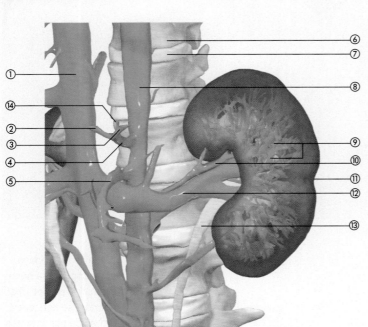

Vista anterior de la parte superior del abdomen, mostrando el riñón izquierdo y su suministro de sangre.

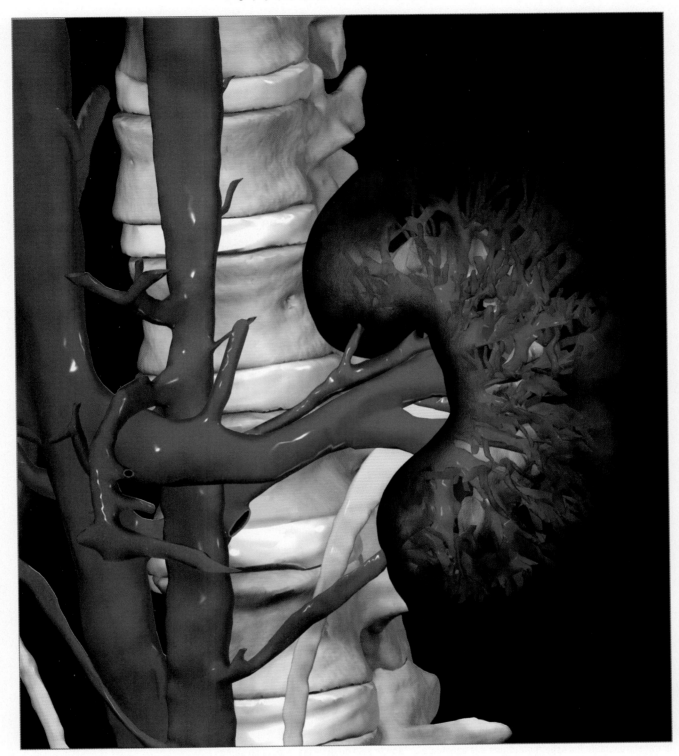

unque cada riñón tiene sólo 12 cm de largo, entre ambos filtran todo el volumen de sangre del organismo aproximadamente 20 veces por hora, produciendo cerca de 1 ml de orina por minuto (1/4 de cucharada de té). Estos filtros incansables procesan sangre durante las 24 horas del día.

El sistema reproductor permite que los seres humanos tengan hijos. Al contrario de los demás sistemas, los sistemas reproductores masculino y femenino son diferentes, y ninguno de los dos comienza a funcionar hasta la pubertad. Los órganos principales de los sistemas reproductores, los testes o testículos en el varón y los ovarios en la mujer, producen células sexuales. Después de la relación sexual, un espermatozoide (célula sexual masculina) se fusiona con un óvulo (célula sexual femenina), dentro de la mujer durante la fertilización. El óvulo fecundado se desarrolla hasta transformarse en un bebé, dentro del útero de la mujer.

El sistema reproductor masculino se encuentra diseñado para la producción de espermatozoides y su posterior transferencia a la mujer.

SISTEMA REPRODUCTOR MASCULINO

El sistema reproductor masculino está compuesto por los testículos, el pene (que también forma parte del sistema urinario), los conductos que conectan los testículos con el pene, y las glándulas auxiliares. Los dos testículos o testes son órganos ovalados que cuelgan entre las piernas dentro del escroto, un saco de piel y músculo. Los espermatozoides que producen están bien adaptados para su función: nadar en busca del óvulo para fertilizarlo. Tienen una forma alargada, compuesta por una cabeza que contiene el material genético, y una cola o flagelo que les permite nadar. A lo largo de cada testículo está el epidídimo. Los espermatozoides inmaduros de los testículos pasan entre 14 y 20 días dentro de este tubo enrollado hasta alcanzar la madurez.

El pene es un órgano en forma de tubo que facilita la transferencia de los espermatozoides a la vagina de la mujer durante la relación sexual. Es mantenido en su lugar por una raíz interna. Externamente, se compone de un eje y su punta expandida, el glande. Dentro del pene hay tres cilindros de tejido esponjoso que permiten la erección del pene. El cilindro inferior, el cuerpo esponjoso, va desde la parte inferior del eje hacia el glande y rodea la uretra, el conducto que transporta la orina y el semen hacia el exterior. Los dos cilindros superiores, los cuerpos cavernosos, van en sentido para-

lelo a lo largo de la parte superior del eje.

El conducto deferente es un conducto que transporta los espermatozoides maduros desde el epidídimo hasta la uretra, a la que se une mediante el conducto eyaculador. Conectado a cada conducto deferente, detrás de la vejiga, hay una vesícula seminal. Ésta y la otra glándula auxiliar, la próstata, del tamaño de una castaña, que rodea la uretra en el lugar donde sale de la vejiga, producen secreciones que se mezclan para formar el semen. El semen contiene los espermatozoides, los activa y les suministra "combustible" para su viaje inminente.

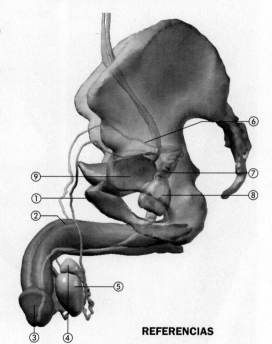

REFERENCIAS

① Sínfisis púbica
② Pene
③ Glande del pene
④ Epidídimo
⑤ Testículo
⑥ Conducto deferente
⑦ Vesícula seminal
⑧ Próstata
⑨ Vejiga

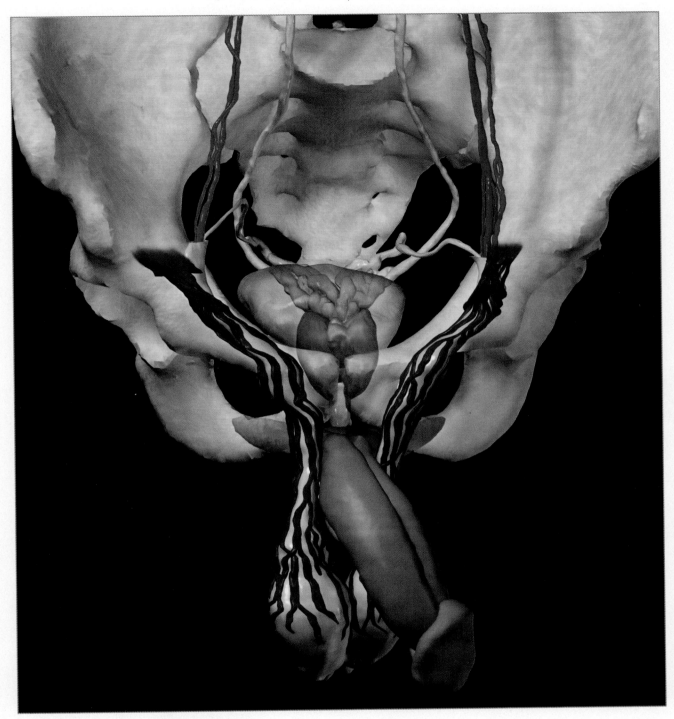

REFERENCIAS

A lojados dentro del escroto, los testículos se mantienen a la temperatura ideal para la producción de espermatozoides.

① Vejiga
② Vesícula seminal
③ Próstata
④ Cordón espermático
⑤ Pene
⑥ Testículo
⑦ Uretra
⑧ Glande del pene
⑨ Conducto deferente

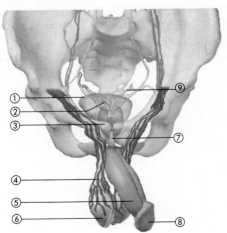

Para que el sistema reproductor masculino funcione, el pene debe quedar erecto, para que pueda penetrar en la vagina, y debe producirse la eyaculación. La erección hace que el pene, que normalmente está fláccido, se ponga rígido y se alargue. Es un acto reflejo controlado por el sistema nervioso autónomo. Durante la excitación sexual, las arteriolas que irrigan el pene se ensanchan. El aumento en el flujo sanguíneo que se produce como consecuencia llena los cilindros esponjosos dentro del cuerpo y el glande del pene, lo que hace que se expandan y queden rígidos.

SISTEMA REPRODUCTOR MASCULINO

Al igual que la erección, la eyaculación también es un acto reflejo controlado por el sistema nervioso autónomo. Se produce cuando la excitación sexual ha alcanzado un nivel crítico. Esta reacción se divide en dos partes. En la primera fase los conductos deferentes se contraen para enviar los espermatozoides hacia la base del pene, y la próstata y las vesículas seminales liberan sus secreciones para producir líquido seminal. En este punto el varón es consciente de que la erección es inevitable y comienza la segunda fase. Los músculos en la base del pene se contraen cada 0,8 segundos y expulsan el semen del pene en hasta 5 chorros. En total se expulsan unos 5 ml de semen (aproximadamente una cuchara de té), que contiene aproximadamente 300 millones de espermatozoides. Después de la eyaculación, la erección se desvanece.

PRODUCCIÓN DE ESPERMATOZOIDES

Al estar suspendidos en el escroto, la temperatura de los testículos se mantiene a unos 3 °C por debajo de la temperatura general del cuerpo. Esta temperatura más baja es ideal para la producción de espermatozoides. Un varón sano y fértil produce varios cientos de millones de espermatozoides por día, entre la pubertad y la vejez. Sin embargo, el proceso de producción y maduración de un solo espermatozoide lleva más de 2 meses. Los espermatozoides se producen en tubos enrollados llamados túbulos seminíferos, de los cuales hay entre uno y cuatro dentro de los aproximadamente 250 compartimientos, llamados lóbulos, en cada testículo.

Las células productoras de espermatozoides en las paredes de los túbulos seminíferos se dividen para producir millones de espermatozoides inmaduros cada segundo. Éstos pasan a lo largo de los túbulos seminíferos al epidídimo, donde maduran. La producción de espermatozoides es controlada por dos hormonas de la glándula pituitaria: la hormona luteinizante (LH), y la hormona estimulante del folículo (FSH). La LH estimula las células intersticiales que rodean los túbulos seminíferos para secretar la hormona masculina testosterona. La FSH y la testosterona estimulan los túbulos seminíferos para producir espermatozoides.

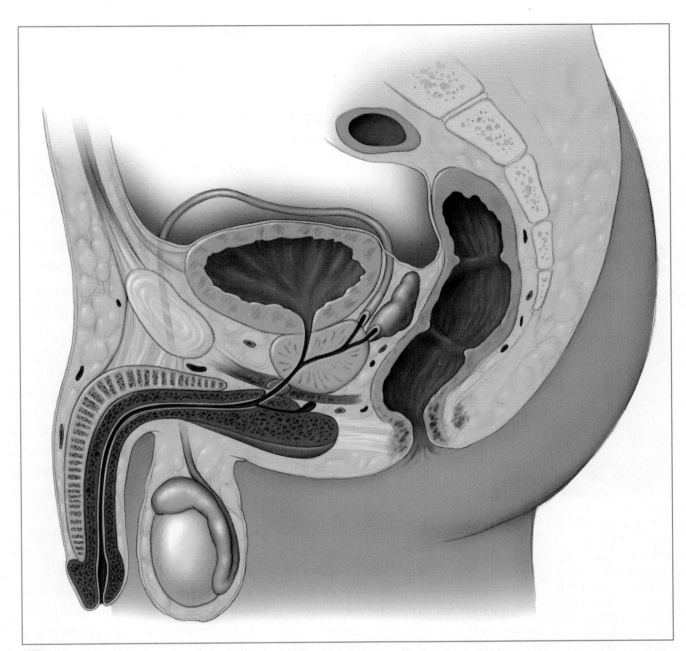

Sección sagital del cuerpo humano masculino, que muestra cómo el conducto deferente une los testículos, que producen espermatozoides, a la uretra, que se abre en la punta del pene. Las glándulas auxiliares (las vesículas seminales, la próstata y las glándulas bulbouretrales) se conectan con la uretra.

REFERENCIAS

① Vejiga
② Sínfisis púbica
③ Uretra
④ Cuerpo cavernoso
⑤ Cuerpo esponjoso
⑥ Pene
⑦ Glande del pene
⑧ Conducto deferente
⑨ Recto
⑩ Vesícula seminal
⑪ Próstata
⑫ Glándula bulbouretral
⑬ Ano
⑭ Epidídimo
⑮ Escroto
⑯ Testículo

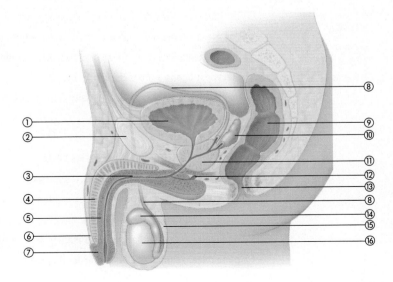

El sistema reproductor femenino produce células sexuales femeninas, llamadas óvulos, y proporciona el ambiente para el desarrollo de un bebé, en caso de que el óvulo sea fertilizado por un espermatozoide. Además de los ovarios, los órganos sexuales principales, los otros componentes del aparato reproductor femenino son las trompas uterinas (de Falopio), el útero, la vagina y los órganos genitales externos

SISTEMA REPRODUCTOR FEMENINO

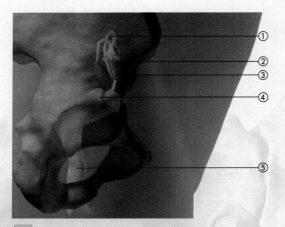

Al contrario de lo que ocurre con el varón, los órganos sexuales femeninos se encuentran totalmente situados dentro del tronco de la mujer.

REFERENCIAS

① Trompa uterina
② Fimbrias de la trompa
③ Ovario
④ Útero
⑤ Vagina

LOS OVARIOS

Los dos ovarios se encuentran uno a cada lado del útero. Cada uno de ellos se encuentra rodeado en parte por la apertura en forma de embudo de una de las trompas uterinas, que unen los ovarios al útero. En el momento del nacimiento, los ovarios ya contienen el suministro de óvulos inmaduros (hasta 2 millones) para toda la vida. Entre la pubertad y la menopausia, todos los meses madura y se libera un óvulo inmaduro. Los ovarios también secretan las hormonas sexuales femeninas estrógeno y progesterona, que controlan el ciclo menstrual, y mantienen las características sexuales secundarias, como los senos.

CICLO OVÁRICO Y CICLO MENSTRUAL

Un ciclo es una secuencia de sucesos, que se producen en un orden fijo, y que se repiten continuamente. Cada mes, dos ciclos reproductivos relacionados, el ciclo ovárico y el ciclo menstrual, son responsables, respectivamente, por la liberación de un óvulo del ovario, y por la preparación del útero para recibir el óvulo en caso de que se lo fertilice. Ambos ciclos duran, en promedio, 28 días. El ciclo ovárico es controlado por dos hormonas de la glándula pituitaria: la hormona luteinizante (LH) y la hormona estimulante del folículo (FSH). La FSH estimula algunos folículos (sacos) que contienen óvulos inmaduros para que crezcan y maduren. Eventualmente, uno de los folículos y su óvulo pasan a ser mucho mayores que los demás. En la mitad del ciclo, los niveles de LH aumentan y producen la ovulación: el folículo estalla, liberando el óvulo en la trompa uterina. Si el óvulo no se fertiliza, un nuevo ciclo ovárico se inicia 14 días después de la ovulación.

El ciclo menstrual provoca un espesamiento del endometrio, el revestimiento del útero, para prepararlo para recibir el óvulo fertilizado. La FSH estimula el ovario para liberar estrógeno, que estimula el espesamiento del endometrio. Después de la ovulación, el ovario también secreta progesterona, que, junto con el estrógeno estimula el mayor espesamiento del endometrio. Si no se produce la fertilización, los niveles de estrógeno y progesterona caen, el endometrio se fragmenta y la mujer tiene el período menstrual.

Durante los ciclos ovárico y menstrual, a medida que las hormonas que controlan los ciclos (FSH, LH, estrógeno y progesterona) interactúan entre sí, sus niveles fluctúan, y estas fluctuaciones controlan lo que ocurre en los ciclos.

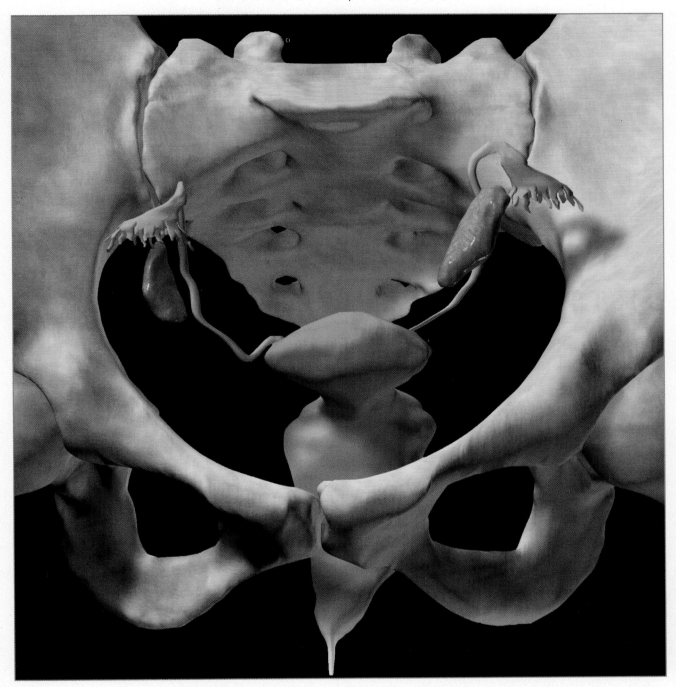

L os órganos sexuales femeninos comprenden los dos ovarios, situados a ambos lados del útero, las trompas uterinas, el útero, la vagina y la vulva (que no aparece en la imagen).

REFERENCIAS

① Cintura pélvica
② Trompa uterina
③ Ovario
④ Fimbrias
⑤ Útero
⑥ Cuello del útero
⑦ Vagina

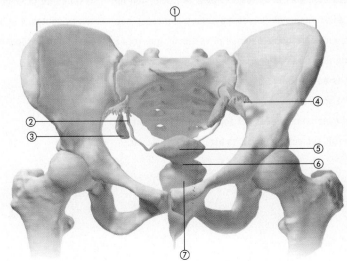

ientras que los ovarios producen óvulos, otras partes del sistema reproductor femenino son responsables de posibilitar la unión del espermatozoide y el óvulo, y de alimentar el óvulo fertilizado.

SISTEMA REPRODUCTOR FEMENINO

Las trompas uterinas reciben óvulos de los ovarios después de la ovulación, proporcionan el lugar para que se produzca la fertilización, y llevan el óvulo fertilizado al útero. Este órgano hueco contiene y protege al **feto** durante su desarrollo. La pared del útero contiene una capa espesa de músculo liso, el **miometrio**, que se estira considerablemente durante el embarazo, y que se contrae para expulsar al bebé durante el parto. El revestimiento del útero es el endometrio, mucosa aterciopelada, en el que se implanta el óvulo fertilizado para desarrollarse.

El útero está unido a la vagina por el cuello del útero. La vagina misma es un tubo muscular de entre 8 y 10 cm de largo, en el que penetra el pene durante la relación sexual y por donde sale el endometrio descamado, durante la menstruación y el bebé durante el parto.

Los genitales externos, o vulva, se componen de los labios vaginales (labios mayores y menores), que protegen el vestíbulo vaginal; el vestíbulo, que rodea la apertura de la vagina y de la uretra; y el clítoris. El clítoris es homólogo del pene y es importante en la excitación sexual. Aunque el glande y el cuerpo son mucho menores que los del pene, su anatomía interna (que sólo recientemente se ha estudiado) es similar.

EL DESARROLLO DE LOS GENITALES EXTERNOS MASCULINOS Y FEMENINOS

Seis semanas después de la fertilización, un embrión dentro del útero no es mayor que una uva. En esta etapa los genitales externos son idénticos para ambos sexos. La manera en que se desarrollan los genitales depende de si el embrión es genéticamente varón (con cromosomas XY) o mujer (con cromosomas XX). En los varones, el cromosoma Y envía un mensaje que indica a los testículos que se desarrollen. Entonces los testículos liberan testosterona, que instruye a los genitales externos que desarrollen un pene y un escroto. Si falta el cromosoma Y, se desarrolla el clítoris en lugar del pene, y labios mayores en lugar del escroto. A las 12 semanas después de la fertilización, las diferencias sexuales son evidentes, y el bebé, en el momento del parto, es claramente varón o mujer.

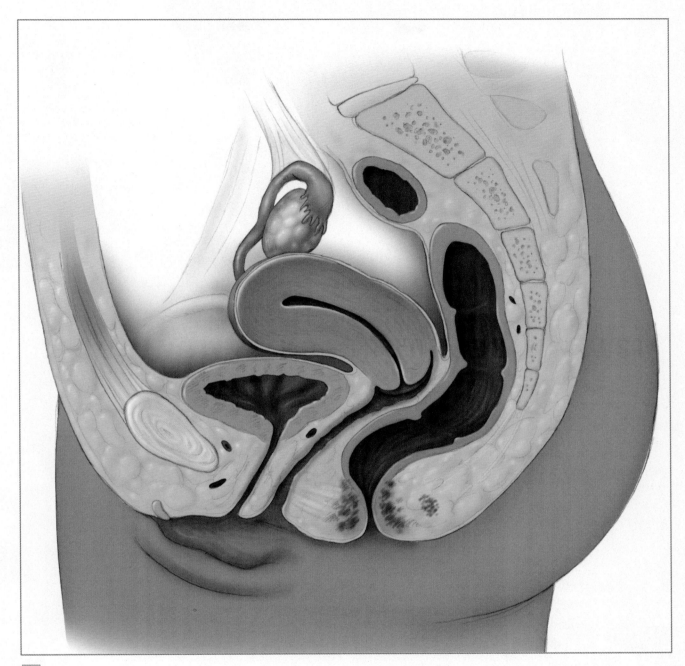

Sección sagital del cuerpo humano femenino que muestra los órganos reproductores internos: los ovarios, las trompas uterinas, el útero y la vagina, y los genitales externos, incluyendo el clítoris.

REFERENCIAS

① Fimbrias

② Ovario

③ Trompa uterina

④ Ligamento redondo del útero

⑤ Vejiga

⑥ Sínfisis púbica

⑦ Uretra

⑧ Clítoris

⑨ Labio mayor

⑩ Labio menor

⑪ Vagina

⑫ Ano

⑬ Útero

⑭ Cuello del útero

⑮ Recto

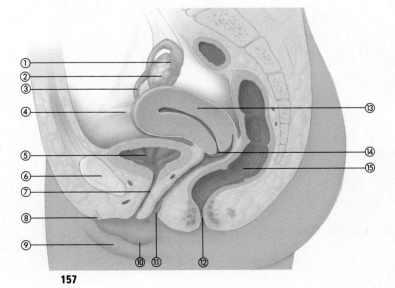

157

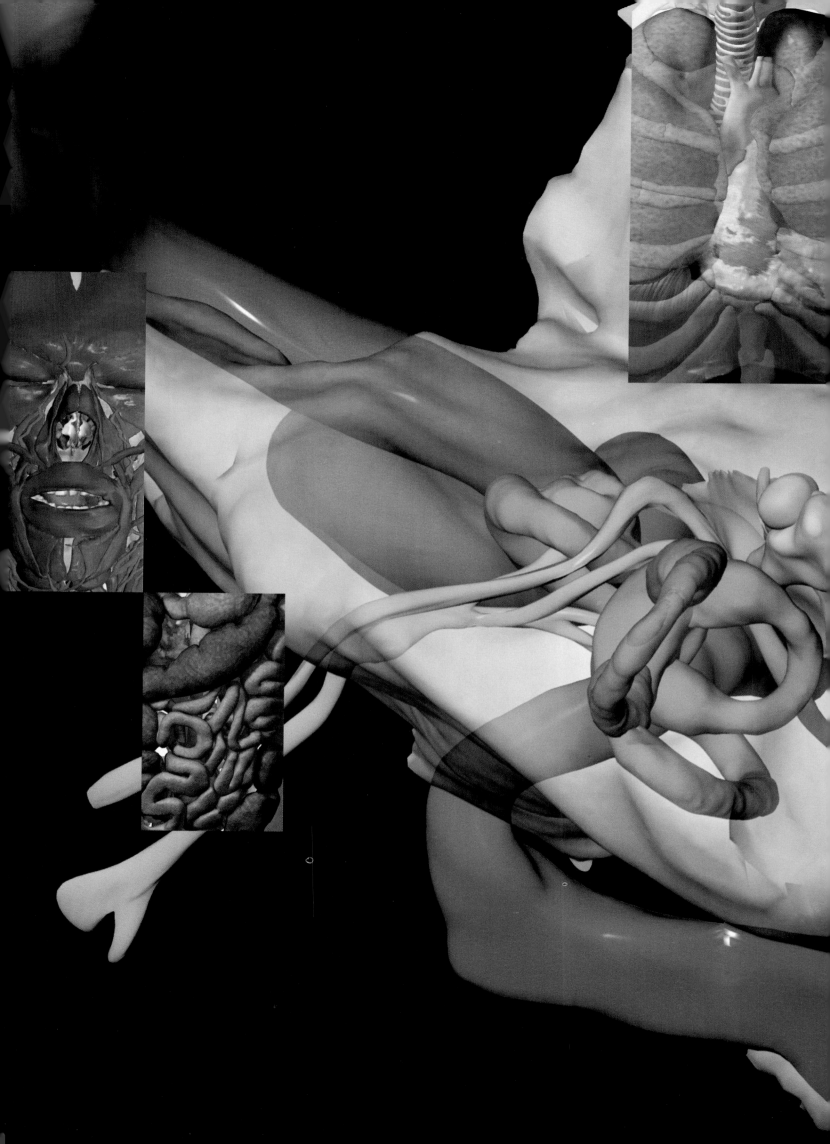

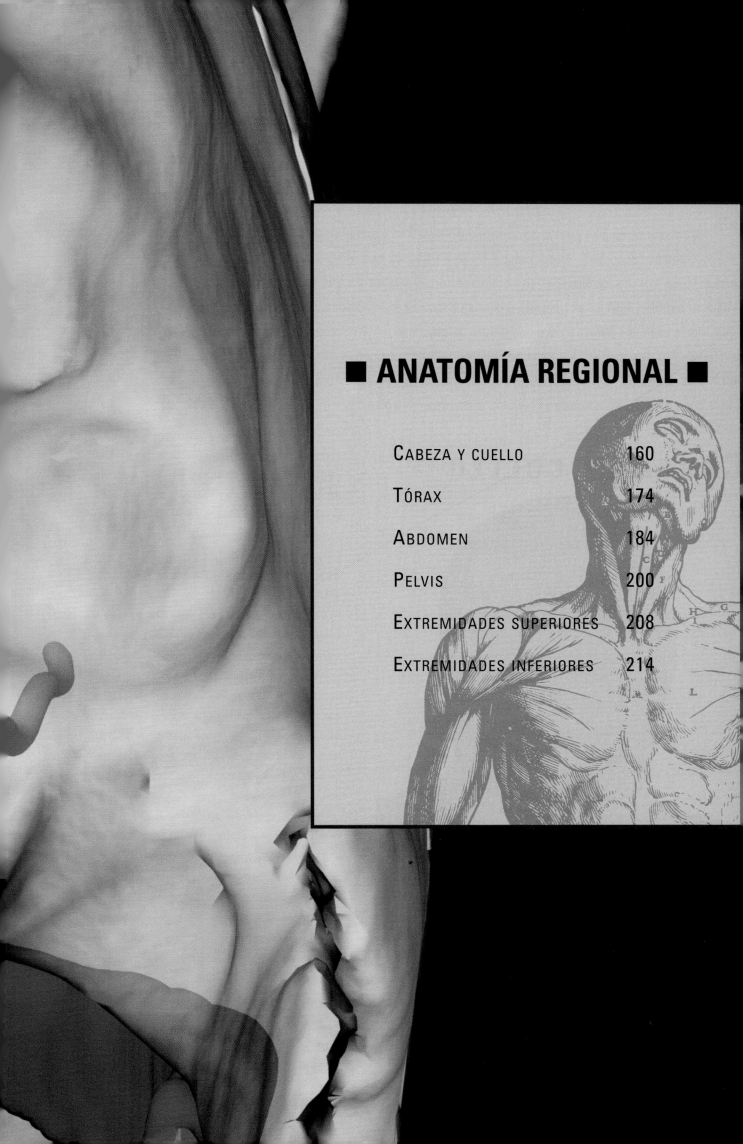

■ ANATOMÍA REGIONAL ■

En la cabeza se aloja el centro de control del organismo y sus principales sensores.
Está formada por el cráneo, cuyos huesos forman la bóveda que rodea y protege el
cerebro, y los huesos faciales, que forman el rostro (ver página 40). Además del cerebro,
la cabeza también aloja los principales órganos de los sentidos: los ojos en las órbitas
óseas del cráneo; los oídos, protegidos dentro de cavernas en los huesos temporales; la
lengua, dentro de la boca; y los sensores olfatorios (de los olores) dentro de la cavidad
nasal. Dos aberturas, la boca y la nariz, permiten la entrada de aire al organismo, mientras
que la boca es el punto de entrada para los alimentos y el agua.

CABEZA Y CUELLO

En la cabeza se
encuentran el cerebro,
los ojos y los oídos, y
las aberturas de la
nariz y la boca. El
cuello conecta la
cabeza con el tronco.

El cuello sostiene la cabeza, permitiéndole que se
mueva, y brindando un punto de conexión entre la cabeza y el tronco. El sostén del cuello está compuesto
por las siete vértebras cervicales, de las cuales las
dos primeras permiten que la cabeza se mueva hacia
los costados, y hacia arriba y abajo (ver página 44). A
través del conducto formado por el cuello pasan los
vasos sanguíneos principales que irrigan la cabeza y
el cuello; la tráquea, que lleva aire hacia y desde los

pulmones (ver página 128); el esófago, que lleva los
alimentos al estómago (ver página 138); y, protegida
dentro del túnel formado por las vértebras cervicales,
la médula espinal, que une el cerebro con el sistema
nervioso periférico (ver página 94).

SUMINISTRO DE SANGRE A LA CABEZA
Y EL CUELLO

La sangre rica en oxígeno llega a la cabeza y el
cuello a través de cuatro pares de arterias que se ramifican directa o indirectamente desde el arco aórtico.

• Las arterias carótidas comunes derecha e izquierda se ramifican en una arteria carótida externa,
que irriga la mayor parte de los tejidos de la cabeza,
salvo el cerebro y las órbitas, y la arteria carótida interna, que irriga la órbita y la mayor parte del cerebro.

• Las arterias vertebrales irrigan el cuello, el cerebelo, y parte del cerebro.

• Los troncos tirocervicales y los troncos costocer-
vicales, ramas de la arteria subclavia, irrigan el cuello.

La sangre fluye desde la cabeza y el cuello por tres
pares de venas que desembocan —en general, con
otras venas de por medio— en la vena cava superior.

• Las venas yugulares externas llevan la sangre
desde la superficie de la cabeza.

• Las venas yugulares internas llevan la sangre
desde el cerebro.

• Las venas vertebrales llevan la sangre desde el
cuello.

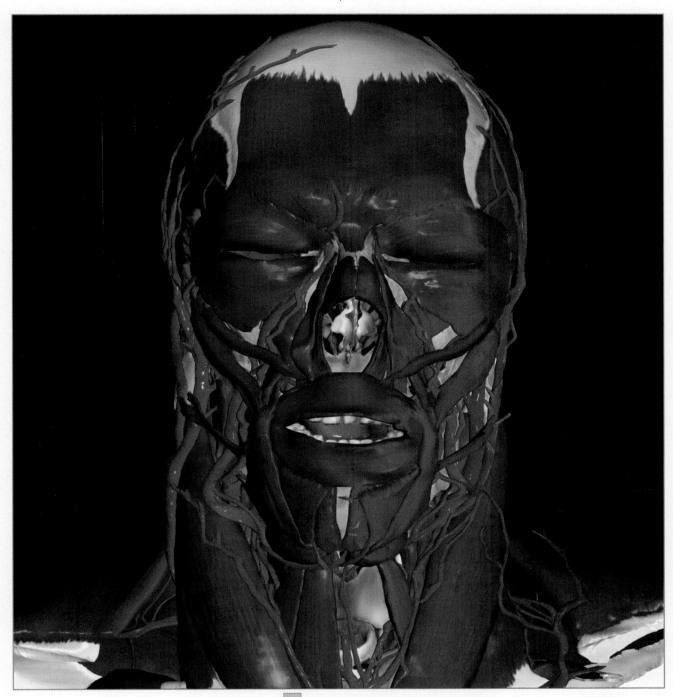

REFERENCIAS

① Músculo temporal

② Elevador del labio superior

③ Cartílago nasal

④ Vena yugular externa

⑤ Vena yugular interna

⑥ Músculo mentoniano

⑦ Arteria carótida común

⑧ Esternocleidomastoideo

⑨ Músculo frontal

⑩ Orbicular de los ojos

⑪ Cigomático menor

⑫ Cigomático mayor

⑬ Orbicular de la boca

⑭ Depresor del ángulo
    de la boca

⑮ Depresor del labio inferior

⑯ Esternohioideo

⑰ Laringe

Vista anterior de la cabeza y el cuello que muestra los músculos superficiales y los vasos sanguíneos. Los músculos faciales producen las expresiones faciales, mientras que los del cuello mueven la cabeza o participan en la deglución. Los vasos sanguíneos irrigan los músculos, los órganos de los sentidos, las vísceras del cuello y el cerebro.

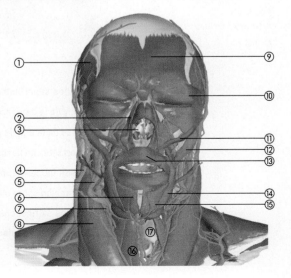

Varios grupos de músculos están a cargo de los movimientos de la cabeza y el cuello. La mayoría de estos músculos son controlados por impulsos nerviosos enviados por los nervios craneanos (ver página 92).

CABEZA Y CUELLO

Vista anterolateral del cráneo y el cuello desde el lado derecho, con los músculos y vasos sanguíneos eliminados.

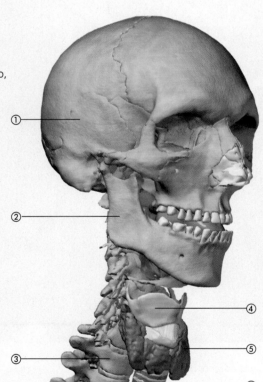

REFERENCIAS

① Cráneo
② Mandíbula
③ Columna vertebral
④ Laringe
⑤ Glándula tiroides
⑥ Tráquea

• Los músculos superficiales del cuero cabelludo, como el frontal, y de la cara, como el cigomático mayor, son responsables de la amplia gama de expresiones faciales, tan importantes en la comunicación humana. Estos músculos son inusuales, porque se insertan en la piel y ejercen tracción sobre ella.

• Los músculos extrínsecos de los ojos (ver página 168) mueven cada globo ocular en su órbita.

• Cuatro pares de músculos para la masticación, incluyendo el masetero y el temporal, tiran de la mandíbula hacia arriba. Otros músculos más pequeños mueven la mandíbula hacia los costados.

• Los músculos extrínsecos de la lengua llevan la lengua hacia adelante y hacia atrás.

• Los músculos de la parte frontal del cuello participan en su mayor parte en la deglución.

• Los músculos esternocleidomastoideos flexionan la cabeza y la inclinan hacia el costado contrario.

• Los músculos de la parte posterior del cuello extienden la cabeza y la sostienen.

LA LENGUA

Este órgano muscular, de color rosa, tiene una serie de funciones relacionadas con la digestión, el sentido del gusto y el habla. La masa de la lengua se compone de músculo esquelético. Los músculos extrínsecos unidos a la mandíbula y el hueso hioideos cambian la posición de la lengua, haciendo que se mueva hacia adelante, hacia atrás y hacia los costados. Los músculos intrínsecos, que no están adheridos al hueso, cambian la forma de la lengua, la aplanan o la engrosan. Los movimientos de la lengua mezclan los alimentos con la saliva, y empujan el alimento masticado hacia la garganta para iniciar la deglución. Los cambios en la posición de la lengua también ayudan a convertir los sonidos en palabras comprensibles.

La superficie de la lengua está cubierta por pequeñas protuberancias llamadas papilas, de las cuales hay tres tipos. Numerosas papilas filiformes hacen que la lengua tenga una superficie áspera que ayuda a sujetar la comida. Las papilas fungiformes, en forma de hongo, y las grandes papilas circunvaladas de la parte posterior de la lengua alojan los receptores gustativos, que contienen quimiorreceptores sensoriales que detectan cuatro sabores básicos: dulce, salado, ácido y amargo, en los alimentos que se han disuelto en la saliva, y envían impulsos nerviosos a las áreas gustativas de los hemisferios cerebrales.

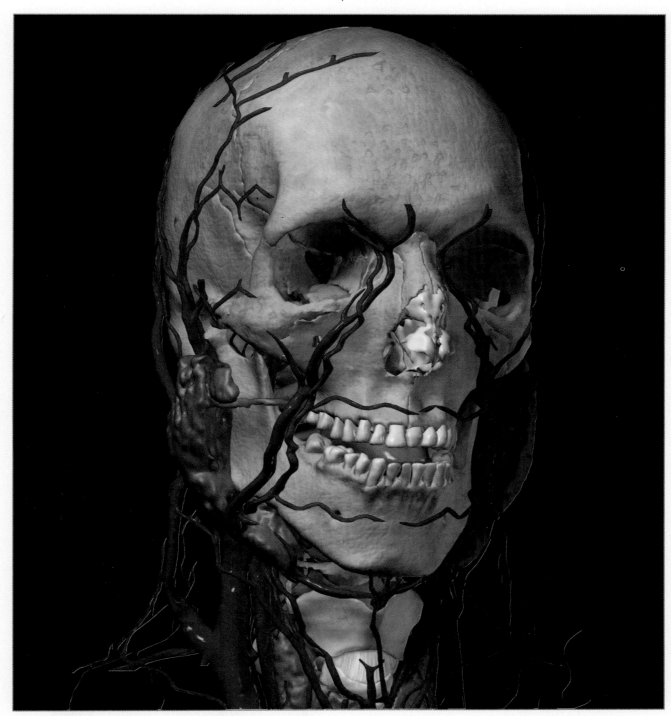

Vista anterolateral del cráneo y el cuello desde el lado derecho, con los músculos eliminados, mostrando los vasos sanguíneos principales.

REFERENCIAS

① Hueso parietal
② Hueso esfenoides
③ Arteria temporal superficial
④ Hueso cigomático
⑤ Vena retromandibular
⑥ Vena auricular posterior
⑦ Glándula parótida
⑧ Arteria facial
⑨ Arteria carótida externa

⑩ Glándula submandibular
⑪ Vena yugular común
⑫ Vena yugular externa
⑬ Arteria carótida común
⑭ Hueso frontal
⑮ Hueso nasal
⑯ Maxilar
⑰ Lengua
⑱ Mandíbula
⑲ Laringe
⑳ Glándula tiroides

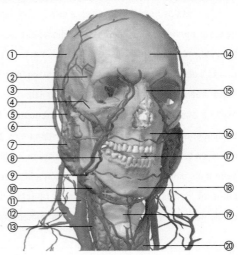

El cerebro permite que las personas sientan, piensen y se muevan. Asimismo, regula automáticamente la mayor parte de las actividades que se producen dentro del organismo. La parte de mayor tamaño es la porción superior del encéfalo, el lugar donde se producen las percepciones y el comportamiento consciente.

CEREBRO

El cerebro se divide en dos mitades, o hemisferios, cada uno de los cuales se encuentra cubierto por una fina capa de sustancia gris llamada corteza cerebral. A pesar de su delgadez, la corteza cerebral es el lugar donde se producen todos los elementos del comportamiento consciente. La apariencia de la superficie cerebral, similar a una nuez, se debe a que se encuentra cubierta de surcos (pliegues) y circunvoluciones (elevaciones). Esto significa que la gran superficie de la corteza se encuentra "apretada" para caber en el espacio limitado dentro del cráneo. La corteza de cada hemisferio se divide en cuatro lóbulos: el lóbulo occipital se ocupa principalmente de la visión; el lóbulo temporal participa en la audición y el habla; el lóbulo parietal tiene que ver con la percepción de la temperatura y la posición del cuerpo, con el tacto y la asociación de diversos tipos de sensibilidad; y el lóbulo frontal está relacionado con el movimiento, el pensamiento y la planificación.

Entre los dos hemisferios cerebrales hay una banda de fibras nerviosas, llamada cuerpo calloso, que permite el intercambio constante de información entre ellos. Detrás y abajo del cerebro está el cerebelo, un "minicerebro" que controla el movimiento y el equilibrio. En el espacio debajo del cuerpo calloso se encuentran los componentes del sistema límbico, un sistema más primitivo en términos de la evolución. El sistema límbico genera las emociones, y envía información a la corteza cerebral. Partes de este sistema están relacionadas con la memoria y el mantenimiento de la homeostasis.

El tronco encefálico, la parte más primitiva del encéfalo, sirve para retransmitir información entre el cerebro y la médula espinal, y regula las funciones básicas, como el ritmo cardíaco y el respiratorio.

PROTECCIÓN DEL CEREBRO

El tejido cerebral es blando y delicado y necesita protección. Además de la cobertura que le proporciona el cráneo, el cerebro también se encuentra rodeado y protegido por tres membranas de tejido conectivo llamadas meninges: la duramadre, la aracnoides y la piamadre. Debajo de la aracnoides hay un amplio espacio lleno de fluido cerebroespinal. Este fluido es un amortiguador líquido que reduce el peso del cerebro y lo protege de golpes y sacudones. Derivado del plasma sanguíneo, el fluido cerebroespinal también ayuda a nutrir el cerebro.

Vista lateral del cerebro desde el lado derecho, con la materia gris (corteza cerebral) eliminada del hemisferio derecho.

REFERENCIAS

1. Materia blanca del hemisferio cerebral derecho
2. Cerebelo
3. Puente
4. Bulbo raquídeo

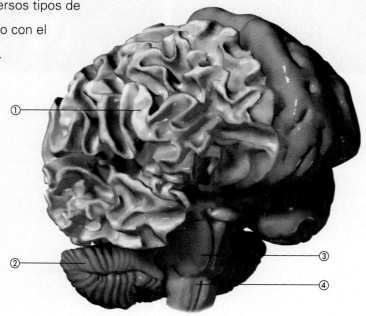

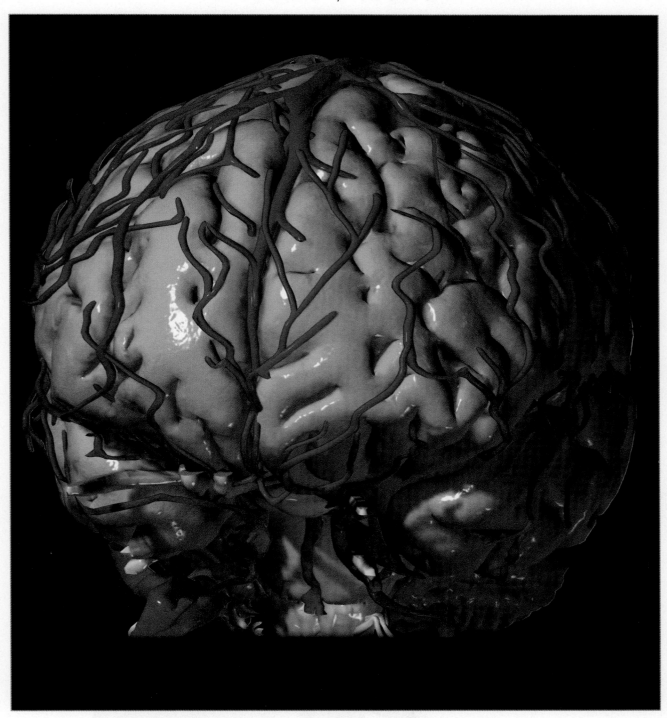

V ista anterolateral del cerebro desde el lado anterior izquierdo, mostrando los hemisferios cerebrales, el tronco encefálico y el cerebelo.

REFERENCIAS

① Seno sagital superior
② Hemisferio cerebral derecho
③ Hipófisis
④ Puente
⑤ Bulbo raquídeo
⑥ Hemisferio cerebral izquierdo
⑦ Cerebelo

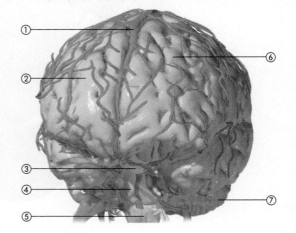

165

El tronco encefálico, que une la médula espinal con el tálamo, el hipotálamo y otras partes del cerebro, regula y controla una serie de funciones corporales. Sus actividades se desarrollan sin participación de la conciencia. Se compone del bulbo raquídeo –su parte inferior–, que se une a la médula espinal, el puente –que une el bulbo raquídeo con otras partes del cerebro– y el mesencéfalo, la parte superior. El bulbo raquídeo controla el ritmo cardíaco y el respiratorio, al igual que otras actividades, como tragar, estornudar y toser. El puente

CEREBRO

actúa junto con el bulbo raquídeo para controlar el ritmo respiratorio, y también es el origen de nervios craneales que controlan las funciones faciales. El mesencéfalo contiene la sustancia nigra, que controla las actividades musculares inconscientes. También controla el tamaño de la pupila y la forma del cristalino del ojo, y la mayoría de los movimientos oculares.

EL SISTEMA LÍMBICO

Varios componentes del cerebro, denominados colectivamente sistema límbico, rodean el tronco encefálico en la cara interna del cerebro. Estos componentes incluyen el hipocampo, la amígdala, el hipotálamo, parte del tálamo y el fórnix, que une algunos de estos componentes entre sí. El sistema límbico es el "cerebro emocional", que se ocupa de las emociones básicas, como el miedo, el dolor, el placer, la rabia, la tristeza, la excitación sexual y el afecto. Interactúa con la corteza cerebral para producir una relación estrecha entre los sentimientos y los pensamientos. Esta interacción provoca el conocimiento consciente de las emociones y también nos permite controlar y limitar los efectos de las respuestas básicas y primitivas, y no expresarlas bajo circunstancias inadecuadas. El hipocampo y la amígdala también participan en la memoria, transformando la nueva información en memorias a largo plazo. El hipotálamo, que también tiene un papel en la excitación sexual, controla y regula varios aspectos de la homeostasis, incluyendo la temperatura y el apetito.

Vista lateral derecha de los núcleos basales –el núcleo caudado y el núcleo lentiforme–, que tienen un papel fundamental en el control del movimiento, y partes del sistema límbico.

REFERENCIAS

① Fórnix
② Fibras caudadoputaminales
③ Cola del núcleo caudado
④ Hipocampo
⑤ Cuerpo estriado
⑥ Núcleo caudado
⑦ Putamen (núcleo lentiforme)
⑧ Amígdala

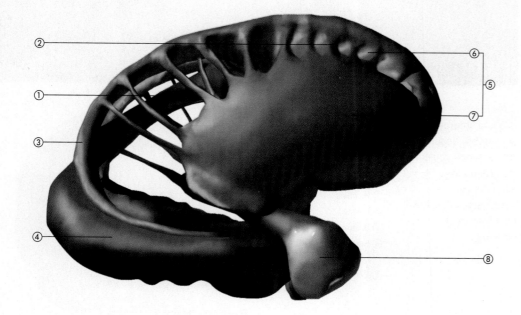

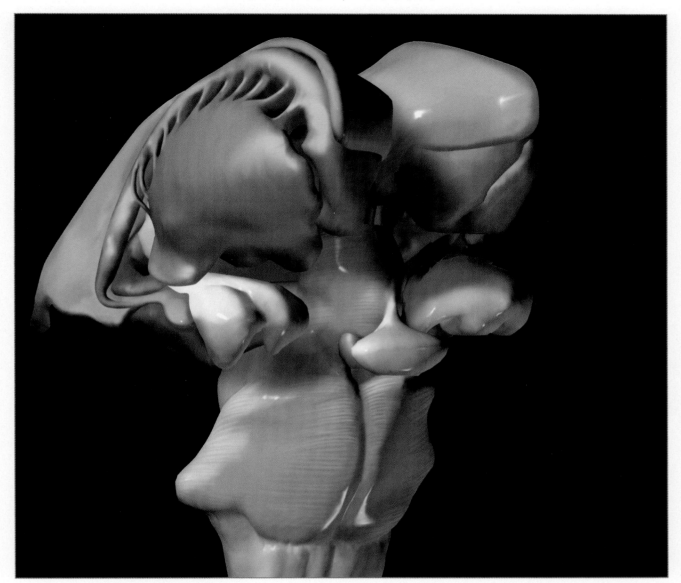

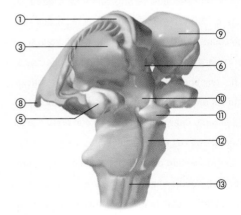

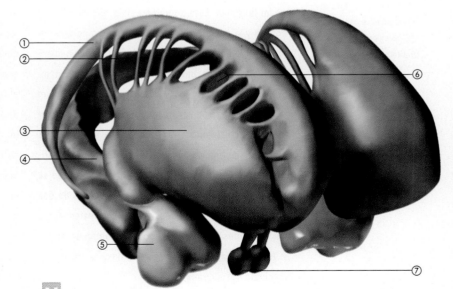

REFERENCIAS

① Núcleo caudado
② Fórnix
③ Putamen (núcleo lentiforme)
④ Hipocampo
⑤ Amígdala
⑥ Tálamo
⑦ Cuerpos mamilares
   (hipótalamo)

⑧ Ventrículo lateral
   (cuerno posterior)
⑨ Ventrículo lateral
   (cuerno anterior)
⑩ Hipotálamo
⑪ Hipófisis
⑫ Puente
⑬ Bulbo raquídeo

Vista anterolateral del lado derecho del cuerpo estriado y partes del sistema límbico (parte inferior de la página), y con los ventrículos y el tronco encefálico (arriba).

Los ojos son órganos de los sentidos que detectan la luz. La información visual que reúnen es analizada por el cerebro para proporcionar una visión constantemente actualizada del mundo exterior. Cada globo ocular, esférico, se encuentra protegido dentro de su órbita, un hueco óseo en el cráneo. Externamente, las cejas protegen la delicada superficie del ojo contra el sudor y la luz excesiva, mientras que las pestañas provocan el cierre reflejo de los párpados si son estimuladas por una ráfaga de viento o si se las toca.

OJO

Vista lateral del ojo derecho, que muestra los músculos extrínsecos que mueven el globo ocular, y el nervio óptico, que transporta impulsos desde el ojo hacia las áreas visuales del cerebro.

REFERENCIAS

① Músculo recto superior
② Nervio óptico
③ Músculo recto lateral
④ Músculo recto inferior
⑤ Músculo oblicuo inferior
⑥ Glándula lagrimal

GLÁNDULAS LAGRIMALES

Las glándulas lagrimales, que se encuentran dentro de la órbita, por encima del extremo lateral de cada ojo, secretan constantemente un líquido conocido como lágrimas. Esta solución salina diluida baña la córnea y la conjuntiva, la delgada membrana que cubre el resto de la parte frontal del ojo y el revestimiento de los párpados, para que el ojo se mantenga siempre húmedo y lubricado. Las lágrimas también lavan las partículas de polvo, y contienen una sustancia antibacteriana llamada lisozima. Secretadas por las glándulas lagrimales a través de conductos, las lágrimas se dispersan por el globo ocular cada vez que se parpadea. Las lágrimas salen del ojo a través de dos aperturas mediales llamadas puntas lagrimales, hacia los conductos lagrimales, que se presentan en pares, y que se desagotan en la cavidad nasal a través del conducto nasolagrimal.

MÚSCULOS EXTRÍNSECOS DEL OJO

Cada globo ocular es movido por seis músculos externos o extrínsecos, cuatro músculos rectos y dos músculos oblicuos, que se originan en la órbita y se insertan en la esclerótica del ojo. Los músculos rectos, ubicados perpendicularmente entre sí, mueven el globo ocular hacia arriba y abajo, y hacia los costados. Sus nombres indican sus funciones respectivas: el recto superior (hacia arriba), el recto inferior (hacia abajo), el recto lateral (hacia afuera) y el recto medial (hacia adentro). Los músculos oblicuos mueven el globo ocular en sentido diagonal. El oblicuo inferior empuja el globo ocular hacia arriba y hacia afuera. El oblicuo superior, que se inserta a través de un bucle en forma de polea en el cartílago llamado tróclea, mueve el ojo hacia abajo y hacia afuera. Los músculos oculares producen dos tipos de movimientos: los movimientos de rastreo permiten que el ojo siga los objetos en movimiento aunque la cabeza se esté moviendo, mientras que los movimientos bruscos permiten que el ojo recorra el campo visual rápidamente mientras la cabeza no se mueve.

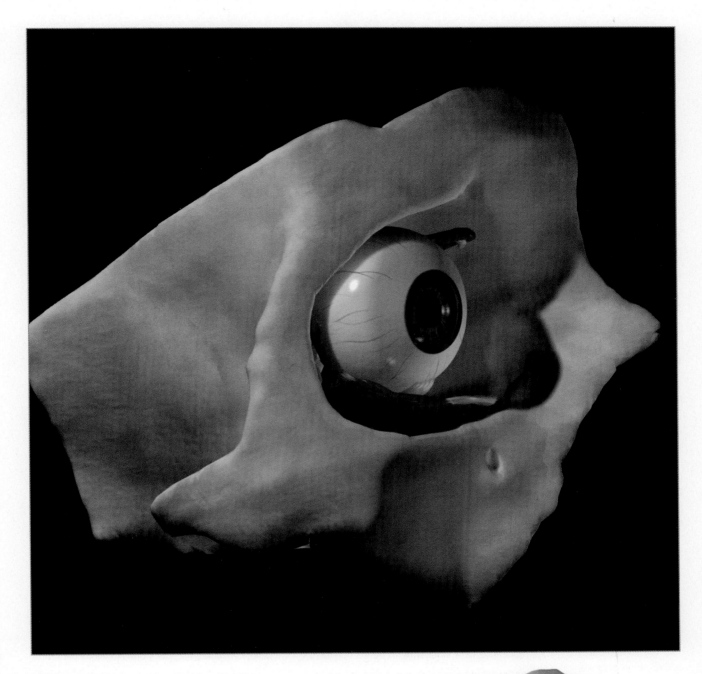

Vista anterolateral del ojo derecho, desde el lado derecho, con los músculos faciales eliminados. El ojo se encuentra protegido por la órbita.

REFERENCIAS

① Hueso frontal
② Esclerótica
③ Hueso esfenoides
④ Hueso temporal
⑤ Córnea
⑥ Hueso nasal
⑦ Órbita
⑧ Maxilar
⑨ Foramen infraorbitario
⑩ Hueso cigomático

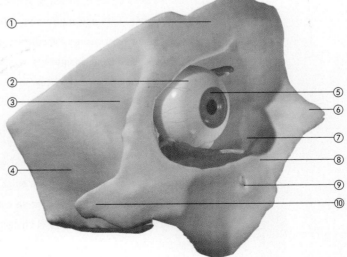

El ojo tiene que funcionar eficientemente como sensor de luz con una amplia gama de intensidades lumínicas. La parte coloreada del ojo, el iris, cambia el tamaño de la pupila, controlando así la cantidad de luz que penetra en el ojo. El iris tiene fibras musculares lisas ordenadas en forma radial y circular. Un acto reflejo asegura que en condiciones de luz tenue las fibras radiales se contraigan, y la pupila se dilate (aumente de tamaño), mientras que cuando la luz es fuerte, las fibras circulares se contraen y la pupila disminuye su tamaño.

OJO

REFERENCIAS

1. Globo ocular
2. Músculo oblicuo inferior
3. Recto inferior
4. Nervio óptico
5. Tróclea del músculo
   oblicuo superior
6. Músculo oblicuo superior
7. Recto medial
8. Recto superior
9. Recto lateral

Vista inferior y medial del ojo derecho, que muestra los músculos extrínsecos que se insertan en la órbita y que mueven el globo ocular.

CÓMO SE ENFOCA LA LUZ EN LA RETINA

Durante su paso a través del ojo, los rayos de luz se refractan, o se "curvan", para poder enfocarlos en la retina y obtener una imagen clara. La luz es enfocada por la córnea y el cristalino. La córnea, la zona transparente en la parte delantera del ojo, brinda la mayor parte de la refracción de la luz, pero sus poderes de refracción son inmutables. Los ajustes necesarios requeridos para enfocar la luz de los objetos, sin importar si están a poca o mucha distancia, son realizados por el cristalino. Esta estructura biconvexa, transparente y elástica se encuentra inmediatamente detrás del iris, suspendida en un ligamento suspensorio en forma de anillo que lo une con el cuerpo ciliar. Dentro del cuerpo ciliar se encuentra una masa circular de músculo liso, el músculo ciliar. Para enfocar la luz desde los objetos distantes, el músculo ciliar se relaja y el ligamento suspensorio queda tirante, haciendo que el cristalino quede más delgado. Para enfocar la luz de objetos cercanos, el músculo ciliar se contrae, el ligamento suspensorio se relaja, y el cristalino retrocede y se engrosa.

BASTONCILLOS Y CONOS

La parte posterior del interior del ojo se encuentra revestida por la retina, una capa delgada formada por unos 130 millones de fotorreceptores (células sensibles a la luz), que envían impulsos a lo largo del nervio óptico hacia el cerebro cuando se los estimula. Hay dos tipos de fotorreceptores: la mayoría son bastoncillos, que funcionan mejor con la luz tenue, generan imágenes monocromáticas y brindan visión periférica. Los demás se denominan conos, fotorreceptores que funcionan mejor con luz brillante, proporcionan la visión de los colores y se concentran principalmente en una pequeña área, la mácula lútea, que se encuentra directamente detrás del cristalino.

Los impulsos de los fotorreceptores viajan a lo largo de las fibras nerviosas del nervio óptico hacia el tálamo, y de allí hacia la corteza visual en el lóbulo occipital de cada hemisferio cerebral. Aquí, diferentes áreas procesan diferentes características, como color, forma, tamaño, distancia y movimiento, para producir una imagen.

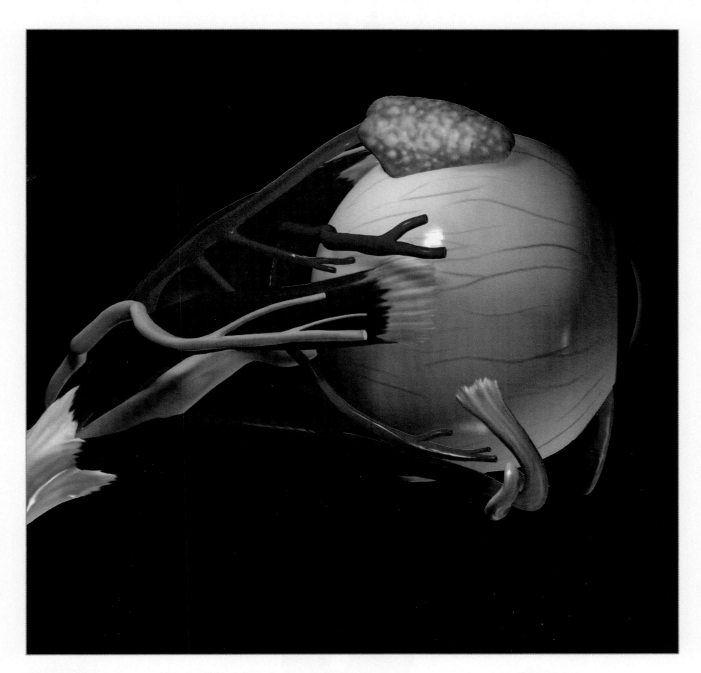

REFERENCIAS

① Nervio óptico
② Músculo recto superior
③ Recto lateral
④ Recto inferior
⑤ Oblicuo superior
⑥ Tróclea del oblicuo
   superior
⑦ Globo ocular
⑧ Recto medial

Vista superior del ojo derecho, que muestra los músculos extrínsecos y el nervio óptico.

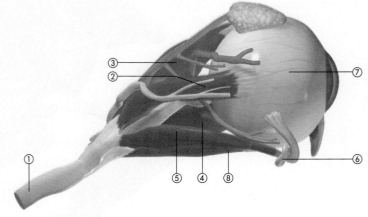

La mayor parte del oído se encuentra oculto dentro del hueso temporal del cráneo (ver página 43). Las ondas sonoras captadas por el pabellón auricular (oreja) son dirigidas al conducto auditivo externo. Cuando llegan al final del conducto auditivo, hacen que vibre el tímpano, una membrana extendida sobre el extremo del conducto. A su vez, el tímpano hace vibrar los tres osículos diminutos que atraviesan el oído medio, que está lleno de aire. Los osículos se mueven hacia atrás y hacia adelante cuando vibran, y el osículo ubicado más hacia adentro, el estribo, actúa como un pistón que empuja la ventana oval, el

OÍDO

límite entre los oídos medio e interno, hacia adentro y hacia afuera. Este movimiento produce vibraciones que son detectadas por las células pilosas en el órgano espiral o de Corti, parte de la cóclea tubular enrollada. Si estas células se estimulan, cuando los vellos que se proyectan desde ellas se distorsionan con las vibraciones, envían impulsos nerviosos hacia el área auditiva de la corteza cerebral, por medio de la división coclear del nervio vestibulococlear (ver página 92), donde se los interpreta como sonidos.

EL OÍDO COMO ÓRGANO DEL EQUILIBRIO

Además de detectar los sonidos, el oído también proporciona al cerebro información acerca de la posición del cuerpo. Esta información se utiliza para lograr el equilibrio al moverse o estar parado. En la base de cada uno de los tres conductos semicirculares, llenos de fluido, del oído interno hay un pequeño bulto llamado ampolla, que contiene vellos sensibles incrustados en una cúpula gelatinosa. Cuando la cabeza se mueve, el fluido se mueve en sentido opuesto y mueve la cúpula, lo que hace que las células pilosas, a las que pertenecen los vellos sensibles, envíen impulsos nerviosos al cerebro. Como los tres conductos semicirculares se ubican perpendicularmente entre sí, el cerebro percibe los movimientos de la cabeza en cualquier dirección. En el vestíbulo hay otros dos detectores del equilibrio, el utrículo y el sáculo, que contienen vellos sensibles incrustados en una gelatina con un "lastre" de cristales de carbonato de calcio. El sáculo detecta si la cabeza está erguida, inclinada o hacia abajo, y el utrículo detecta la aceleración y desaceleración lineales. El cerebro combina la información obtenida de estos sensores con la información de los ojos, pies y músculos para garantizar que se mantenga el equilibrio.

③

⑥

Vista lateral del oído derecho, con la piel, los músculos y el hueso temporal eliminados.

④

①

②

⑤

REFERENCIAS

① Osículos
② Tímpano
③ Conducto semicircular
④ Nervio vestibulococlear
⑤ Cóclea
⑥ Vestíbulo

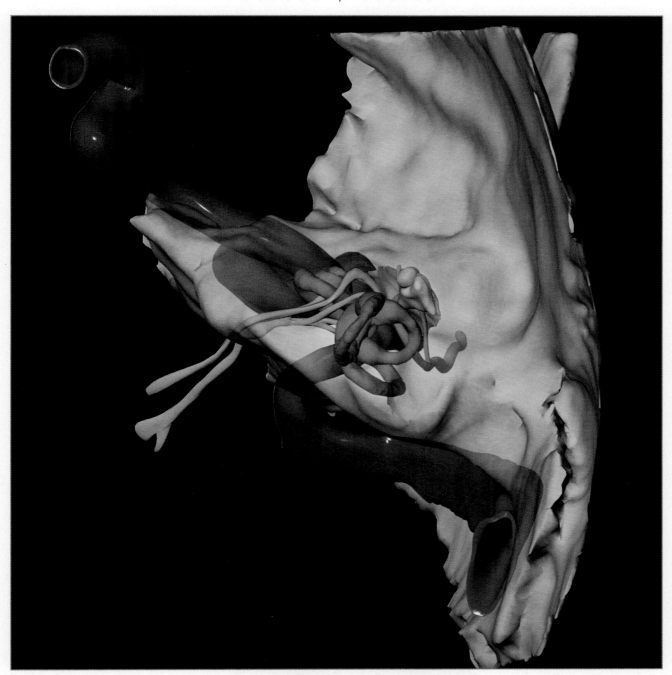

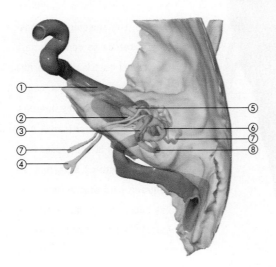

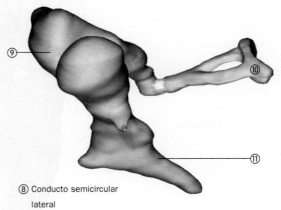

Vista superior de la parte interna del oído derecho.

REFERENCIAS

① Arteria carótida interna
② Nervio coclear
③ Conducto semicircular anterior
④ Nervio vestíbulococlear
⑤ Cóclea
⑥ Conducto semicircular posterior
⑦ Nervio facial
⑧ Conducto semicircular lateral
⑨ Yunque
⑩ Estribo
⑪ Martillo

L a parte central del cuerpo, el tronco o torso, se divide en dos regiones: el tórax, la parte superior, y debajo de él, el abdomen. Internamente, estas divisiones se reflejan en dos cavidades cerradas del cuerpo: la cavidad torácica y la cavidad abdominopélvica. Ambas cavidades son espacios cerrados que contienen órganos, conocidos colectivamente como vísceras. Una membrana delgada y resbalosa, llamada membrana serosa, forma el revestimiento de las paredes de cada una de las cavidades y la superficie de los órganos viscerales. Cuando los órganos se mueven, por tanto, se deslizan los unos sobre los otros sin causar dolor.

Tórax

V ista posterior del tórax, que muestra los músculos superficiales que cubren su pared posterior. Debajo de ellos están las doce costillas, articuladas con la columna vertebral. Los músculos más profundos ejercen tracción sobre la columna vertebral para sostener el tronco.

REFERENCIAS

① Escápula
② Húmero
③ Dorsal ancho
④ Trapecio
⑤ Infraespinoso
⑥ Redondo mayor
⑦ Romboides
⑧ Erector de la espina

El tórax se extiende desde el cuello hasta el abdomen, del cual está separado por el diafragma. El aspecto exterior del tórax incluye los contornos de los músculos pectorales mayores, las costillas y los pezones. Los pezones son pequeños y rudimentarios en los varones, pero mayores en las mujeres, y forman parte de los senos o pechos, que rodean las glándulas mamarias, que cubren los músculos pectorales mayores.

La pared del tórax está formada por las costillas, los cartílagos costales y el esternón (ver página 46), las 12 vértebras torácicas de la columna vertebral (ver página 44), y los músculos torácicos e intercostales que se encuentran entre las costillas (ver página 68). Además de sostener la estructura del tórax, estos huesos y músculos también protegen los órganos internos.

La parte anterior del tórax incluye varios músculos superficiales. El pectoral mayor se origina en la clavícula, el esternón y las costillas, y se inserta en el húmero (ver página 68). Tira de los brazos hacia adelante y en dirección al cuerpo. Tanto el serrato anterior como el pectoral menor se originan en las costillas y se insertan en la escápula. El músculo serrato anterior, que tiene aspecto de "serrucho", tira de la escápula hacia afuera y eleva el hombro, mientras que el pectoral menor estabiliza y deprime el hombro.

Los músculos profundos de la parte anterior del tórax, los intercostales, y el diafragma (ver página 130), tienen una participación fundamental en los movimientos respiratorios. Los intercostales son músculos cortos que se extienden desde el borde inferior de una costilla hasta el borde superior de la costilla siguiente. Los músculos intercostales externos se contraen para tirar de las costillas hacia arriba y hacia afuera durante la inhalación. Los intercostales internos, que se encuentran más profundos y a 90° con respecto a los intercostales externos, se contraen para tirar de las costillas hacia abajo y hacia adentro durante la exhalación forzada.

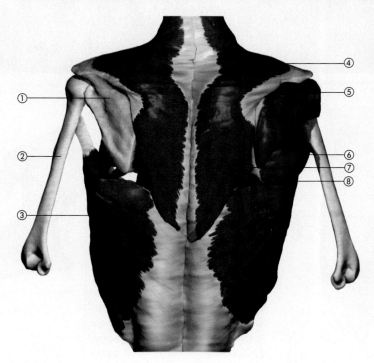

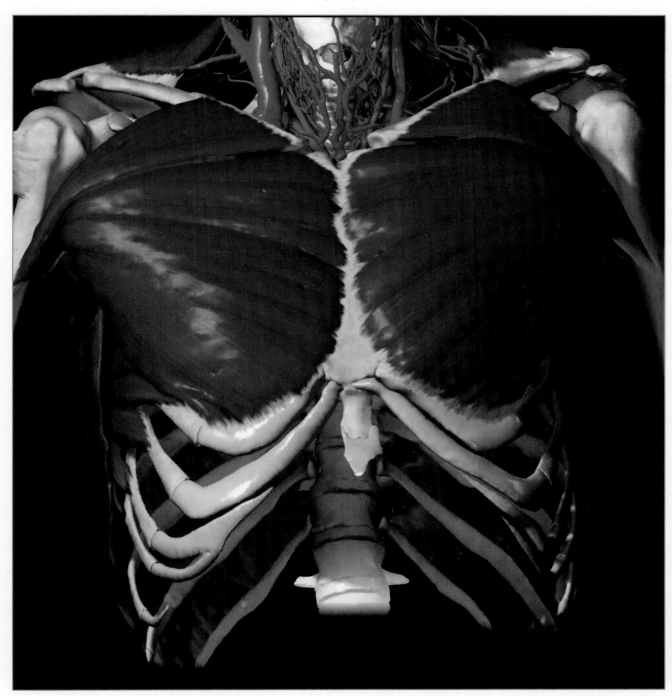

REFERENCIAS

① Clavícula

② Esternón

③ Serrato anterior

④ Dorsal ancho

⑤ Vértebra torácica (12ª)

⑥ Escápula

⑦ Tráquea

⑧ Húmero

⑨ Pectoral mayor

⑩ Costilla (6ª)

⑪ Cartílago costal

Vista anterior del tórax que muestra la caja torácica, que rodea y protege los pulmones y el corazón, y los músculos pectorales mayores, una de cuyas funciones es la flexión del brazo. La tráquea, el conducto que lleva el aire a los pulmones, se mantiene abierta mediante anillos de cartílago en forma de "C" que la refuerzan.

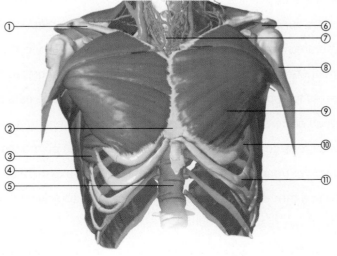

175

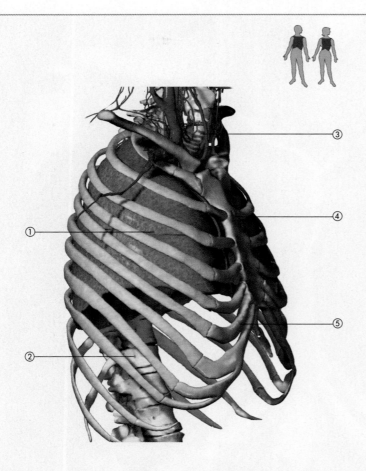

ista anterolateral de las costillas desde el lado derecho, que muestra cómo rodean y protegen por completo los pulmones y el corazón. Los vasos sanguíneos torácicos irrigan el cuello, los miembros superiores y la cabeza, y la tráquea pasa a través de la abertura estrecha en la parte superior del tórax.

REFERENCIAS

① Pulmón derecho
② Vértebra torácica (12ª)
③ Tráquea
④ Esternón
⑤ Cartílago costal

TÓRAX

Internamente, la cavidad torácica contiene los órganos principales de los sistemas respiratorio y circulatorio, que, además, están protegidos por las costillas, el esternón y la columna vertebral. La cavidad torácica está dividida en cavidades más pequeñas. Lateralmente, dos grandes cavidades pleurales alojan cada uno de los pulmones. Cada cavidad es un espacio estrecho lleno de fluido que se encuentra entre las pleuras, las membranas serosas que revisten la cavidad del tórax y cubren los pulmones. El fluido pleural, un fluido lubricante secretado en el estrecho espacio entre las membranas, permite que éstas se deslicen entre sí durante la respiración. También tiene una elevada tensión superficial, lo que permite que los pulmones se adhieran estrechamente a la pared torácica y se expandan o encojan a medida que el volumen de la cavidad torácica aumenta o disminuye, respectivamente.

El mediastino, el espacio existente entre los dos pulmones, contiene el esófago, la tráquea y los principales vasos sanguíneos y linfáticos. También contiene la cavidad pericardial, una cavidad llena de fluido que se encuentra entre las láminas del pericardio seroso, la membrana que cubre el corazón y permite que se contraiga y se expanda durante el ciclo cardíaco (ver página 182).

EL DIAFRAGMA

El diafragma (el nombre significa "partición a través"), es un músculo esquelético ancho que forma la barrera entre las cavidades torácica y abdominopélvica. Se origina en el borde inferior de las costillas y el esternón, los cartílagos costales inferiores y las vértebras lumbares. Centralmente es un tendón en forma de trébol. El diafragma es el músculo principal de los movimientos respiratorios, y es asistido por los músculos intercostales (ver página 68). Cuando se encuentra relajado tiene forma abovedada, ya que los órganos abdominales lo empujan hacia arriba. Cuando se contrae, se aplana, empuja el contenido del abdomen hacia abajo, expande el tórax y permite que el aire ingrese a los pulmones. Cuando se encuentra relajado, el aire sale de los pulmones. La reformación sensorial desde el diafragma, y los estímulos motores hacia él son proporcionadas por el nervio frénico. El diafragma y su tendón se encuentran perforados por tres forámenes (orificios), para la aorta, vena cava inferior y el esófago, respectivamente, que permiten la comunicación entre el tórax y el abdomen.

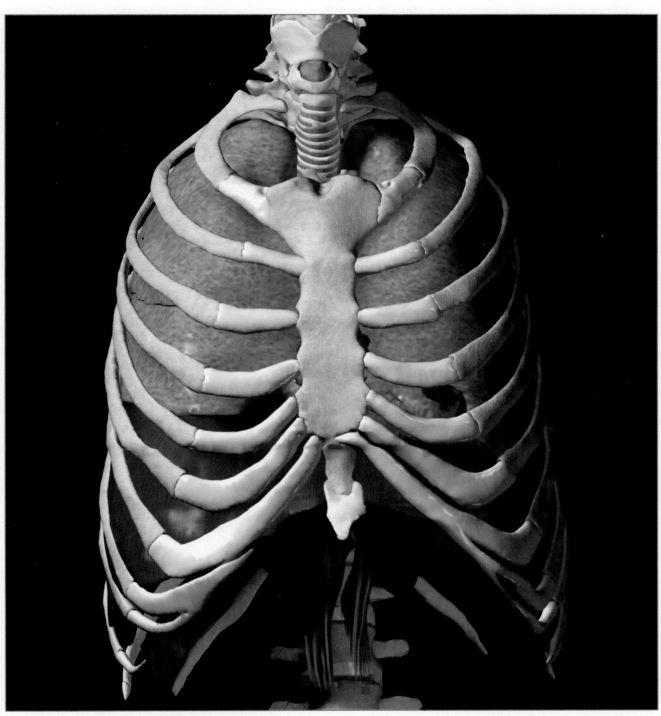

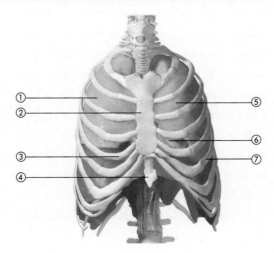

Vista anterior del tórax que permite ver su esqueleto y parte de los órganos que aloja.

REFERENCIAS

1. Pulmón derecho
2. Esternón
3. Cartílago costal
4. Apéndice xifoides
5. Pulmón izquierdo
6. Corazón
7. Costilla (6ª)

177

Los pulmones ocupan la mayor parte de la cavidad torácica. Son órganos blandos y esponjosos que contienen aproximadamente 300 millones de sacos de aire, llamados alvéolos, en los cuales se produce el intercambio gaseoso (ver página 130). El oxígeno pasa al torrente sanguíneo y el dióxido de carbono pasa al aire para su eliminación. El tejido pulmonar restante se compone principalmente de tejido conectivo elástico que permite que los pulmones se expandan y retraigan durante la respiración.

PULMONES

VENTILACIÓN

La ventilación, o respiración, mueve el aire hacia afuera y hacia adentro de los pulmones, para incorporar nuevos suministros de oxígeno y eliminar el dióxido de carbono hacia la atmósfera. El aire entra (se inhala) y se empuja hacia afuera (se exhala) de los pulmones a través de la acción del diafragma y los músculos intercostales. Estos músculos alteran el volumen de la cavidad torácica, lo que es seguido pasivamente por los pulmones.

Durante la inhalación, el diafragma se contrae y empuja los órganos abdominales hacia abajo, mientras que los músculos intercostales externos se contraen para tirar de las costillas hacia arriba y hacia afuera. En conjunto, estas acciones aumentan el volumen interior de la cavidad torácica, y, por tanto, el de los pulmones. La presión en el tórax y los pulmones se reduce y el aire se aspira desde afuera. Durante la exhalación, el diafragma se relaja y es empujado hacia arriba, hasta alcanzar una forma abovedada, por los órganos abdominales, y las costillas se mueven hacia abajo y hacia adentro. Esto reduce el volumen de la cavidad torácica y los pulmones, y aumenta la presión del aire dentro de ellos, de manera tal que el aire se expulsa al exterior. Durante la espiración forzada, los músculos intercostales internos se contraen para tirar de la costillas hacia abajo. En descanso, se inhalan unos 500 ml de aire en cada respiración. Los pulmones nunca se encuentran vacíos de aire. El aire inhalado sirve para renovar el aire que ya se encuentra allí. Durante el ejercicio, tanto el ritmo como la profundidad de la respiración aumentan.

CONTROL NERVIOSO DE LA RESPIRACIÓN

El ritmo y la profundidad de la respiración se encuentran controlados por los centros respiratorios en el tronco encefálico (ver página 166). El centro inspiratorio envía "ráfagas" regulares de impulsos nerviosos a lo largo de los nervios frénico e intercostales que, respectivamente, hacen que el diafragma y los músculos intercostales se contraigan. Cuando el tórax se expande, el centro inspiratorio cesa su actividad, los músculos se relajan y se produce la exhalación. Las emisiones regulares del centro respiratorio producen un ritmo respiratorio de entre 12 y 18 respiraciones por minuto. Durante el ejercicio, el aumento de los niveles de dióxido de carbono en sangre es detectado por quimiorreceptores, mientras que el aumento de la actividad muscular es detectado por receptores de estiramiento. Estos receptores envían "mensajes" hacia el tronco encefálico, lo que hace que el centro inspiratorio aumente su actividad, y el ritmo respiratorio aumenta.

Vista posterior de los pulmones, la laringe, la tráquea y corazón, que revela que los anillos cartilaginosos de la tráquea no se extienden hasta su superficie posterior, cerrada por una membrana fibromuscular.

REFERENCIAS

① Pulmón izquierdo
② Tráquea
③ Corazón
④ Pulmón derecho

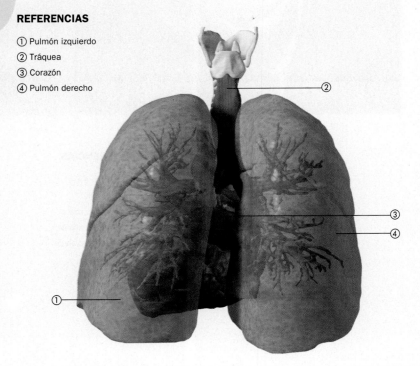

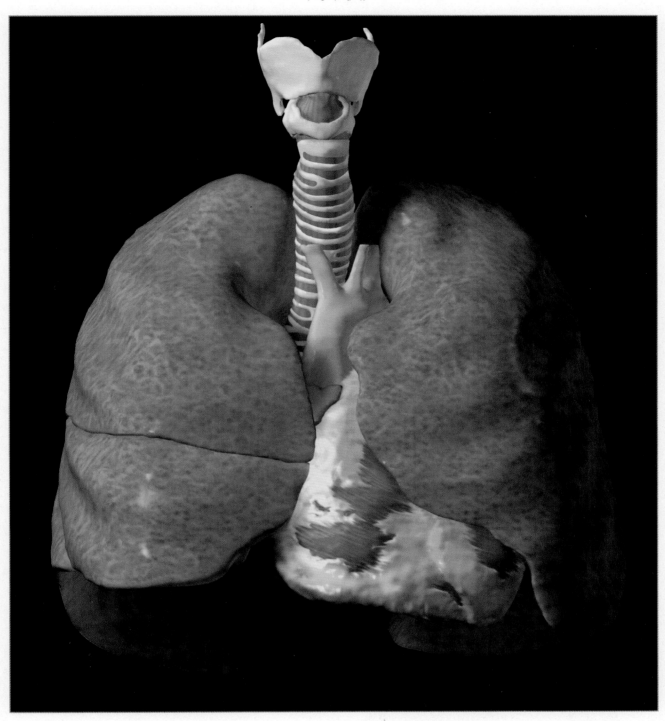

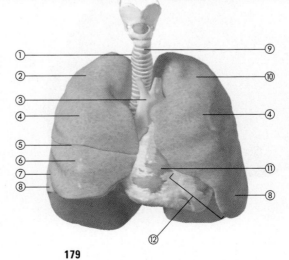

ista anterior de los pulmones, la tráquea y el corazón. El pulmón izquierdo tiene dos lóbulos, mientras que el derecho tiene tres. El pulmón izquierdo es más pequeño que el derecho. Una concavidad en el pulmón izquierdo, la depresión cardíaca, aloja al corazón, que se proyecta hacia la izquierda.

REFERENCIAS

① Tráquea
② Pulmón derecho
③ Arco aórtico
④ Lóbulo superior
⑤ Cisura horizontal
⑥ Lóbulo medio
⑦ Cisura oblicua
⑧ Lóbulo inferior
⑨ Anillo cartilaginoso
⑩ Pulmón izquierdo
⑪ Corazón
⑫ Depresión cardíaca

179

El corazón es un órgano cónico del tamaño de un puño, que se contrae para enviar sangre a todo el organismo. Se encuentra ligeramente inclinado hacia la izquierda, en posición anterior con respecto a la columna vertebral y posterior con respecto al esternón, y lateralmente rodeado por los pulmones, que se le superponen parcialmente. Se compone principalmente de músculo cardíaco, un tejido que sólo existe en el corazón y que se puede contraer constantemente sin cansarse. Diariamente, el corazón late alrededor de 100.000 veces, y, en 70 años de vida, late 2.500 millones de veces, sin detenerse nunca.

CORAZÓN

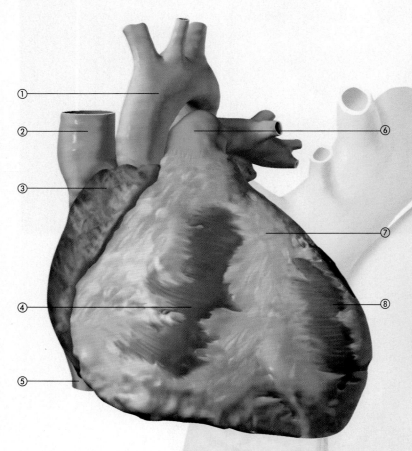

Externamente, el corazón se encuentra rodeado y protegido por una doble membrana resistente, el pericardio. Internamente, se encuentra dividido en dos cavidades, izquierda y derecha, por un septo muscular. Cada mitad tiene una cámara más pequeña llamada aurícula, que recibe sangre y la bombea hacia el ventrículo, que es más grande y con paredes más gruesas, y se encuentra debajo de la aurícula. La aurícula derecha recibe sangre pobre en oxígeno del organismo a través de las venas cavas inferior y superior. La aurícula izquierda recibe sangre rica en oxígeno de los pulmones a través de las venas pulmonares. Los ventrículos se contraen para expulsar la sangre del corazón. El ventrículo derecho bombea sangre pobre en oxígeno a través del tronco y arterias pulmonares hacia los pulmones, el ventrículo izquierdo bombea sangre rica en oxígeno hacia el organismo a través de la aorta.

VÁLVULAS CARDÍACAS

Las válvulas del corazón tienen un papel vital: garantizar que el flujo sanguíneo vaya en la dirección correcta cuando el corazón se contrae y se relaja. Las válvulas auriculoventriculares, entre la aurícula y el ventrículo correspondientes: la válvula mitral a la izquierda y la tricúspide a la derecha, se abren para permitir el flujo de sangre desde las aurículas a los ventrículos, pero se cierran cuando los ventrículos se contraen para impedir que la sangre fluya hacia atrás, a las aurículas. Las válvulas semilunares se ubican en los lugares donde el tronco pulmonar y la aorta, respectivamente, salen del corazón. Estas válvulas permiten que la sangre salga del corazón cuando se contraen los ventrículos, pero se cierran para evitar que la sangre fluya hacia atrás cuando los ventrículos se relajan.

REFERENCIAS

① Arco aórtico
② Vena cava superior
③ Aurícula derecha
④ Ventrículo derecho
⑤ Vena cava inferior
⑥ Tronco pulmonar
⑦ Tejido graso
⑧ Ventrículo izquierdo

Vista anterior del corazón, que muestra los vasos sanguíneos principales a través de los cuales la sangre entra y sale del corazón. El tejido graso, que se encuentra profundo al pericardio, cubre los vasos sanguíneos coronarios.

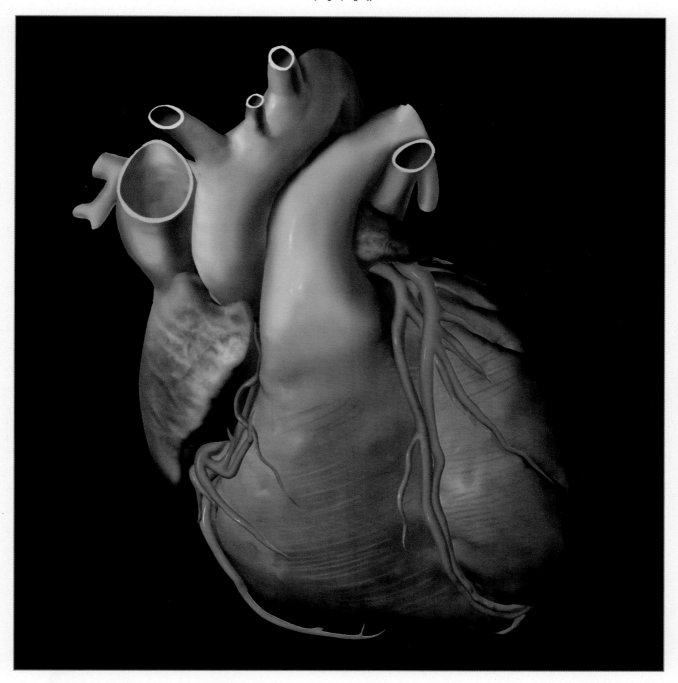

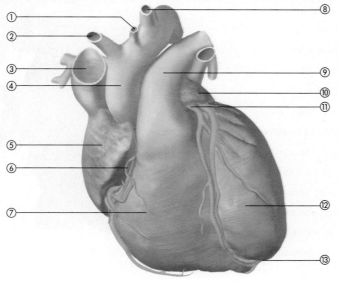

Vista anterior del corazón con el tejido graso eliminado, que revela los vasos sanguíneos coronarios, que suministran combustible y oxígeno al músculo cardíaco.

REFERENCIAS

1. Arteria carótida común izquierda
2. Arteria braquiocefálica
3. Vena cava superior
4. Arco aórtico
5. Aurícula derecha
6. Arteria coronaria derecha
7. Ventrículo derecho
8. Arteria subclavia izquierda
9. Tronco pulmonar
10. Aurícula izquierda
11. Arteria coronaria izquierda
12. Ventrículo izquierdo
13. Ápex

Aunque aparentemente el latido del corazón se compone de una sola contracción, en realidad incluye hasta tres fases que se producen en una secuencia precisamente ordenada, llamada ciclo cardíaco. Cada ciclo dura 0,8 segundo cuando una persona descansa. Las tres fases son la diástole, la sístole auricular y la sístole ventricular.

CORAZÓN

Vista lateral del corazón desde la izquierda, que muestra los vasos sanguíneos coronarios, que rodean el corazón como una corona, y proporcionan al miocardio el combustible y oxígeno necesarios para seguir contrayéndose.

• Diástole: las aurículas y los ventrículos se relajan, la sangre penetra en las aurículas, y parte de ella fluye hacia los ventrículos. Las válvulas semilunares se cierran y se abren las válvulas auriculoventriculares.

• Sístole auricular: los dos aurículas se contraen y empujan la sangre hacia los ventrículos.

• Sístole ventricular: los dos ventrículos se contraen y bombean sangre fuera del corazón. Las válvulas auriculoventriculares se cierran, y las válvulas semilunares se abren.

Cuando las válvulas se cierran, producen los sonidos característicos del corazón, que los médicos escuchan para diagnosticar posibles problemas cardíacos. El cierre de las válvulas auriculoventriculares produce un sonido más prolongado y fuerte, mientras que las válvulas semilunares se cierran con un sonido más corto y seco.

CONTROL DEL RITMO CARDÍACO

La velocidad y secuencia del ciclo cardíaco son controlados desde dentro del corazón. El nódulo sinoauricular, ubicado en la pared de la aurícula derecha, produce impulsos eléctricos a intervalos regulares, y actúa como un marcapasos natural. Estos impulsos se dispersan en las aurículas, haciendo que se contraigan (sístole auricular). Entonces llegan al nódulo auriculoventricular, en la pared interna de la aurícula derecha, que demora la señal por 0,1 segundo para darles tiempo a las aurículas para que se contraigan. Las señales eléctricas son transportadas a las paredes ventriculares por tejidos especializados de conducción, y los ventrículos se

contraen (sístole ventricular). Después de la diástole, otra señal eléctrica es enviada por el nódulo sinoauricular.

La generación del ritmo cardíaco es interna, pero éste es controlado por el sistema nervioso autónomo (ver página 96), y se ajusta según las exigencias del organismo. Dos centros en el bulbo raquídeo controlan los cambios en la composición y presión sanguíneas (ver página 166), y envían señales para alterar el ritmo cardíaco en consecuencia. El centro cardioacelerador envía impulsos a lo largo de las fibras simpáticas para acelerar el ritmo cardíaco, por ejemplo, durante el ejercicio o en situaciones de estrés, cuando los músculos necesitan más oxígeno, mientras que el centro cardioinhibidor envía impulsos a lo largo de las fibras parasimpáticas para reducir el ritmo cardíaco cuando el cuerpo está en descanso. Estas dos ramas del sistema nervioso autónomo ejercen sus efectos alterando el ritmo de "activación" del nódulo sinoauricular.

REFERENCIAS

① Arteria braquiocefálica
② Arteria carótida común izquierda
③ Arco aórtico
④ Tronco pulmonar
⑤ Aurícula izquierda
⑥ Arteria coronaria izquierda
⑦ Ventrículo derecho
⑧ Arteria subclavia izquierda
⑨ Arteria pulmonar izquierda
⑩ Aorta descendente
⑪ Vena coronaria mayor
⑫ Venas pulmonares
⑬ Ventrículo izquierdo
⑭ Vena cava inferior

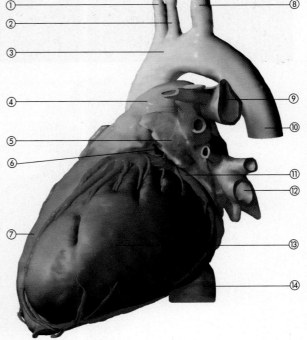

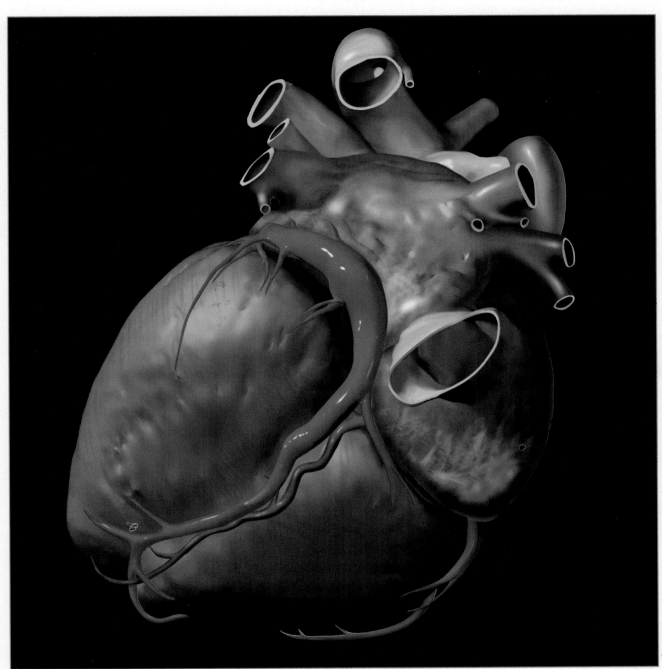

Vista inferior del corazón. Las venas pulmonares derecha e izquierda, que envían sangre rica en oxígeno a la aurícula izquierda, se pueden ver claramente. El seno coronario (la mayor vena cardíaca) recibe sangre pobre en oxígeno del músculo cardíaco y la envía a la aurícula derecha.

REFERENCIAS

1. Aorta descendente
2. Arco aórtico
3. Arteria pulmonar izquierda
4. Venas pulmonares izquierdas
5. Arteria circunfleja
6. Seno coronario
7. Ventrículo izquierdo
8. Arteria intercostal
9. Arteria braquiocefálica
10. Vena cava superior
11. Arteria pulmonar derecha
12. Vena cava inferior
13. Aurícula derecha
14. Ventrículo derecho
15. Aurícula izquierda

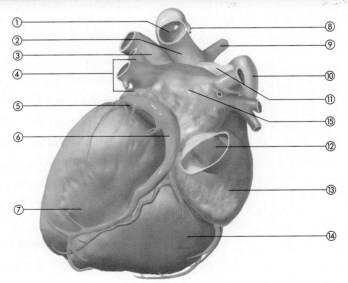

El abdomen comprende la parte inferior del tronco, extendiéndose desde el diafragma –el músculo que lo separa del tórax– hasta la base de la pelvis. Para fines descriptivos, el abdomen se divide normalmente en el abdomen propiamente dicho, que se describe en esta sección, y la pelvis (página 200).

ABDOMEN

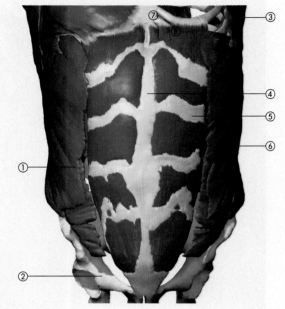

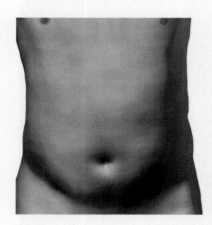

Vista anterior del abdomen, la sección inferior del tronco, separada internamente del tórax por el diafragma.

La pared abdominal se encuentra compuesta en gran parte por músculo (ver página 82), un contraste directo con la caja torácica ósea que rodea el tórax. Los músculos abdominales tienen un papel importante en la protección y mantenimiento de la posición de las vísceras (órganos) dentro de la cavidad abdominal. También flexionan y sostienen el tronco. En su parte anterior, la pared abdominal está formada por el músculo recto abdominal, similar a una correa, ubicado en sentido medial y vertical, y tres pares de músculos ubicados en capas que se extienden sobre el costado del cuerpo para formar la sección lateral de la pared. Estos músculos son (desde el superficial hasta el profundo), el oblico externo, el oblicuo interno y el transverso. Cuando estos músculos tienen buen tono sostienen el contenido del abdomen hacia adentro, pero si no se los ejercita lo suficiente permiten que los órganos presionen hacia afuera, formando una "barriga". La parte posterior de la pared abdominal se encuentra formada por la sección lumbar de la columna vertebral y los músculos cuadrado lumbar y psoas mayor, que se extienden desde la columna vertebral hacia la pelvis y el fémur, respectivamente, y sirven para mantener una postura erguida, el primero, y para flexionar el muslo, el segundo.

La cavidad abdominal está llena de órganos. El estómago, el intestino delgado y el intestino grueso componen la mayor parte del sistema digestivo (ver página 134), y los últimos dos órganos ocupan la mayor parte del espacio dentro de la cavidad abdominal. El hígado y el páncreas son órganos digestivos auxiliares que también tienen otras funciones (ver página 140). El bazo se ocupa de defender el organismo contra las infecciones (ver página 192). Los riñones secretan desechos bajo la forma de orina y ayudan a mantener el equilibrio de agua y sal de los fluidos corporales (ver páginas 148 y 198). Como el diafragma se aboveda hacia arriba, el hígado y el estómago están parcialmente protegidos por las costillas inferiores.

Vista anterior de los músculos abdominales. El abdomen no dispone de un refuerzo óseo, de manera que los músculos de las paredes abdominales anterior y laterales, que se presentan en pares, protegen y sostienen los órganos internos. También flexionan y rotan el tronco.

REFERENCIAS

① Oblicuo externo
② Pelvis
③ Dorsal ancho
④ Línea alba
⑤ Intersección tendinosa
⑥ Recto abdominal
⑦ Esternón
⑧ Costilla

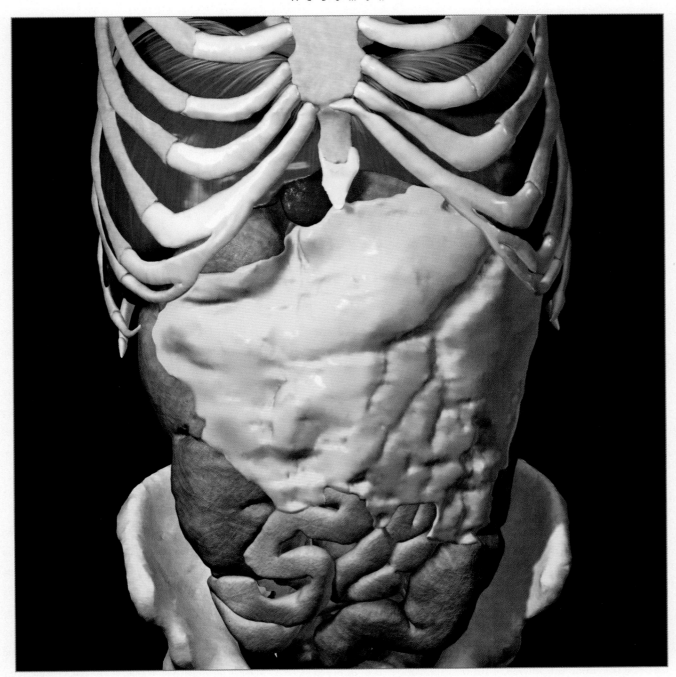

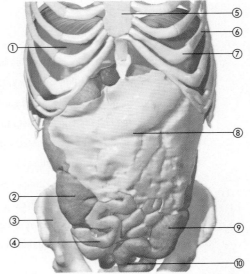

ista anterior del abdomen, con la musculatura abdominal eliminada, que muestra el epiplón mayor, parte de los mesos abdominales, cubriendo parcialmente el estómago y los intestinos. Similar a un delantal en apariencia, el epiplón almacena grasas, ayuda a fijar los órganos digestivos a la pared abdominal y contiene ganglios linfáticos que destruyen los gérmenes patógenos que penetran a través de los órganos abdominales.

REFERENCIAS

① Diafragma
② Colon ascendente
③ Pelvis
④ Íleon
⑤ Esternón
⑥ Costilla (6ª)
⑦ Cartílago costal
⑧ Epiplón mayor
⑨ Colon sigmoide
⑩ Recto

185

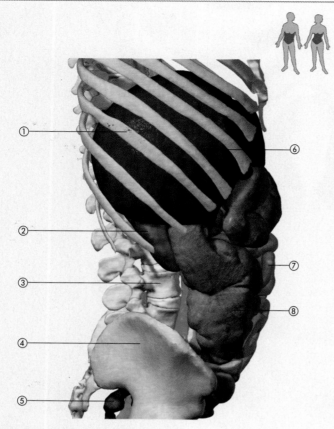

① Costilla
② Riñón derecho
③ Columna vertebral
④ Pelvis
⑤ Recto
⑥ Hígado
⑦ Intestino delgado
⑧ Colon ascendente

ABDOMEN

Internamente, la parte inferior del tronco está ocupada por la cavidad abdominopélvica, cuyo límite superior está formado por el diafragma, y el inferior, por los músculos de la base de la pelvis. Esta cavidad se divide en una sección abdominal, superior, que contiene los órganos digestivos (ver página 134), bazo, riñones y otros, y una sección pélvica, inferior, que contiene el aparato reproductor, la vejiga y el recto (ver páginas 150-157).

Como ocurre con el tórax, la pared de la cavidad abdominopélvica está revestida internamente por una membrana serosa, que también cubre la superficie de los órganos. En los lugares donde reviste la cavidad, la membrana se llama peritoneo parietal, y donde cubre los órganos se denomina peritoneo visceral. El fluido secretado por el peritoneo lubrica sus superficies y permite que los órganos digestivos se deslicen entre sí en forma indolora, mientras se producen los movimientos digestivos. Algunos órganos (entre ellos

Vista lateral del abdomen que muestra el hígado, el intestino delgado y el recto.

REFERENCIAS

los riñones y el páncreas) se encuentran entre el peritoneo y la pared abdominal posterior y se denominan retroperitoneales.

Dentro de la cavidad del peritoneo se forman grandes pliegues que sirven para sostener a los órganos en su lugar, permitiendo al mismo tiempo un cierto grado de movimiento. También contienen vasos sanguíneos y linfáticos, y nervios que se conectan con los órganos abdominales, y actúan como almacenamientos de grasa. Estos pliegues incluyen el mesenterio, el mesocolon y los epiplones mayor y menor.

EL SISTEMA DIGESTIVO FETAL

Los primeros signos del sistema digestivo aparecen dos semanas después de la fertilización. Aparece una bolsa, llamada tubo digestivo embrionario, que más tarde presenta tres partes diferentes: extremo cefálico, tubo embrionario medio y tubo embrionario posterior. A las ocho semanas, el feto ha desarrollado un tubo digestivo continuo, con aperturas en la boca y el ano. El extremo cefálico da origen a la faringe, el esófago, el estómago y parte del duodeno; el tubo embrionario medio forma el resto del intestino delgado y parte del intestino grueso; y el tubo embrionario posterior forma el resto del intestino grueso. Bolsas que salen del extremo cefálico forman los órganos digestivos auxiliares: las glándulas salivales, el hígado, la vesícula biliar y el páncreas. En el útero, el feto recibe todos sus nutrientes desde el cuerpo de la madre a través de la placenta y el cordón umbilical. Sin embargo, el tubo digestivo comienza a operar cuando el feto traga algo del líquido amniótico que lo rodea. Este fluido contiene sustancias químicas que estimulan la maduración del tubo digestivo, de manera que en el momento del parto está listo para recibir los primeros alimentos.

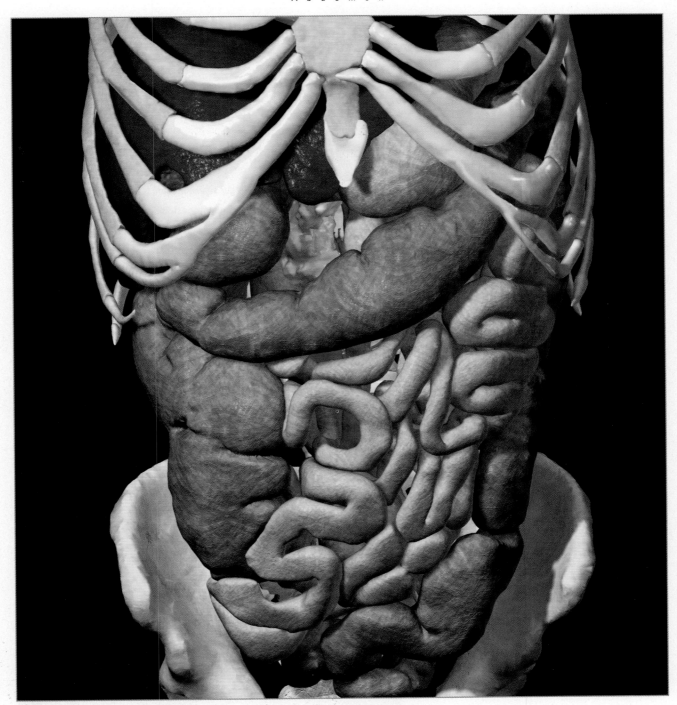

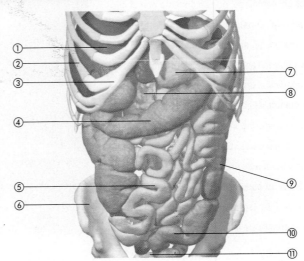

ista anterior del abdomen que muestra su contenido, con el epiplón mayor eliminado.

REFERENCIAS

① Hígado
② Costilla
③ Cartílago costal
④ Colon transverso
⑤ Íleon
⑥ Pelvis
⑦ Estómago
⑧ Páncreas
⑨ Colon descendente
⑩ Colon sigmoide
⑪ Recto

Esta parte expandida del tubo digestivo proporciona una estación de almacenamiento temporario de los alimentos que acaban de tragarse. También secreta jugos que comienzan a digerir las proteínas de los alimentos ingeridos y que, en conjunto con las poderosas contracciones de las tres capas de músculo liso de su pared, producen una pasta semilíquida llamada quimo, que a continuación se transfiere al intestino delgado. Esta función de almacenamiento es fundamental, porque los alimentos se ingieren a través de la boca a mayor velocidad de la que el intestino delgado emplea para digerirlos y absorberlos. Si no estuviera el estómago para demorar su llegada, los alimentos pasarían por el tubo digestivo demasiado rápidamente como para poder ser digeridos (ver página 132). De todos modos, la ausencia de estómago no es incompatible con la vida.

ESTÓMAGO

Parcialmente oculto por el hígado y el diafragma, el estómago se encuentra sobre el lado izquierdo de la cavidad abdominal. Tiene cuatro regiones principales (ver página 138). La región cardíaca es la parte superior, que rodea la apertura desde el esófago. El fondo es la parte superior abovedada. El cuerpo es la parte media del estómago y el antro y el conducto pilóricos forman el extremo inferior del estómago, que se conecta con el duodeno. La salida del conducto pilororico (píloro) se encuentra cerrada por un anillo muscular, el esfínter pilórico. Mientras que la región cardíaca y el píloro son relativamente inmóviles, el fondo y el cuerpo se expanden activamente cuando el estómago se llena de alimentos, y se mueven cuando los músculos se contraen para desmenuzar los alimentos. Cuando está vacío, el estómago tiene un volumen de unos 50 ml, y su revestimiento interno está lleno de pliegues. Después de una comida, la pared estomacal se estira, los pliegues desaparecen y el volumen aumenta hasta 4 litros.

La superficie superior cóncava del estómago forma su curvatura menor, mientras que la superficie inferior convexa forma la curvatura mayor. Dos repliegues peritoneales (el epiplón mayor y el epiplón menor) unen el estómago con otros órganos y con la pared abdominal. El epiplón mayor se extiende desde la curvatura mayor para cubrir el intestino delgado, y luego forma un bucle hacia arriba para unirse a la pared abdominal posterior. En los lugares donde cuelga hacia abajo forma un delantal graso, porque está lleno de depósitos de grasa. También contiene varios ganglios linfáticos, que protegen los órganos abdominales contra las infecciones. El epiplón menor se extiende desde el hígado hasta la curvatura menor del estómago.

Superficie interior del estómago, que muestra los pliegues o arrugas de sus paredes. Los pliegues aumentan considerablemente la superficie disponible, de manera que después de una comida el volumen aumenta hasta 4 litros.

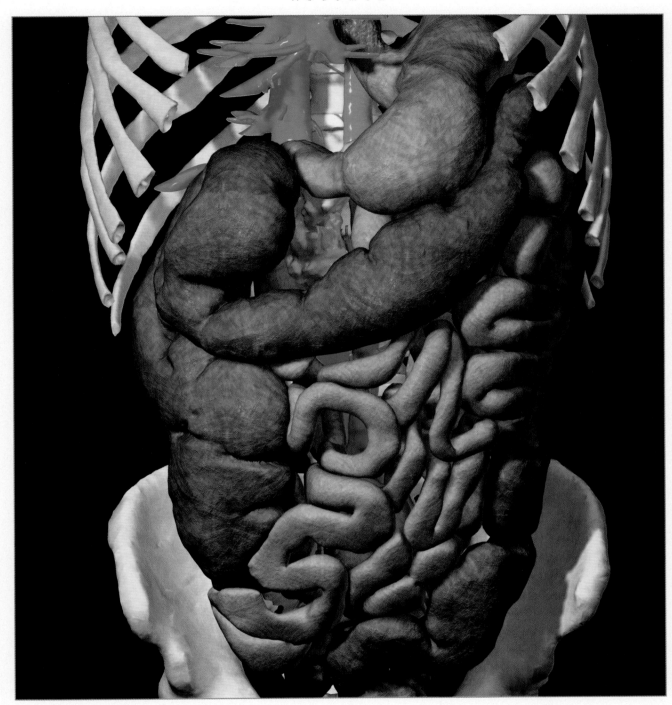

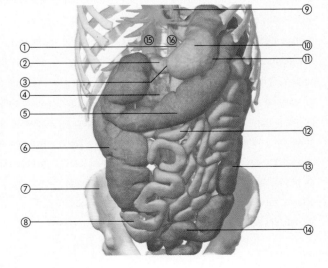

ista anterior del abdomen, con el hígado y los cartílagos costales eliminados.

REFERENCIAS

① Curvatura menor del estómago

② Duodeno

③ Esfínter pilórico

④ Páncreas

⑤ Colon transverso

⑥ Colon ascendente

⑦ Pelvis

⑧ Íleon

⑨ Esófago

⑩ Estómago

⑪ Curvatura mayor del estómago

⑫ Yeyuno

⑬ Colon descendente

⑭ Colon sigmoide

⑮ Vena cava inferior

⑯ Aorta

El hígado tiene un papel fundamental en el mantenimiento de la composición de la sangre. Se divide en dos lóbulos, de los cuales el derecho es mayor que el izquierdo, separados por el ligamento falciforme, una parte del peritoneo que conecta el hígado con la pared anterior del abdomen. En la superficie inferior del hígado está el surco transverso, una apertura a través de la cual la vena porta hepática –que trae sangre rica en nutrientes desde el intestino delgado– y la arteria hepática –una ramificación del tronco celíaco desde

HÍGADO
Y VESÍCULA BILIAR

la aorta que transporta sangre rica en oxígeno– entran en el hígado, y el conducto hepático común, que transporta la bilis, sale de él. En la parte superior, las venas hepáticas derecha e izquierda, que transportan sangre fuera del hígado, desembocan directamente en la vena cava inferior, que pasa en sentido vertical detrás del hígado.

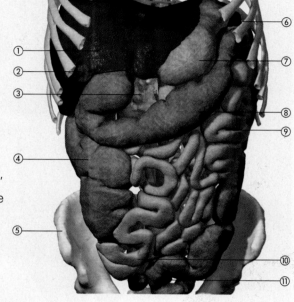

Dentro del hígado, millones de células hepáticas, o hepatocitos, procesan los nutrientes recientemente absorbidos, eliminan las toxinas, secretan proteínas, liberan los nutrientes de sus lugares de almacenamiento y secretan bilis. Los hepatocitos se organizan en miles de lóbulos hexagonales, cada uno de un milímetro de diámetro aproximadamente. Dentro del lóbulo hay cadenas de hepatocitos de una célula de ancho que se disponen en forma de abanico a partir de una vena central que desemboca en la vena hepática. Entre estas cadenas de hepatocitos hay conductos sanguíneos llamados sinusoides. En los ángulos del hexágono hay ramificaciones de la vena porta hepática y la arteria hepática, que envían sangre para para que los hepatocitos procesen proteínas y para nutrirlos, respectivamente. La bilis (parte producto excretorio, parte agente digestivo) secretada por los hepatocitos pasa por pequeños canalículos biliares, también ubicados en las esquinas de los lóbulos, que desembocan en los conductos hepáticos.

VESÍCULA BILIAR

La vesícula biliar se encuentra ubicada en una pequeña depresión en la parte anterior de la pared inferior del hígado, y se encuentra conectada a él a través del conducto hepático común y el conducto cístico. Es una bolsa muscular de color verde, de unos 10 centímetros de largo, que almacena y concentra la bilis producida por el hígado. A medida que se llena de bilis (el hígado libera aproximadamente un litro por día), la vesícula biliar se estira y su superficie interna, llena de pliegues, se alisa. Cuando el quimo (alimento semilíquido) entra al duodeno desde el estómago, en el intestino se secreta colecistoquinina, una hormona que hace que la vesícula biliar se contraiga, expulsando bilis por el conducto cístico que, a través del conducto caédoco, llega al duodeno, donde colabora en la digestión de las grasas.

Vista anterior del abdomen, que muestra el hígado, la vesícula biliar, el páncreas, el bazo y los intestinos.

REFERENCIAS

1 Hígado
2 Vesícula biliar
3 Páncreas
4 Colon ascendente
5 Ilion
6 Bazo
7 Estómago
8 Colon transversal
9 Jejuno
10 Íleon
11 Colon sigmoide

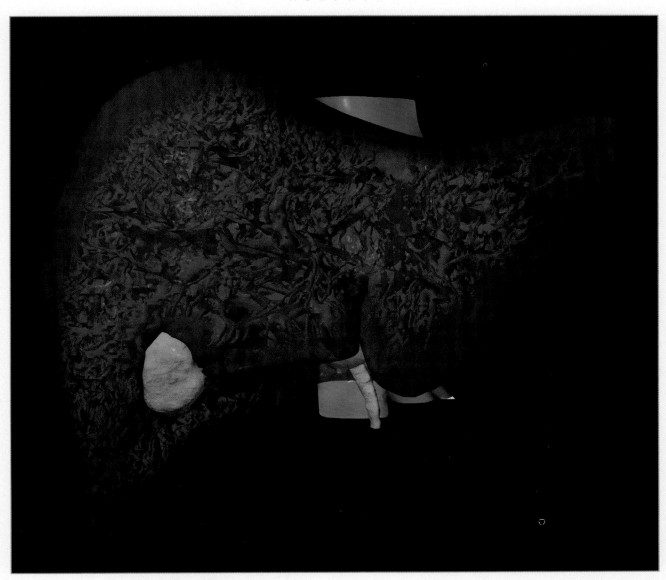

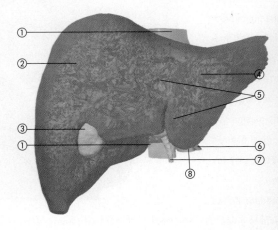

ista anterior del hígado, que muestra la vesícula biliar e, internamente, la extensa red de arterias y venas.

REFERENCIAS

1. Vena cava inferior
2. Lóbulo derecho del hígado
3. Vesícula biliar
4. Lóbulo izquierdo del hígado
5. Ramificaciones de la vena porta hepática y la arteria hepática
6. Arteria hepática
7. Conducto hepático común
8. Vena porta

ista interior de la vesícula biliar y su salida a través del conducto cístico. Cuando la vesícula biliar contiene poca bilis, su revestimiento interno forma pliegues, como vemos aquí. Estos pliegues desaparecen cuando la vesícula biliar se llena de bilis y se expande.

191

El bazo, del tamaño de un puño, se encuentra ubicado sobre el lado izquierdo de la cavidad abdominal, debajo del diafragma. Con 12 centímetros de largo, el bazo es el órgano linfático de mayor tamaño (ver página 124) y tiene dos funciones principales: es parte del sistema inmunológico y se ocupa de la limpieza de la sangre. En el feto, el bazo produce glóbulos rojos, una función que cesa después del nacimiento. El bazo se encuentra rodeado por una cápsula fibrosa protectora, y tiene un hilio, o indentación, en uno de los costados, a través del cual entran los vasos sanguíneos. El bazo es irrigado por la arteria esplénica, una rama del tronco celíaco, que a su vez es una rama de la aorta, y la vena esplénica, que desemboca en la vena porta hepática. No hay suministro linfático aferente hacia el bazo, de manera que, al contrario de lo que ocurre con los ganglios linfáticos, el bazo no "filtra" linfa.

REFERENCIAS

① Estómago
② Bazo
③ Colon transverso
④ Riñón izquierdo
⑤ Colon descendente
⑥ Yeyuno
⑦ Íleon
⑧ Colon sigmoide

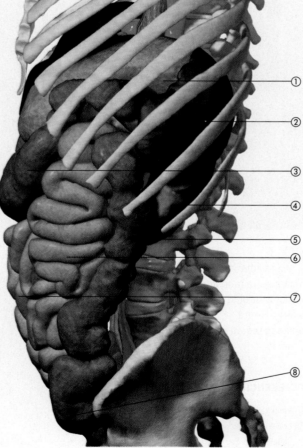

Bazo

Vista lateral izquierda del abdomen, que muestra el bazo, en relación con las tres últimas costillas, con el estómago, con el ángulo izquierdo del colon y con el riñón izquierdo.

Dentro del bazo, hay dos tipos de tejido diferentes. En torno a las ramas más pequeñas de la arteria esplénica hay racimos de lo que se denomina pulpa blanca, que se compone de linfocitos suspendidos en fibras, y es la parte del bazo que está involucrada en la respuesta inmunológica. Aquí, los linfocitos B proliferan y generan las células de plasma que producen anticuerpos, que atacan gérmenes patógenos específicos y los marcan para su destrucción.

Formando un "mar" alrededor de las "islas" de la pulpa blanca está la pulpa roja, una zona de tejido conectivo y espacios sanguíneos ricos en fagocitos, llamados macrófagos, y glóbulos rojos (ver página 122). Los macrófagos eliminan gérmenes transportados por la sangre, como bacterias y virus, envolviéndolos y digiriéndolos. También tienen un rol fundamental en el mantenimiento de la calidad de la sangre circulante, eliminando glóbulos rojos agotados y plaquetas (el bazo también almacena plaquetas), al igual que restos celulares y toxinas. Los macrófagos también almacenan productos de desecho recogidos de los glóbulos rojos, como hierro, para volver a ser utilizados por la médula ósea con el fin de producir nuevos glóbulos rojos.

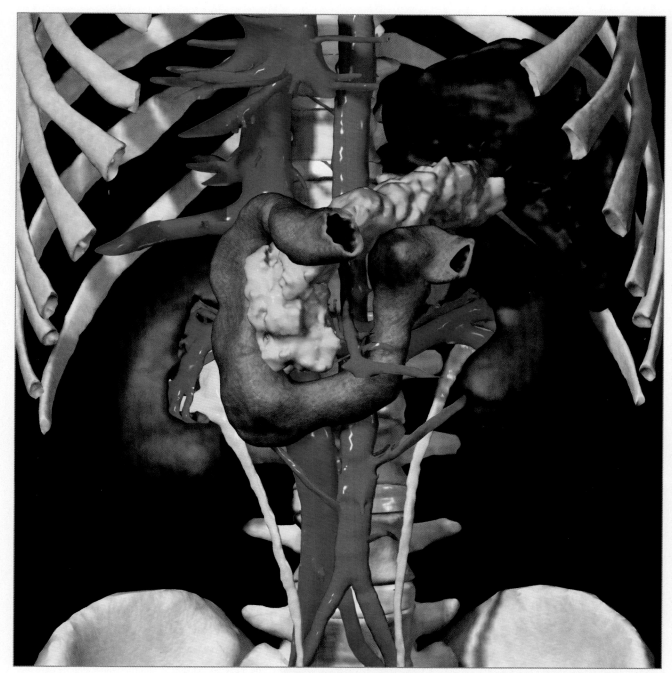

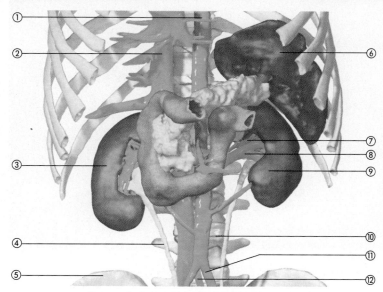

ista anterior de la
cavidad abdominal.
Con el hígado, el
estómago y los
intestinos eliminados,
el bazo y los riñones
se pueden ver
fácilmente.

REFERENCIAS

① Aorta abdominal

② Vena cava inferior

③ Riñón derecho

④ Uréter derecho

⑤ Pelvis

⑥ Bazo

⑦ Arteria renal

⑧ Vena renal

⑨ Riñón izquierdo

⑩ Columna vertebral

⑪ Arteria ilíaca común

⑫ Vena ilíaca común

193

El intestino delgado da varias vueltas desde su inicio en el esfínter pilórico —el punto de salida desde el estómago— hasta la válvula ileocecal, la entrada al intestino grueso (ver página 144). Con tres metros de largo en una persona viva y unos siete metros en un cadáver —debido a la pérdida de tono muscular—, el intestino delgado es la parte más extensa del tubo digestivo y la más importante. Ocupa la mayor parte de la porción inferior del abdomen. Las etapas finales de la digestión se producen allí: los nutrientes son reducidos a sus componentes simples y son absorbidos por el organismo a través de la pared del intestino delgado.

INTESTINO DELGADO

El intestino delgado se divide en tres secciones: el duodeno (ver página 142), el yeyuno y el íleon. El duodeno tiene unos 25 centímetros de largo, y recibe secreciones desde el hígado y el páncreas. El yeyuno y el íleon, que es más largo, se extienden desde el duodeno hasta la válvula ileocecal. Se encuentran suspendidos como salchichas del mesenterio, que es un doble pliegue de peritoneo parietal en forma de abanico, que conecta la mayor parte del intestino delgado a la pared posterior del abdomen. Además de sostener el intestino delgado, el mesenterio también contiene las arterias intestinales, ramas de la arteria mesentérica superior, que sale de la aorta, que irrigan todas las partes del intestino delgado con sangre rica en oxígeno. La sangre pobre en oxígeno, pero rica en nutrientes, sale del intestino delgado a través de la vena mesentérica superior, que desemboca en la vena porta hepática, que lleva sangre directamente al hígado.

Internamente, el intestino delgado se encuentra adaptado para la función de digestión y absorción, ya que contiene pliegues circulares que aumentan la superficie interna. Estos pliegues están cubiertos por diminutas proyecciones similares a dedos, llamadas vellosidades, que hacen que la superficie del intestino delgado tenga un aspecto similar a una toalla, y aumentan la superficie disponible para la digestión. Las paredes del intestino delgado contienen una capa circular y una longitudinal de músculo liso, que se contraen rítmicamente para mezclar los alimentos (segmentación) o empujarlos hacia el intestino grueso (peristaltismo, ver página 138).

Superficie interna del duodeno, que muestra el esfínter pilórico, en forma de estrella. Se puede observar también la superficie áspera. Esto se debe a diminutas vellosidades, similares a dedos, que cubren sus paredes internas.

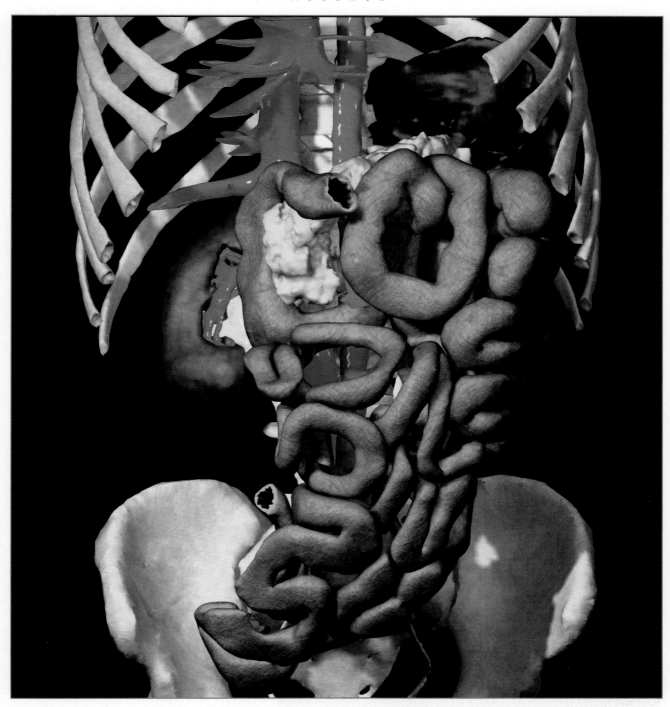

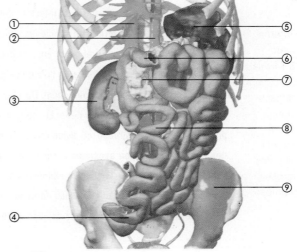

ista anterior de la cavidad abdominal con el intestino grueso, el hígado y el estómago eliminados. El intestino delgado es la parte más larga del tubo digestivo.

REFERENCIAS

① Vena cava inferior

② Aorta abdominal

③ Riñón derecho

④ Íleon

⑤ Bazo

⑥ Duodeno

⑦ Páncreas

⑧ Yeyuno

⑨ Pelvis

El intestino grueso, la sección final del tubo digestivo, mide un metro y medio de largo en una persona viva, y es bastante más ancho que el intestino delgado. El intestino grueso se extiende desde la válvula ileocecal, donde se une al intestino delgado, hasta el ano, la apertura inferior del tubo digestivo (ver página 134). El rol principal del intestino grueso es recibir desechos líquidos indigeribles a través de la válvula ileocecal y, a medida que estos desechos son empujados a través de él mediante ondas de peristaltismo, absorber agua y sales de los desechos para formar heces semisólidas que son expulsadas a través del ano. Los desechos líquidos (1,5 litro) que ingresan todos los días en el intestino grueso se procesan dentro de las 12 horas para formar 450 gramos de heces semisólidas.

INTESTINO GRUESO

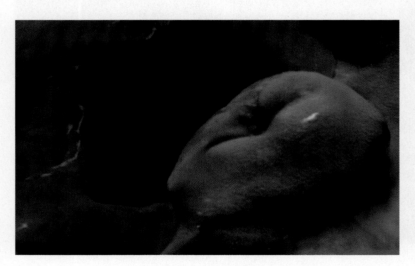

Superficie interna del intestino ciego donde se ve la válvula ileocecal, que lo separa del intestino delgado. Esta válvula, que se abre en un solo sentido, permite que los desechos líquidos indigeribles ingresen en el intestino grueso.

El intestino grueso, que rodea al intestino delgado por tres lados, se divide en cuatro secciones: el intestino ciego, el colon, el recto y el canal anal. El intestino ciego, que es pequeño y en forma de bolsa, cuelga hacia abajo debajo de la válvula ileocecal. De él se proyecta el apéndice, en forma de dedo. El colon, la parte principal del intestino grueso, se divide en cuatro regiones diferentes. El colon ascendente pasa hacia arriba sobre el lado derecho de la cavidad abdominal, y se dobla en ángulo recto en el ángulo cólico derecho (hepático). El colon transverso atraviesa la cavidad abdominal y se dobla hacia abajo en el ángulo cólico izquierdo (esplénico). El colon descendente pasa hacia abajo sobre el lado izquierdo de la cavidad abdominal y entra en la pelvis como colon sigmoide, en forma de "S". El colon transverso y el colon sigmoide están fijados a la pared abdominal posterior mediante láminas peritoneales llamadas mesocolones. Las demás partes del colon son retroperitoneales. Mientras que la pared del colon tiene dos capas de músculo, como la mayoría de las demás partes del tubo digestivo, la capa longitudinal externa se reduce a tres cintas de músculo llamadas cintas tenías o bandeletas cólicas. El tono muscular producido por las cintas hace que el colon forme bolsas llamadas haustros.

El recto, de 20 centímetros de largo, tiene tres curvas laterales, reflejadas internamente por pliegues transversales llamados válvulas rectales. Estos pliegues separan las heces de los flatos (gas producido en el intestino grueso por bacterias), de manera que los 500 mililitros de flatos que se producen, como promedio, diariamente se puedan eliminar por el ano sin expulsar las heces al mismo tiempo. El canal anal, que se abre al exterior a través del ano, contiene dos músculos esfínteres, externo (voluntarios) e interno (involuntarios) , que se relajan sólo durante la defecación.

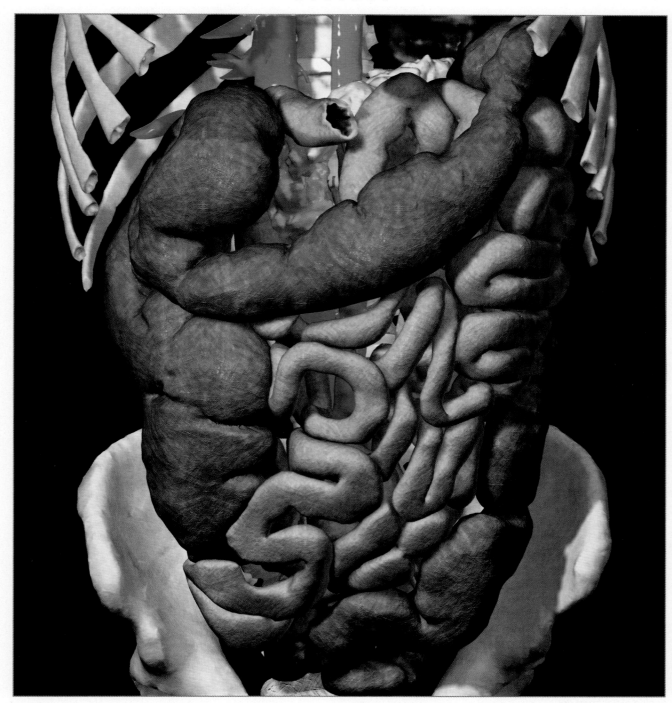

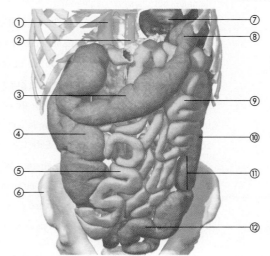

ista anterior del abdomen, con el hígado, el estómago y el bazo eliminados.

REFERENCIAS

1. Vena cava inferior
2. Aorta abdominal
3. Colon transverso
4. Colon ascendente
5. Íleon
6. Pelvis
7. Bazo
8. Ángulo cólico izquierdo (esplénico)
9. Yeyuno
10. Colon descendente
11. Haustro
12. Colon sigmoide

Los riñones son los órganos principales del sistema urinario (ver página 146). Están a cargo de la excreción del organismo de la mayor parte de los desechos metabólicos producidos por las células, y de eliminar el exceso de agua y sales, a fin de mantener la composición estable y el volumen de la sangre y otros fluidos corporales.

RIÑÓN

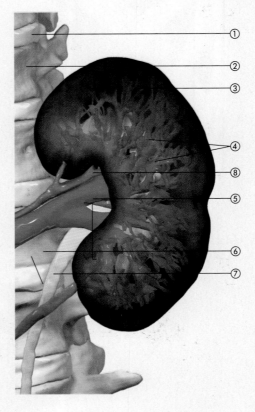

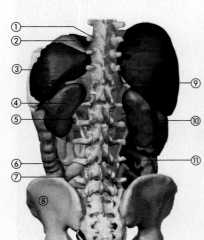

Los riñones son dos órganos que se encuentran en posición retroperitoneal (entre el peritoneo parietal y la pared abdominal posterior), uno de cada lado de la sección lumbar superior de la columna vertebral. En esta posición, se encuentran relativamente protegidos por las costillas inferiores. El riñón derecho se encuentra normalmente más abajo que el izquierdo.

La superficie interna de cada riñón tiene una indentación, o hilio, que se dirige a un espacio interno llamado seno renal, a través del cual los vasos sanguíneos, linfáticos y nervios entran y salen de los riñones. Internamente, el riñón se divide en tres zonas distintas. La corteza, externa, y la médula, intermedia, que en su superficie interna asume la forma de pirámides medulares en forma de cono, contienen millones de unidades de filtración microscópicas llamadas nefrones (ver página 148).

Los nefrones selectivamente filtran los fluidos de la sangre, devolviendo los materiales útiles y esenciales al torrente sanguíneo, y reteniendo los desechos y el exceso de sales y agua para formar la orina. La orina pasa por conductos recolectores que desembocan a través de las pirámides medulares en la pelvis renal, la zona tercera y central del riñón. Este tubo achatado con forma de embudo se ramifica en cálices, en forma de copa, que cubren las puntas de las pirámides medulares y recogen la orina. El músculo liso en las paredes de los cálices, la pelvis y los uréteres se contrae rítmi-

Vista posterior del abdomen, con las costillas eliminadas. El riñón derecho normalmente está más abajo que el izquierdo, debido al volumen del hígado.

REFERENCIAS

① Columna vertebral
② Estómago
③ Bazo
④ Riñón izquierdo
⑤ Uréter izquierdo
⑥ Colon descendente
⑦ Yeyunoíleon
⑧ Pelvis
⑨ Glándula suprarrenal derecha
⑩ Riñón derecho
⑪ Colon ascendente

Aproximación del riñón izquierdo. El riñón se ha hecho transparente para visualizar su interior. Observe la importante red vascular dentro del riñón.

REFERENCIAS

① Disco intervertebral
② Columna vertebral
③ Riñón izquierdo
④ Ramas de la arteria y vena renales
⑤ Hilio renal
⑥ Vena renal
⑦ Uréter izquierdo
⑧ Arteria renal

camente para expulsar la orina hacia la vejiga. La sangre entra a cada riñón a través de la arteria renal (una rama de la aorta), que se ramifica para formar arterias más pequeñas que pasan entre las pirámides medulares y penetran en la corteza. Las venas de la corteza se unen para formar la vena renal, que desemboca en la vena cava inferior.

Rodeando cada riñón hay tres capas de tejido protector y de sostén. La capa interior, la cápsula renal, es una capa fibrosa que dificulta que las infecciones se extiendan al riñón. La capa grasa o adiposa protege a los riñones contra los golpes y ayuda a aislarlos. La capa externa, la fascia renal, fija los riñones a la pared abdominal.

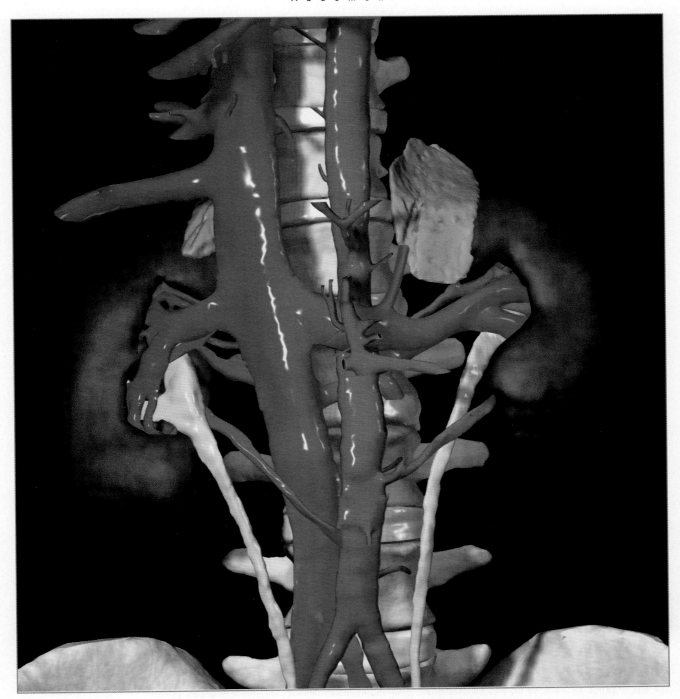

A proximación de los riñones y las glándulas suprarrenales; los órganos que los rodean fueron eliminados. Los riñones son el sistema de filtración del organismo y tienen una irrigación sanguínea muy desarrollada.

REFERENCIAS

① Vena cava inferior
② Columna vertebral
③ Disco intervertebral
④ Aorta abdominal
⑤ Glándula suprarrenal izquierda
⑥ Riñón izquierdo
⑦ Arteria renal izquierda
⑧ Vena renal izquierda
⑨ Uréter izquierdo

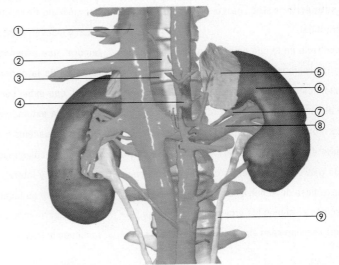

La pelvis, o región pélvica, es la parte inferior del tronco y se encuentra situada entre el abdomen (ver página 184) y las extremidades inferiores. Internamente, la región pélvica se encuentra sostenida por un armazón óseo formado en la parte anterior y lateral por la cintura pélvica, y en la parte posterior por el sacro y el cóccix, en la base de la columna vertebral (ver página 44). En conjunto las dos coxas o coxales (huesos de la cadera), que componen la cintura pélvica, y el sacro y el cóccix forman la pelvis (ver página 53).

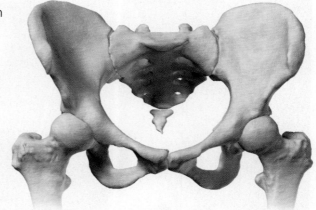

PELVIS

La pelvis ósea rodea la cavidad pélvica, la sección inferior en forma de embudo de la cavidad abdominopélvica, y brinda protección a los órganos que contiene. Los órganos de la pelvis incluyen el colon sigmoide, el recto y el canal anal, las secciones finales del tubo digestivo (ver página 134), la vejiga, las partes inferiores de los uréteres, y la uretra (ver página 146), y los órganos reproductores internos (ver página 150-157). Como ocurre con la cavidad abdominal, la mayor parte de las paredes de la pelvis se encuentra cubierta por el peritoneo parietal. Los órganos contenidos en ella se clasifican como subperitoneales, salvo el ovario, que es intraperitoneal.

Al contrario de lo que ocurre con otras partes del cuerpo, las regiones pélvicas masculina y femenina son anatómicamente diferentes, debido a las diferencias en el tamaño y forma de los huesos, y porque los órganos reproductores masculinos y femeninos son totalmente distintos. La apertura inferior de la pelvis (la salida pélvica) se encuentra cerrada por los músculos de la base de la pelvis, o diafragma pélvico. Estos músculos sostienen los órganos de la cavidad pélvica e impiden que sean empujados hacia abajo por la presión de los órganos abdominales, que se encuentran sobre ellos.

Además de proteger y sostener los órganos internos, la pelvis ósea también presenta una superficie amplia para la inserción de músculos del tronco y los miembros inferiores. Estos últimos incluyen el ilíopsoas, principal músculo flexor de la cadera; los aductores, que rotan y mueven el muslo hacia la línea media; el recto femoral, que extiende la rodilla y flexiona el muslo a la altura de la cadera; los glúteos (músculos de la nalga), que extienden el muslo; y los músculos de la corva, que extienden el muslo y flexionan la rodilla. Entre los músculos que pasan desde la pelvis hacia el tronco se incluyen los músculos de la pared abdominal anterior y lateral, que mantienen los órganos abdominales en su lugar y rotan el tronco, y los músculos de la parte inferior de la espalda, que extienden y sostienen el tronco.

La superficie amplia de la pelvis ósea aloja y protege los delicados órganos de su interior. También ofrece una amplia superficie para la inserción de músculos.

Todas las imágenes de este capítulo son de pelvis femeninas.

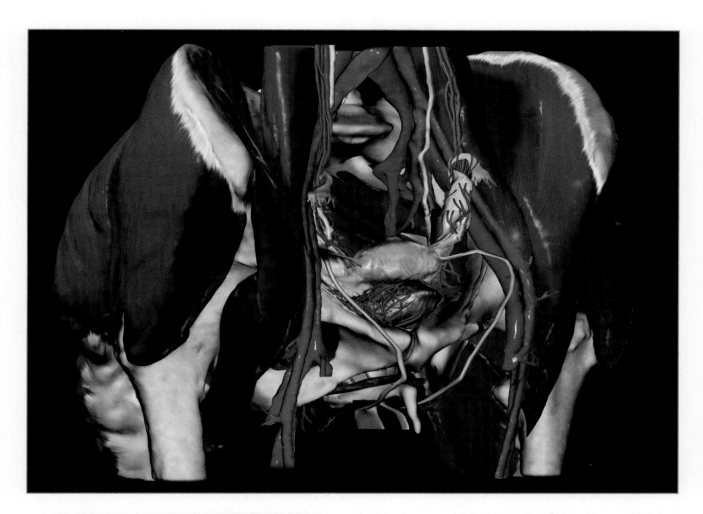

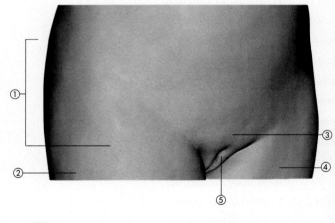

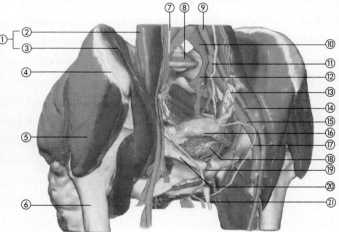

Vista externa anterolateral de la pelvis femenina desde el lado derecho, que muestra la pelvis como el área entre el abdomen y las extremidades inferiores. Entre los muslos, los labios mayores rodean el vestíbulo vaginal.

REFERENCIAS

① Pelvis
② Muslo derecho
③ Monte de Venus
④ Muslo izquierdo
⑤ Labio mayor

Vista anterolateral de la pelvis femenina, con la piel y los músculos superficiales eliminados.

REFERENCIAS

① Iliopsoas
② Psoas mayor
③ Ilíaco
④ Cresta ilíaca
⑤ Tensor de la fascia lata
⑥ Fémur
⑦ Uréter (derecho)
⑧ Sacro
⑨ Arteria ilíaca común
⑩ Vena ilíaca común
⑪ Arteria ilíaca interna

⑫ Vena ilíaca interna
⑬ Ovario
⑭ Arteria ilíaca externa
⑮ Vena ilíaca externa
⑯ Útero
⑰ Ligamento redondo del útero
⑱ Vejiga
⑲ Sínfisis púbica
⑳ Pubis
㉑ Clítoris

La vejiga almacena la orina que producen los riñones de forma continua (ver páginas 148 y 198) y que transportan los uréteres. En el varón, este órgano subperitoneal está ubicado en posición anterior al recto y posterior a la sínfisis púbica (ver página 153), y el peritoneo parietal lo mantiene en su lugar. Cuando está vacía, la vejiga tiene un aspecto aplanado, pero al llenarse primero se parece a una esfera y luego toma la forma de una pera. En la base, la vejiga desemboca en la uretra, el tubo que transporta la orina hacia el exterior. La liberación de la orina se controla a través de dos músculos esfinterianos: el esfínter interno de la uretra, ubicado en la unión entre la vejiga y la uretra, que es involuntario; y el esfínter externo de la uretra, ubicado donde ésta atraviesa los músculos del diafragma urogenital, que es voluntario.

PELVIS

La uretra masculina tiene alrededor de 20 centímetros de largo, se abre en la punta del pene y tiene tres secciones. La uretra prostática se extiende hasta alrededor de 2,5 centímetros desde la base de la vejiga y está rodeada por la próstata, que forma parte del aparato reproductor (ver página 150). La uretra membranosa tiene alrededor de 2 centímetros de largo y atraviesa el diafragma urogenital. La parte restante de la uretra, que es la más larga, es la uretra esponjosa, que está rodeada por el cuerpo esponjoso y tiene su porción terminal en el pene (ver página 153).

Los principales órganos sexuales masculinos (los testículos, productores de espermatozoides, y el pene) están ubicados fuera de la pelvis (ver páginas 150-153). Las estructuras reproductoras masculinas internas son los conductos que unen los testículos con el pene y las glándulas accesorias, que liberan secreciones que formarán parte del semen. El conducto deferente, que transporta el esperma desde los testículos hasta el pene, hace un bucle alrededor del hueso púbico, se arquea sobre el uréter y atraviesa el extremo posterior de la vejiga antes de unirse a la uretra dentro de la próstata (ver página 153). Antes de unirse con la uretra, se une con el conducto de la vesícula seminal para formar, el conducto eyaculador. Las vesículas seminales producen alrededor del 60 por ciento del semen y suministran nutrientes a los espermatozoides. Las secreciones seminales se mezclan con el esperma en los conductos eyaculadores antes de la eyaculación. La próstata tiene aberturas de tipo trampa de una sola vía que liberan las secreciones prostáticas, que constituyen alrededor del 30 por ciento del semen, en la mezcla de fluido seminal/esperma a medida que se bombea hacia la uretra prostática antes de la eyaculación. Dos glándulas bulbouretrales, ubicadas una a cada lado de la uretra esponjosa, en la raíz del pene, liberan una secreción traslúcida, similar al moco, en la uretra durante la excitación sexual. Esta secreción neutraliza la acidez de la uretra y la hace más "amigable para los espermatozoides".

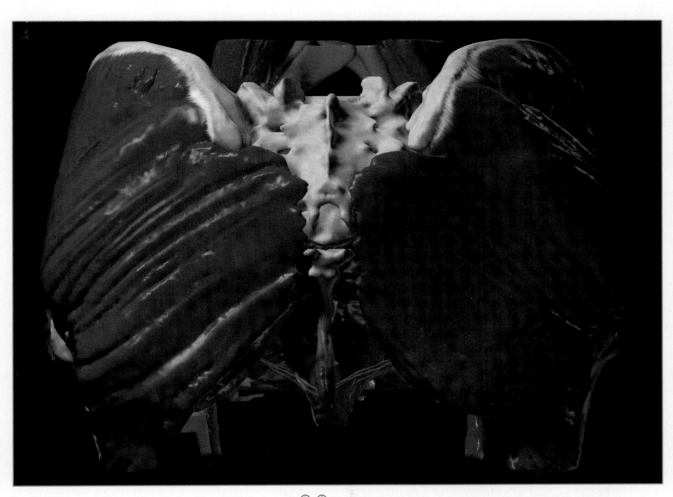

REFERENCIAS

① Arteria ilíaca común
② Vena ilíaca común
③ Cresta ilíaca
④ Glúteo medio
⑤ Sacro
⑥ Glúteo máximo o mayor
⑦ Cóccix
⑧ Músculo elevador del ano
⑨ Ano

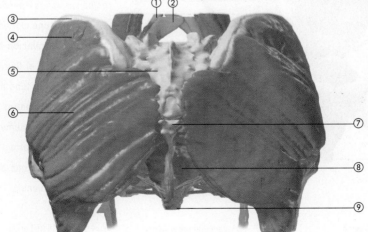

Vista posterior de la pelvis femenina. Los glúteos extienden el muslo durante movimientos tales como escalar y saltar. El sacro y el cóccix, que constituyen el extremo inferior de la columna vertebral, se unen con los dos huesos de la cadera (coxales) para formar la pelvis.

En comparación con el aparato reproductor masculino, hay más cantidad de órganos reproductores femeninos (incluyendo los órganos sexuales principales, los ovarios) ubicados dentro de la cavidad pelviana. Los dos ovarios, que tienen forma de almendra y liberan óvulos, están ubicados a ambos lados del útero. Cada ovario se mantiene en su lugar por medio del ligamento suspensorio, que lo fija de forma lateral a la pared de

PELVIS

la pelvis, y por el ligamento uteroovárico, que lo une de forma medial al útero. El ligamento suspensorio forma parte de un pliegue peritoneal denominado ligamento ancho del útero, que también sostiene las trompas, el útero y la vagina.

Las trompas uterinas son conductos estrechos, cada uno de los cuales tiene alrededor de 10 centímetros de longitud, que transportan los óvulos desde los ovarios hacia el útero y suministran el lugar donde se lleva a cabo la fertilización. El extremo distal de cada trompa aumenta de tamaño para formar el pabellón, que termina en estructuras similares a dedos denominadas fimbrias, que rodean al ovario, pero no forman un enlace directo con él. Todos los meses se libera un óvulo hacia la cavidad peritoneal, y las fimbrias lo "atrapan" y lo envían a través de una de las trompas por medio del movimiento de los pequeños cilios, semejantes a pelos, que la revisten internamente.

El útero tiene forma de pera invertida y está ubicado detrás de la vejiga y delante del recto. El órgano se mantiene en su lugar mediante el mesometrio, parte del ligamento ancho del útero, y de los ligamentos redondos, que lo fijan a la pared anterior del abdomen. La parte principal del útero es el cuerpo; la parte superior, donde se unen las trompas, se denomina fondo; la parte inferior, más angosta, el istmo, desemboca en el cuello del útero, que lo une con la vagina. A los lados del útero se halla el parametrio, espacio entre las dos hojas del ligamento ancho por donde el órgano recibe sus vasos y nervios.

La vagina une el útero con el exterior, recibe al pene durante la relación sexual, transporta al bebé durante el parto y el flujo menstrual durante el período menstrual. Es un tubo muscular de paredes finas, de entre 8 y 10 centímetros de longitud. Por lo general está aplanada, pero aumenta considerablemente de tamaño durante el parto y el acto sexual. Su abertura se ubica en la vulva, que es la parte externa del aparato reproductor femenino.

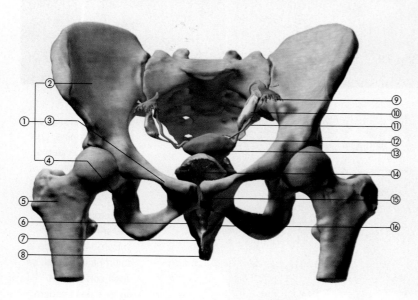

Esta vista anterior de la pelvis femenina muestra los órganos reproductores y la vejiga. Este aspecto enfatiza el rol protector que cumplen los huesos de la pelvis, ya que envuelven totalmente a estos órganos blandos.

REFERENCIAS

① Coxal
② Ilion
③ Pubis
④ Isquion
⑤ Fémur
⑥ Vagina
⑦ Recto
⑧ Ano
⑨ Fimbrias
⑩ Ovario
⑪ Trompa uterina
⑫ Ligamento uteroovárico
⑬ Útero
⑭ Vejiga
⑮ Sínfisis púbica
⑯ Uretra

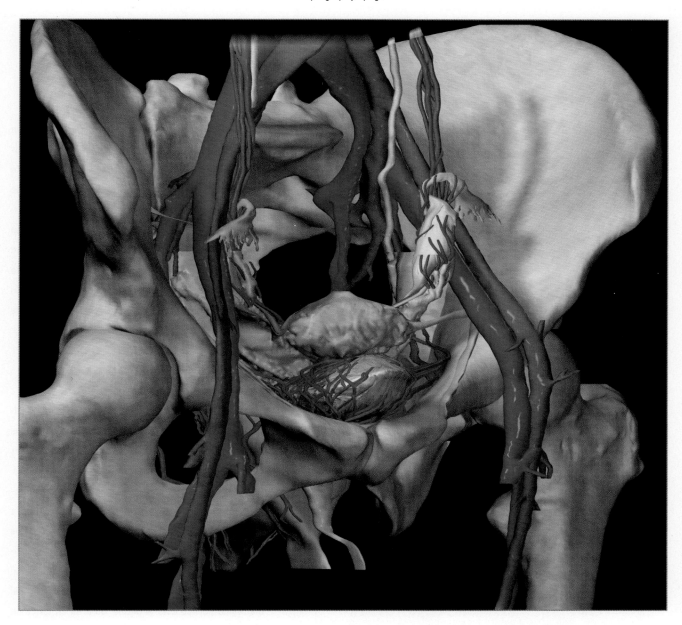

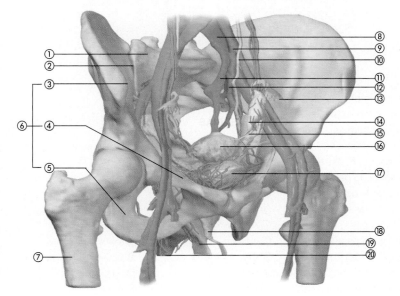

Vista anterolateral de la pelvis femenina desde el lado derecho, con la piel y los músculos eliminados. Alrededor de los órganos reproductores y urinarios se encuentran las arterias y venas ilíacas, ramas de la aorta y tribularias de la vena cava inferior, respectivamente que transportan sangre hacia y desde los órganos pélvicos y los miembros inferiores.

REFERENCIAS

1. Sacro
2. Articulación sacroilíaca
3. Ilion
4. Pubis
5. Isquion
6. Coxal
7. Fémur
8. Vena ilíaca común
9. Arteria ilíaca común
10. Uréter
11. Vena ilíaca interna
12. Arteria ilíaca interna
13. Fimbrias
14. Ovario
15. Trompa uterinas
16. Útero
17. Vejiga
18. Uretra
19. Vagina
20. Recto

En la mujer, la vejiga está ubicada detrás de la sínfisis púbica y delante del útero. La superficie superior está recubierta por el peritoneo, pero éste forma un pliegue detrás de la vejiga y delante del cuello del útero para formar el saco vesicouterino. Normalmente, la vejiga de la mujer es más pequeña que la del varón, debido al espacio adicional que ocupa el útero en la cavidad pélvica.

PELVIS

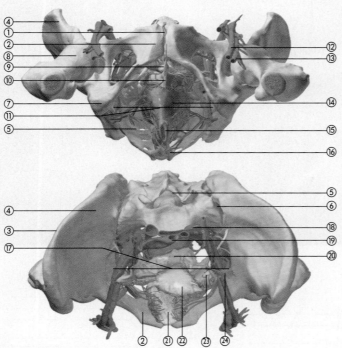

Vista inferior (arriba) y superior (abajo) de la pelvis de la mujer con la piel y los músculos eliminados. El estrecho inferior de la pelvis (la salida de la pelvis) es más ancha en las mujeres que en los varones, dada la adaptación para el parto. Las estructuras que son visibles aquí por lo general se mantienen en su lugar mediante los músculos de la base de la pelvis.

REFERENCIAS

① Sínfisis púbica
② Pubis
③ Cresta ilíaca
④ Ilion
⑤ Sacro
⑥ Articulación sacroilíaca
⑦ Isquion
⑧ Cabeza del fémur
⑨ Uretra
⑩ Vagina
⑪ Salida de la pelvis
⑫ Arteria femoral

⑬ Vena femoral
⑭ Recto
⑮ Ano
⑯ Cóccix
⑰ Entrada de la pelvis
⑱ Vena ilíaca común
⑲ Arteria ilíaca común
⑳ Ligamento ancho del útero
㉑ Vejiga
㉒ Útero
㉓ Ovario
㉔ Fimbrias

Como en el caso de los varones, la uretra sale de la base de la vejiga, donde hay un esfínter interno, y atraviesa el diafragma urogenital, donde hay un músculo esfinteriano externo. La uretra de la mujer, que tiene entre 3 y 4 centímetros de longitud, es mucho más corta que la del hombre; tampoco cumple ninguna función en el sistema reproductor. Unida firmemente a la pared anterior de la vagina por medio de tejido conectivo, la uretra se abre a través de un meato externo, ubicado detrás del clítoris y delante de la vagina, dentro de la vulva.

LA BASE DE LA PELVIS Y EL PERINÉ EN VARONES Y MUJERES

La salida de la pelvis (la apertura inferior de la pelvis) está cerrada por la base de la pelvis y los músculos perineales, que también brindan soporte a los órganos pélvicos y controlan el flujo de orina, semen y heces. Esencialmente, hay tres capas de músculos involucradas. Los músculos de la parte superior de la base de la pelvis, o diafragma pélvico, están compuestos por dos pares de músculos (el elevador del ano y el isquiococcígeo), que elevan la base de la pelvis, resisten la presión intraabdominal y ayudan a contraer el ano. Debajo del diafragma pélvico está el periné, un área en forma de diamante ubicada entre los muslos y la nalga. Dentro del periné y debajo del diafragma pélvico está el diafragma urogenital (formado por los músculos transverso profundo del periné y esfínter externo de la uretra), que rodean la uretra y controlan la liberación de orina. Por debajo del diafragma urogenital y recubierto por la piel del periné están, en la parte anterior, los músculos bulboesponjosos e isquiocavernosos, y el transverso superficial del periné. Estos músculos, en el caso del varón, ayudan a mantener la erección del pene y a eyacular el semen; en el caso de la mujer, colaboran en la erección del clítoris y cierran la abertura de la vagina. En la parte posterior está el esfínter anal externo, que permite el control voluntario de la defecación.

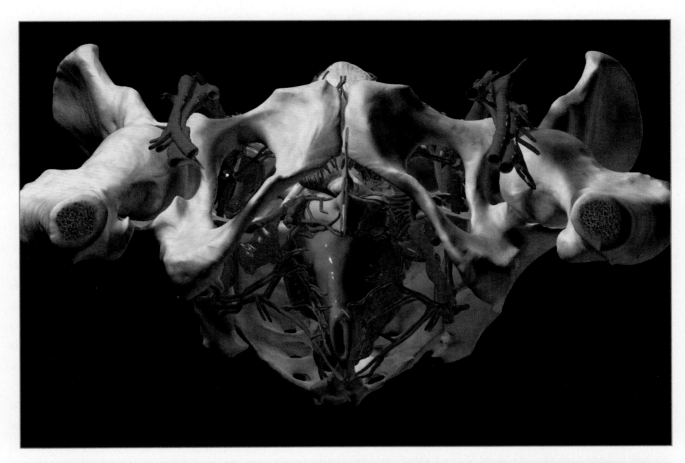

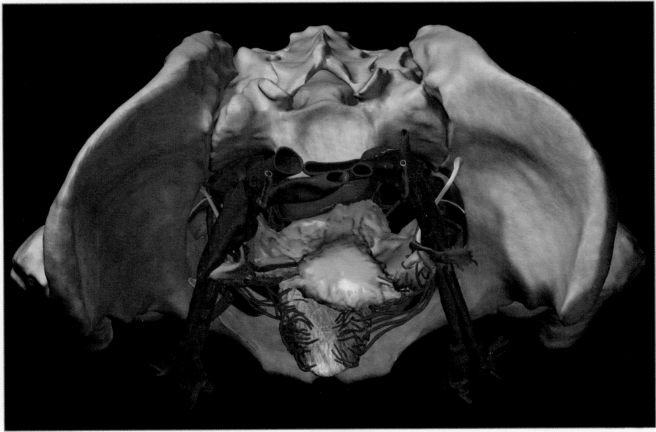

BRAZO Y CODO

Las extremidades superiores, que son muy versátiles, pueden ejecutar una amplia gama de movimientos. Su estructura ósea está formada por el húmero (el hueso del brazo), el radio y el cúbito (huesos del antebrazo), y los huesos del carpo, el metacarpo y las falanges (los huesos de la mano). En posición proximal, el húmero se articula con la escápula en el hombro, formando una articulación esferoidal que permite el movimiento en todas direcciones. En posición distal, el húmero se articula con el radio y el cúbito en el codo, o articulación humeroantebraquial. El codo incluye una articulación en forma de bisagra entre el húmero, el radio y el cúbito, que permite realizar flexión y extensión solamente, y una articulación en forma de pivote entre la cabeza del radio y el cúbito, que permite rotar el antebrazo. Un ejemplo de los efectos combinados de las articulaciones puede ser el servicio o saque del tenis: la articulación del hombro permite que el brazo realice un arco amplio, el codo permite que el brazo se flexione y luego se extienda durante el servicio, mientras que los dedos realizan el asimiento de la raqueta.

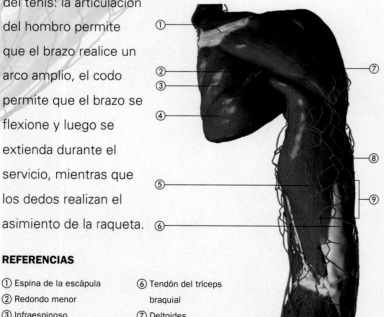

REFERENCIAS

① Espina de la escápula
② Redondo menor
③ Infraespinoso
④ Redondo mayor
⑤ Tríceps braquial
  (cabeza larga)

⑥ Tendón del tríceps
  braquial
⑦ Deltoides
⑧ Tríceps braquial
  (cabeza lateral)
⑨ Venas superficiales

Dos conjuntos de músculos actúan en el brazo y el codo. Nueve músculos atraviesan la articulación del hombro y se insertan en el húmero: el pectoral mayor, el dorsal ancho y el deltoides son los músculos motores principales que intervienen en el movimiento del brazo y reciben la colaboración del mayor, el coracobraquial, el supraespinoso, el infraespinoso, el largo menor y el subescapular (músculos del manguito rotador), que estabilizan la articulación del hombro, que es flexible pero inestable. El segundo conjunto de músculos corresponde a los músculos que atraviesan la articulación del codo. Los músculos de la parte anterior del antebrazo (bíceps braquial, braquial y braquiorradial) flexionan el codo; los músculos de la parte posterior del antebrazo (tríceps braquial y ancóneo) extienden el codo.

Los nervios principales que actúan en el brazo son el nervio musculocutáneo, que inerva los músculos flexores de la parte anterior del brazo; y el nervio axilar, que inerva a los músculos deltoides y redondo menor. Los nervios mediano, cubital y radial atraviesan el brazo hacia el antebrazo, aunque este último también inerva al tríceps braquial.

La sangre llega hasta el brazo a través de la arteria axilar, que, cuando atraviesa la axila, se transforma en la arteria braquial. Esta arteria irriga los músculos de la parte anterior del antebrazo mientras que su rama principal, la arteria braquial profunda, irriga la parte posterior del brazo. Inmediatamente por debajo del codo, la arteria braquial se divide para formar las arterias radial y cubital. La sangre drena desde el brazo a través de las venas braquiales, cefálica y basílica, que se unen en la axila para formar la vena axilar.

Vista posterior del miembro superior derecho donde se ven los músculos del hombro y del brazo y algunas arterias y venas superficiales.

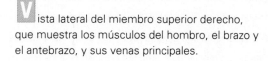

ista lateral del miembro superior derecho,
que muestra los músculos del hombro, el brazo y
el antebrazo, y sus venas principales.

REFERENCIAS

① Deltoides
② Vena cefálica
③ Tríceps braquial
   (cabeza lateral)
④ Extensor común
   de los dedos
⑤ Clavícula
⑥ Vena subclavia

⑦ Vena cava superior
⑧ Vena axilar
⑨ Arteria axilar
⑩ Braquial
⑪ Bíceps braquial
⑫ Braquiorradial
⑬ Extensor carporradial largo
⑭ Extensor carporradial corto

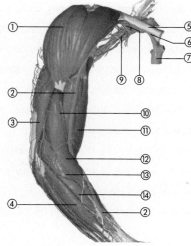

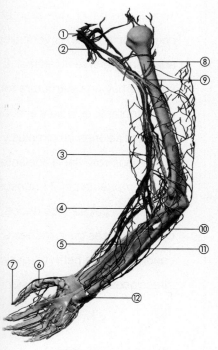

ista anterior del
miembro superior
derecho, que muestra
los huesos y las
arterias y venas
principales.

REFERENCIAS

① Vena cefálica
② Arteria axilar
③ Arteria braquial
④ Arteria radial
⑤ Radio
⑥ Metacarpo del pulgar
⑦ Falange distal del pulgar
⑧ Húmero
⑨ Arteria braquial profunda
⑩ Arteria cubital
⑪ Cúbito
⑫ Retináculo flexor

Una compleja red de huesos, músculos, nervios y vasos sanguíneos hacen que el antebrazo y la mano sean los dispositivos de manipulación más versátiles y eficientes que se pueden encontrar en el reino animal. En la parte inferior de la extremidad superior hay una estructura formada por 29 huesos. Los huesos del antebrazo, el radio y el cúbito, tienen juntas de tipo pivote en las articulaciones proximales y distales que permiten que la palma de la mano rote hacia adelante o hacia atrás. La mano en sí misma está compuesta por 27 huesos (ver página 50), que forman la muñeca, la palma y los dedos. En el lugar donde el radio se une con los huesos de la muñeca, se forma una articulación condiloidea que permite, básicamente, el movimiento en dos direcciones (flexión/extensión y aducción/abducción).

REFERENCIAS

1. Radio
2. Arteria radial
3. Arteria palmar digital
4. Cúbito
5. Membrana interósea
6. Arteria cubital
7. Retináculo del extensor
8. Aponeurosis palmar

Vista anterior del antebrazo derecho y mano donde se ven el radio y el cúbito, la membrana interósea que los une, y las arterias principales.

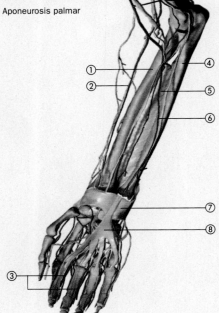

ANTEBRAZO Y MANO

La muñeca y los dedos son movidos principalmente por los músculos del antebrazo (ver página 78). Estos músculos se ahúsan en largos tendones que se insertan en la muñeca, la palma de la mano o los dedos. Los músculos de la parte anterior del antebrazo, en su mayoría, son flexores; entre ellos se incluyen los músculos flexores de la muñeca, como, por ejemplo, el músculo flexor carporradial, y los músculos flexores de los dedos, como, por ejemplo, el flexor digital común superficial. Los músculos de la parte posterior del antebrazo son principalmente extensores; entre ellos se incluyen los músculos extensores, de la muñeca como, por ejemplo, el músculo extensor carpocubital, y los músculos extensores de los dedos, como, por ejemplo, el músculo extensor digital común.

Los nervios principales que atraviesan el antebrazo son el nervio cubital, que corre medial como el cúbito a lo largo del antebrazo hasta la mano; el nervio radial se divide en dos ramas: una que corre a lo largo de la parte lateral del antebrazo, y otra que pasa a la parte posterior; y el nervio mediano, que corre por la parte anterior del antebrazo entre estos otros dos nervios. La acción de la mayoría de los músculos flexores del antebrazo se controla a través del nervio mediano, aunque el flexor carporcubital y parte del flexor común profundo son controlados por el nervio cubital. El nervio radial controla los músculos extensores del antebrazo.

La sangre llega al antebrazo a través de las ramas de la arteria braquial; la arteria radial abastece a los músculos laterales del antebrazo y la arteria cubital abastece a los músculos mediales. La sangre drena desde el antebrazo a través de tres venas superficiales, la vena cefálica, que corre de forma lateral; la vena basílica, que corre de forma medial; y la vena mediana, que está ubicada entre las otras dos y se fusiona con una de ellas en el codo; y dos pares de venas profundas, las venas radiales y las cubitales, que siguen el curso de las arterias respectivas.

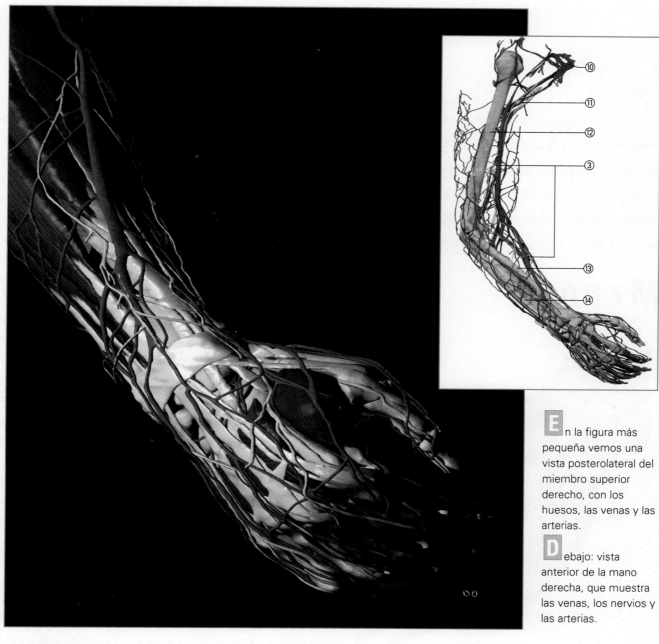

En la figura más pequeña vemos una vista posterolateral del miembro superior derecho, con los huesos, las venas y las arterias.

Debajo: vista anterior de la mano derecha, que muestra las venas, los nervios y las arterias.

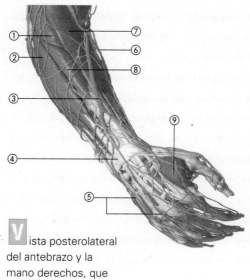

Vista posterolateral del antebrazo y la mano derechos, que muestra los músculos y los vasos sanguíneos.

REFERENCIAS

1. Extensor carporradial largo
2. Extensor digital común
3. Vena cefálica
4. Retináculo extensor
5. Red venosa dorsal de la mano
6. Vena mediana
7. Braquiorradial
8. Extensor carporradial corto
9. 1er interóseo dorsal
10. Vena axilar
11. Arteria braquial
12. Húmero
13. Radio
14. Cúbito
15. Arterias digitales palmares

Desde enhebrar una aguja hasta levantar pesas, la mano puede ejecutar una amplia variedad de movimientos de asimiento que involucran diversos grados de potencia y precisión. La piel de los dedos y de la palma de la mano también está dotada de receptores sensoriales que hacen que las manos sean una de las partes más sensibles del cuerpo.

MANO

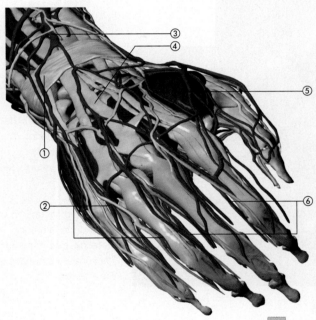

La versatilidad de movimiento y asimiento de la mano está apuntalada por su estructura ósea. La mano está formada por veintisiete huesos: 8 carpales (huesos de la muñeca), 5 metacarpos (huesos de la palma de la mano) y 14 falanges (huesos de los dedos). Las articulaciones planas entre los huesos del carpo y entre los huesos del carpo y los metacarpos de los dedos 2 a 5 (el dedo 1 es el pulgar), permiten que se realicen pequeños movimientos deslizantes pero, de forma conjunta, suministran un puente flexible entre la muñeca y los dedos. Las articulaciones metacarpofalángicas (de los nudillos) entre los metacarpos y los dedos 2 a 5 son articulaciones condiloideas, que permiten realizar mo-

Vista posterior (con la palma hacia atrás) de la mano donde se ven los músculos y los vasos sanguíneos superficiales principales.

REFERENCIAS

① Retináculo extensor
② Venas digitales dorsales
③ Vena cefálica
④ Tendón del extensor digital común
⑤ 1er interóseo dorsal
⑥ Arterias digitales dorsales

vimientos en dos direcciones. Las articulaciones entre las falanges son articulaciones de tipo bisagra, que permiten realizar movimientos en una sola dirección. Entre los huesos del carpo y el metacarpo del dedo pulgar hay una articulación con forma de montura que permite la flexión y la extensión, la abducción y la aducción, y la oposición y la reposición. Este último grupo de movimientos permite que la yema del dedo pulgar se oponga (toque) las yemas de los otros dedos, algo que es de vital importancia para lograr movimientos precisos.

Los principales músculos motores de la mano, los músculos flexores y extensores del antebrazo (ver página 78), reciben la colaboración de los músculos intrínsecos de la mano. Cuatro músculos lumbricales y siete músculos interóseos más profundos (4 dorsales y 3 palmares) flexionan los nudillos y extienden los dedos. Además, los músculos interóseos dorsales provocan la separación de los dedos y los músculos interóseos palmares provocan el acercamiento de los dedos. En la base del dedo pulgar hay tres músculos que lo mueven: el músculo abductor del pulgar, que hace que el dedo se extienda; el músculo flexor corto del pulgar, que hace que el pulgar se flexione; y el músculo oponente del pulgar, que hace que el pulgar se desplace hacia la línea media.

Los nervios mediano y cubital continúan hacia la mano desde el antebrazo. El nervio mediano envía impulsos a los músculos intrínsecos y a la piel de la parte lateral de la mano, mientras que el nervio cubital envía impulsos a los otros músculos intrínsecos y a la piel de la parte medial de la mano.

En la palma de la mano, las ramas de las arterias radial y cubital realizan anastomosis (se unen) para formar dos arcos palmares, uno profundo y otro superficial, que forman bucles alrededor de la palma de la mano. Las arterias interóseas y digitales, que irrigan los dedos, nacen de los arcos palmares. Los arcos venosos profundo y superficial drenan la sangre pobre en oxígeno hacia las venas radial y cubital, mientras que en el dorso de la mano, el arco venoso dorsal drena la sangre hacia las venas cefálica, mediana y basílica.

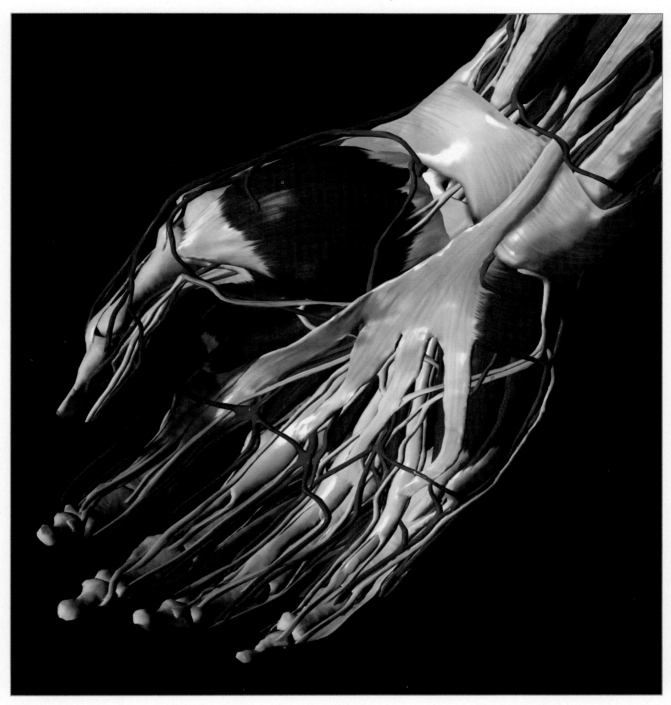

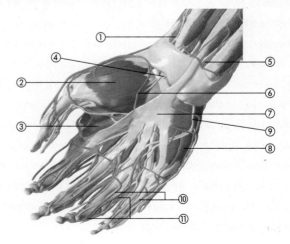

Vista anterior
(palma hacia adelante)
de la mano, que
muestra los músculos,
arterias, nervios y
venas.

REFERENCIAS

1. Arteria radial
2. Abductor corto del pulgar
3. Lumbrical
4. Nervio mediano
5. Arteria cubital
6. Arco arterial palmar
   superficial
7. Aponeurosis palmar
8. Abductor del meñique
9. Nervio cubital
10. Venas digitales palmares
11. Arterias digitales palmares

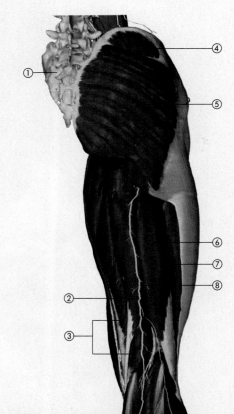

Las extremidades inferiores cargan el peso del cuerpo, lo desplazan y soportan fuerzas considerables durante la marcha. Estas funciones se ven reflejadas en su constitución. Al compararlas con las extremidades superiores, los huesos de los miembros inferiores son más gruesos y sus músculos más prominentes y fuertes. Cada miembro posee tres partes: el muslo, que se extiende desde la pelvis hasta la rodilla; la pierna, que se extiende desde la rodilla hasta el tobillo; y el pie.

MUSLO Y RODILLA

El fémur o hueso del muslo se une con la pelvis en la articulación de la cadera, una articulación esferoidal que no posee la flexibilidad de la articulación del hombro pero que es más estable. A nivel de la rodilla, el fémur se articula con la tibia en una articulación de tipo bisagra que permite la flexión y la extensión del miembro. La articulación de la rodilla se ve reforzada por fuertes ligamentos y está protegida en su parte anterior por la patela (ver página 54).

Los músculos que mueven el miembro inferior se originan en la pelvis y atraviesan la articulación de la cadera para insertarse en el fémur o bien, atraviesan las articulaciones de la cadera y la rodilla para insertarse en la tibia (ver páginas 82 a 85). Los músculos de la parte anterior del muslo, en especial el poderoso cuádriceps femoral, generalmente flexionan el muslo a nivel de la cadera y extienden la extremidad a la altura de la rodilla produciendo el balanceo hacia delante de la extremidad al caminar. Los músculos mediales del muslo son aductores, y llevan el muslo hacia la línea media. Los músculos de la parte posterior del muslo, en particular los músculos de la corva, extienden el muslo a nivel de la cadera y flexionan el miembro a la altura de la rodilla,

produciendo el movimiento hacia atrás de la extremidad inferior al caminar. Los músculos glúteos son importantes extensores de la cadera que se utilizan al escalar o al correr.

Los nervios que inervan las extremidades inferiores nacen de los plexos lumbar y sacro. Desde el plexo lumbar, el nervio femoral se encarga de los músculos y de la piel de la parte anterior del muslo, el nervio obturador se ocupa de los músculos aductores y la piel medial del muslo, y el nervio cutáneo femoral lateral se encarga de la piel lateral del muslo. Desde el plexo sacro, el nervio ciático inerva los músculos de la corva; los nervios glúteos superior e inferior se ocupan de los glúteos, y el nervio cutáneo femoral posterior se encarga de la piel posterior del muslo.

La sangre circula hacia los músculos del muslo a través de la arteria ilíaca externa, que se convierte en la arteria femoral cuando ingresa en el muslo, y la arteria ilíaca interna irriga los glúteos y aductores. La arteria femoral se convierte en arteria poplítea en la región posterior de la rodilla. La sangre se drena desde el muslo a través de la vena femoral, que se convierte en la vena ilíaca externa cuando entra en la pelvis y, superficialmente, a través de la vena safena mayor.

Vista posterior de la pelvis y del muslo que muestra los músculos de la región.

REFERENCIAS

1. Sacro
2. Semitendinoso
3. Semimembranoso
4. Glúteo medio
5. Glúteo máximo
6. Vasto lateral
7. Bíceps femoral
8. Nervio cutáneo femoral posterior

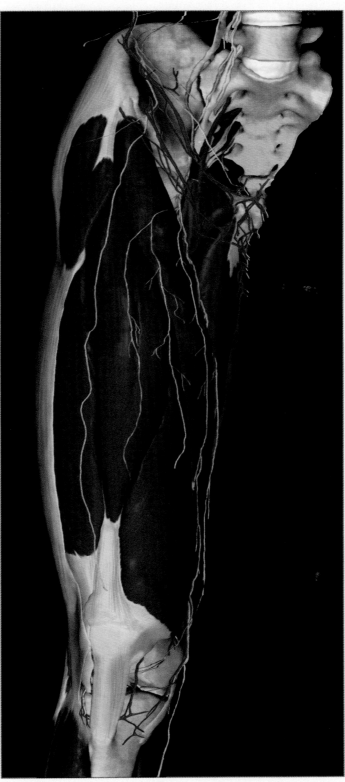

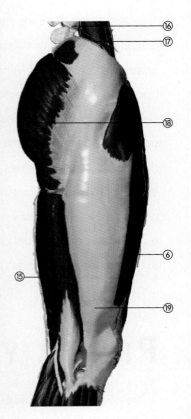

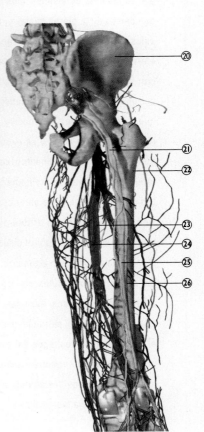

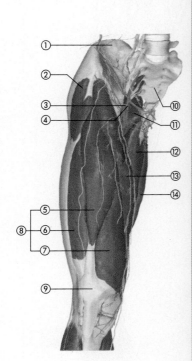rriba y centro: vista anterior del muslo que muestra los músculos y, donde se eliminan los músculos en la cadera, los vasos sanguíneos.

Derecha, arriba: vista lateral del muslo derecho que muestra los músculos.

Derecha, abajo: vista posterior del muslo derecho que muestra los huesos y las venas y arterias principales.

REFERENCIAS

① Ilion
② Tensor de la fascia lata
③ Arteria femoral
④ Vena femoral
⑤ Recto femoral
⑥ Vasto lateral
⑦ Vasto medial
⑧ Cuádriceps femoral
⑨ Patela

⑩ Sacro
⑪ Pectíneo
⑫ Aductor largo
⑬ Sartorio
⑭ Grácil
⑮ Bíceps femoral
⑯ Columna vertebral
⑰ Cresta ilíaca
⑱ Glúteo máximo

⑲ Tracto iliotibial
⑳ Pelvis
㉑ Nervio ciático
㉒ Fémur
㉓ Vena femoral
㉔ Arteria femoral
㉕ Nervio tibial
㉖ Nervio peroneo común

La estructura de los huesos de la pierna se compone de dos huesos paralelos: la tibia y la fíbula (ver página 54). El hueso más grande, la tibia, se articula proximalmente con el fémur a nivel de la rodilla y distalmente con el astrágalo , un hueso del pie, a nivel del tobillo. Se trata de articulaciones en forma de bisagra que permiten solamente la flexión y la extensión. La tibia y la fíbula se encuentran unidos por una membrana interósea y, aunque se articulen en forma proximal y distal, estas articulaciones, al contrario de lo que ocurre con la relación cúbito-radio en el antebrazo, sólo permiten un mínimo movimiento. Mientras el antebrazo proporciona flexibilidad y movilidad, la pierna, específicamente la tibia, proporciona estabilidad y soporte del peso corporal. La fíbula no soporta el peso del cuerpo y ayuda a estabilizar la articulación del tobillo. El pie soporta el peso del cuerpo y actúa como una palanca que empuja el cuerpo hacia adelante durante la marcha.

PIERNA Y PIE

Los músculos de la pierna mueven el tobillo y el pie. La mayoría de los músculos de la pierna se originan dentro de la pierna misma y, al igual que los músculos del antebrazo, se ahúsan en largos tendones que atraviesan el tobillo y se insertan en los huesos del pie (ver página 86). Los músculos se encuentran unidos por una fascia de tejido conectivo similar a una media que evita la hinchazón excesiva de estos tejidos durante el ejercicio físico y se extiende hacia el interior formando tres compartimentos: anterior, posterior y lateral, cada una con su propio nervio y flujo sanguíneo. Los músculos de la parte anterior de la pierna dorsiflexionan (flexionan hacia arriba) el pie para evitar que los dedos se arrastren por el piso mientras el individuo camina; los músculos extensores también extienden los dedos. Los músculos de la parte posterior de la pierna, más poderosos, flexionan la planta del pie (flexionan hacia abajo), permitiendo de esta forma realizar el movimiento de despegue del suelo en la marcha; los músculos flexores también flexionan los dedos. Los músculos peroneos flexionan la planta del pie y evierten (mueven hacia fuera) el pie.

El suministro nervioso hacia la pierna se realiza a través de dos ramas del nervio ciático, los nervios peroneo común y tibial, que nacen en la parte posterior de la rodilla. El nervio peroneo común se ramifica para formar el nervio peroneo profundo que se encarga de los músculos y la piel anteriores, y el nervio peroneo superficial, que se ocupa de los músculos y de la piel laterales. El nervio tibial se encarga de los músculos y de la piel posteriores.

La sangre arterial fluye a través de la arteria poplítea, que se ramifica por debajo de la rodilla formando las arterias tibiales anterior y posterior (ver página 121) . La arteria tibial anterior irriga los músculos anteriores. La arteria tibial posterior irriga los músculos posteriores, mientras que una de sus ramas, la arteria peroneal, irriga los músculos laterales. La sangre se drena de la pierna a través de las venas tibiales anteriores y posteriores, que se unen a nivel de la rodilla para formar la vena poplítea; las venas peroneas que fluyen hacia la vena tibial posterior; y, superficialmente, a través de la vena safena menor, que desemboca en la vena poplítea (ver página 123).

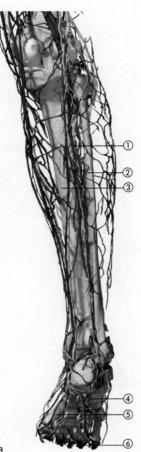

① Arteria tibial posterior
② Fíbula
③ Tibia
④ Tarso
⑤ Metatarso
⑥ Falange

Vista posterior de la pierna y el pie derechos que muestra los huesos y los vasos sanguíneos.

REFERENCIAS

① Arteria tibial posterior
② Fíbula
③ Tibia
④ Tarso
⑤ Metatarso
⑥ Falange

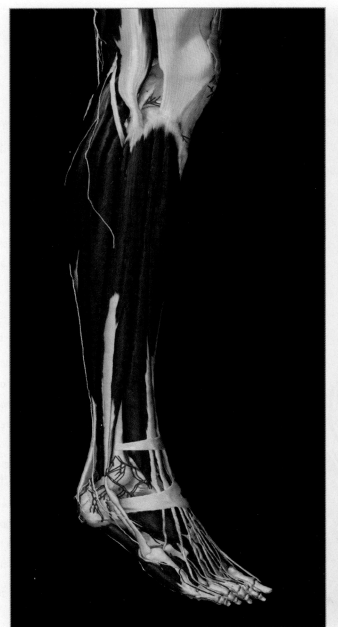

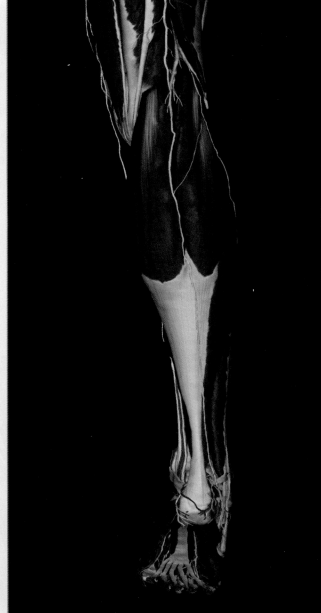

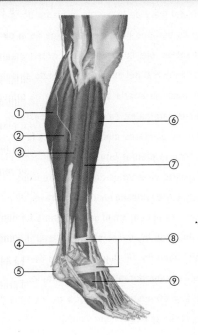

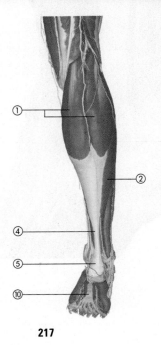

Vista lateral de la pierna y pie derechos (arriba, izquierda) y vista posterior de la pierna y pie derechos (arriba, derecha) que muestran los músculos y los vasos sanguíneos superficiales.

REFERENCIAS

① Gastrocnemio
② Sóleo
③ Fibular o peroneo largo
④ Tendón calcáneo (de Aquiles)
⑤ Calcáneo (hueso del talón)
⑥ Tibial anterior
⑦ Extensor largo de los dedos
⑧ Retináculo extensor
⑨ Extensor corto de los dedos
⑩ Aponeurosis plantar

Aunque las partes que componen el pie son similares a las de la mano, el pie tiene una función muy distinta: soporta el peso del cuerpo, proporciona palancas que permiten caminar o correr y forma una base flexible y elástica que soporta el peso tanto en superficies planas como rugosas.

PIE

Vista de la planta (parte inferior) del pie que muestra los músculos y los vasos sanguíneos superficiales.

REFERENCIAS

1. Venas digitales plantares
2. Arterias digitales plantares
3. Lumbrical
4. Abductor del dedo meñique
5. Aponeurosis plantar
6. Calcáneo (hueso del talón)
7. Flexor corto del dedo gordo
8. Flexor digital corto

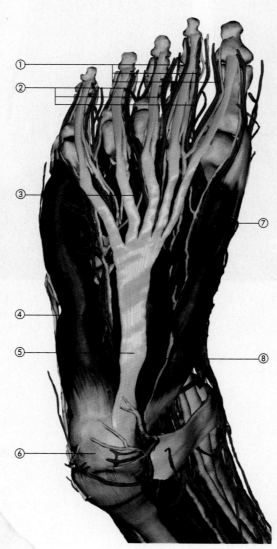

Veintiséis huesos conforman la estructura del pie (ver página 56): 7 huesos tarsianos (tobillo), 5 metatarsos (huesos de la planta del pie) y 14 falanges (huesos de los dedos del pie). Entre los huesos tarsianos y entre los tarsianos y los metatarsos o metatarsianos hay articulaciones, la maryoría planas, que permiten pequeños movimientos deslizantes y proporcionan una flexibilidad limitada a los huesos que forman los arcos flexibles del pie. Las articulaciones entre las falanges son iguales a las de la mano, pero las falanges del pie son más cortas y no poseen las mismas capacidades o funciones de manipulación que las manos.

Los principales músculos de la pierna, que realizan los movimientos del tobillo y del pie, son asistidos por pequeños músculos intrínsecos del pie (ver página 86). Estos músculos también sirven para mantener la estabilidad del pie mientras se ajustan a las fuerzas en constante cambio que el pie debe soportar. En la superficie dorsal (parte superior), el extensor digital corto permite la extensión de los dedos. En la superficie plantar los músculos flexionan, abducen (separan) y mueven hacia el plano medial los dedos de los pies. Superficialmente al flexor digital corto se encuentra la aponeurosis plantar, que une el calcáneo a los dedos y forma una capa protectora que permite mantener los músculos y los tendones en su lugar.

El nervio tibial se encarga de los músculos intrínsecos del pie y de la piel de la planta del pie, mientras el nervio peroneo común se encarga de la piel de la parte dorsal del pie. La arterial tibial anterior se convierte en arteria dorsal del pie o pedia cuando atraviesa el tobillo, formando la arteria arqueada, que da origen a las arterias metatarsales. La arteria tibial posterior se divide en arterias plantares medial y lateral a la altura del tobillo. La arteria plantar lateral forma el arco plantar que se convierte en arterias digitales, que irrigan los dedos. La sangre drena desde los dedos a través de venas digitales que desembocan en el arco plantar y forman, a través de la unión de las venas plantares lateral y medial, la vena tibial posterior. El flujo sanguíneo de la vena dorsal del pie se drena por la vena tibial anterior. La sangre de las venas metatarsales se drena a través del arco venoso en las venas safenas mayor y menor.

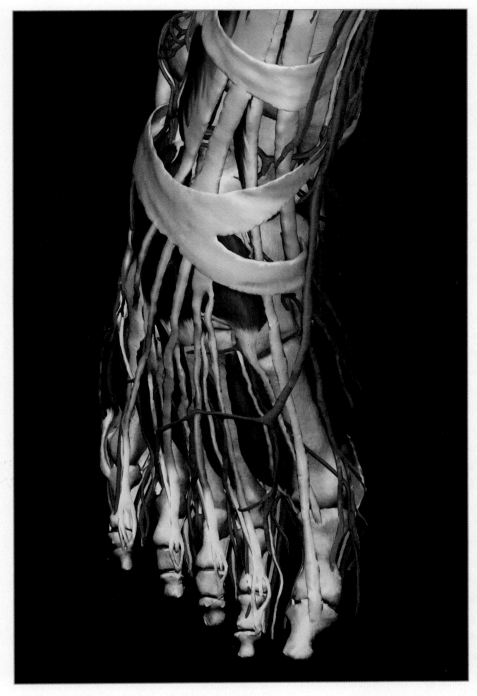

Abajo: vista anterior de la pierna derecha, que muestra los huesos y los nervios.

REFERENCIAS

① Fémur
② Fibula
③ Nervio peroneo común
④ Nervio peroneo superficial
⑤ Nervio peroneo profundo
⑥ Tibia
⑦ Nervio safeno

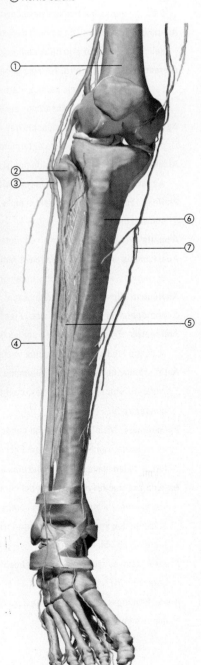

REFERENCIAS

① Extensor largo de los dedos
② Extensor corto de los dedos
③ Tendones del extensor largo de los dedos
④ Interóseo dorsal
⑤ Retináculos extensores
⑥ Arteria dorsal del pie
⑦ Metatarso del primer dedo (dedo gordo)
⑧ Arterias digitales dorsales
⑨ Falanges del primer dedo

Arriba: vista del pie derecho desde arriba, que muestra los músculos, las venas sanguíneos superficiales y los nervios profundos.

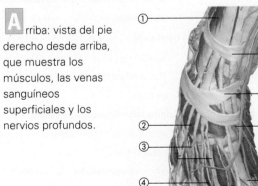

GLOSARIO

Abducción Movimiento de un hueso o extremidad alejándose de la línea media del cuerpo.

Ácinos Racimos de células que forman unidades funcionales en una glándula exocrina.

Actina Una de las dos proteínas que componen el miofilamento de los músculos.

Adrenalina *Ver* **epinefrina**.

Adrenocorticotropa, hormona (ACTH) Hormona producida por la hipófisis anterior en respuesta a la secreción de corticotrofinas por el hipotálamo. La ACTH estimula a las glándulas suprarrenales para producir varias hormonas esteroideas.

Aducción Movimiento de un hueso o extremidad hacia la línea media del cuerpo (lo contrario de la abducción).

Aferente Hacia un centro. Término generalmente relacionado con vasos o nervios. Por ej., nervios aferentes que llevan información desde los receptores sensoriales al sistema nervioso central.

Agonista Motor principal; músculo que suministra la fuerza principal para realizar un movimiento determinado.

Aldosterona Hormona producida por la corteza de las glándulas suprarrenales, que provoca la retención de sodio por los riñones.

Amilasa Enzima que se encuentra en la saliva, que transforma el almidón en maltosa.

Ampolla Pequeña dilatación en un canal o conducto.

Anastomosis Área donde dos redes ramificadas de comunicación (por ej., nervios, arterias o vasos sanguíneos) se unen.

Andrógeno Hormona esteroidea sexual masculina. El principal andrógeno de los mamíferos es la testosterona.

Anticuerpo Proteína producida por los linfocitos en respuesta a un antígeno (como una toxina o una bacteria), para destruirlo.

Antidiurética, hormona (ADH) Hormona secretada por la hipófisis posterior. Hace que los riñones retengan agua, secretando orina más concentrada.

Aponeurosis Membrana de tejido conectivo que forma la envoltura de un músculo. También se les llama así a los tendones planos, con forma de lámina, que unen músculos a huesos o músculos entre sí.

Área de asociación visual Área del cerebro que rodea la corteza visual primaria cuya función es comparar la información visual entrante con imágenes vistas anteriormente, permitiendo que se reconozcan objetos o caras.

Arteria Vaso sanguíneo que normalmente lleva sangre desde el corazón a los tejidos periféricos.

Axón Prolongación de la neurona a través de la cual se propaga el impulso nervioso.

Bacteria Organismo unicelular (de una sola célula) con un revestimiento externo, la pared celular, además de una membrana plasmática. No tiene núcleo.

Bastoncillos Uno de los dos tipos de células fotorreceptoras que se encuentran en la retina. Son muy sensibles a la luz pero no al color.

Bilis Fluido alcalino amarillento verdoso secretado por el hígado. Se descarga en el duodeno, donde colabora en la digestión de las grasas.

Bipenniforme Músculo penniforme en el que los fascículos se encuentran unidos a ambos lados del tendón central, en una forma similar a una pluma (por ej, recto femoral).

Calcitonina, tirocalcitonina Hormona secretada por la glándula tiroides. Reduce los niveles de calcio en sangre, inhibiendo la reabsorción del hueso.

Cálices Pequeñas cavidades en forma de copa que se encuentran en los riñones, formadas a partir de la ramificación de la pelvis renal. Cubren las puntas de las pirámides medulares y recogen la orina.

Cápsula glomerular Extremo en forma de copa del túbulo renal.

Cápsula renal Una de las tres capas de tejido que rodean el riñón. Es fibrosa y ayuda a evitar que las infecciones abdominales se propaguen al riñón.

Carboxipeptidasa Enzima que se encuentra en el jugo pancreático y que descompone las proteínas.

Cartílago Tejido conectivo que se encuentra principalmente en las articulaciones. Brinda sostén y elasticidad.

Catalizador Sustancia que acelera una reacción química.

Caudal Término anatómico que se refiere al extremo inferior o de la cola. *Ver también* **inferior**.

Cavidad pericardial Cavidad llena de fluido que se encuentra entre las láminas del pericardio seroso, la membrana que cubre al corazón. Permite que el corazón realice sus contracciones sin fricción.

Cavidad torácica Cavidad formada por las 12 vértebras torácicas, los 12 pares de costillas y el esternón. Aloja los principales órganos de los sistemas circulatorio y respiratorio.

Célula alfa Célula dentro de los islotes pancreáticos, que libera la hormona glucagón en respuesta ante bajos niveles de glucosa. El glucagón estimula al hígado para transformar el glicógeno en glucosa.

Células intersticiales, o de Leydig Células de los testículos que producen testosterona mediante la estimulación de la hormona luteinizante.

Centro cardioacelerador Área del bulbo raquídeo, en el tronco encefálico, responsable de la aceleración de los latidos del corazón cuando se necesita oxígeno extra.

Centro cardioinhibidor Área del bulbo raquídeo, en el tronco encefálico, responsable de reducir el ritmo cardíaco cuando el cuerpo descansa.

Centro inspiratorio Área del tronco encefálico que controla el ritmo y profundidad de la respiración.

Ciclo cardíaco Ciclo regulado de los sucesos que hacen que el corazón lata. Incluye la sístole (contracción) y la diástole (relajación).

Ciclo menstrual Ciclo mensual de sucesos que se produce entre la pubertad y la menopausia, que prepara al útero para el embarazo. Si no se produce el embarazo, el endometrio se expulsa a través de la vagina.

Ciclo ovárico Ciclo mensual de sucesos que llevan a la liberación de un óvulo maduro.

Cilio Prolongación microscópica similar a un vello. Produce una acción rítmica de "remo" y se halla en la superficie de varios tipos de célula. *Ver también* **flagelo**.

Cintas del colon Bandas de músculo liso externas, dispuestas longitudinalmente en el colon. Su tono muscular produce bolsas llamadas haustros.

Circuito pulmonar Circuito en el que la sangre desoxigenada es bombeada por el lado derecho del corazón a los pulmones a través de la arteria pulmonar. La sangre oxigenada se devuelve al lado izquierdo del corazón a través de la vena pulmonar.

Circunvolución Elevación en la corteza cerebral, separada de otras por surcos.

Colágeno Proteína fibrosa y resistente que se encuentra en la matriz ósea, el cartílago y el tejido conectivo en general.

Colecistoquinina Hormona digestiva secretada por la pared del duodeno. Produce la contracción de la vesícula biliar y la liberación consecuente de bilis hacia el conducto colédoco, que la libera en el duodeno.

Cóncavo Superficie deprimida o hueca.

Concha o cornete nasal Estructura ósea, revestida por mucosa, similar a una concha de ostra, que se proyecta desde la pared lateral de la cavidad nasal.

Conducto arterioso Vaso sanguíneo del feto que conecta la arteria pulmonar izquierda con la aorta. Permite que la sangre del feto se desvíe de los pulmones fetales, que no funcionan.

Conducto deferente Conducto excretorio de cada testículo, que se extiende entre el epidídimo de cada testículo y el conducto eyaculador.

Conos Uno de los dos tipos de células fotorreceptoras que se encuentran en la retina. Son muy sensibles a los colores.

Contracción isométrica Contracción muscular en la que el músculo ejerce una acción de tracción pero no se acorta, debido a las fuerzas que se le oponen.

Contracción isotónica Contracción muscular en la que el músculo se contrae y se acorta, causando movimiento.

Coronal Se dice del plano que divide al cuerpo en una parte anterior y una posterior.

Corteza visual primaria Área del cerebro ubicada en el lóbulo occipital que percibe e interpreta las imágenes visuales.

Corticosteroides Hormonas esteroideas producidas por la corteza de la glándula suprarrenal. Hay tres grupos: glucocorticoides, mineralocorticoides y gonadocorticoides.

Coxal Hueso de la cadera.

Craneal Relacionado con el cráneo o la cabeza. Término anatómico que se refiere a cualquier estructura ubicada hacia el extremo correspondiente a la cabeza. *Ver también* **superior**.

Crecimiento, hormona del (GH) Hormona secretada por la hipófisis anterior. Estimula el crecimiento durante la niñez y la adolescencia, y convierte el glicógeno en glucosa.

Cuerpo cavernoso Una de dos columnas paralelas de tejido eréctil del pene.

Cuerpo esponjoso Columna media de tejido eréctil ubicada entre los cuerpos cavernosos. Termina en el glande del pene y es atravesado por la uretra.

Cúpula Estructura en forma de copa o abovedada. Extremo abovedado de la cóclea del oído interno.

Defecación Eliminación de los desechos intestinales por el ano.

Dendritas Prolongaciones ramificadas que transportan los impulsos nerviosos hacia el cuerpo de la neurona.

Diáfisis Cuerpo del hueso. Se compone de tejido óseo compacto.

Diástole Dilatación de las aurículas y los ventrículos durante el ciclo cardíaco, que hace que las aurículas se llenen de sangre.

Difusión Mecanismo de transporte pasivo. El movimiento de las moléculas desde un área de gran concentración hacia un área de baja concentración hasta que ambas se encuentren en equilibrio.

Digestión Transformación de los alimentos en moléculas nutrientes simples.

Disco intervertebral Disco fibrocartilaginoso que se encuentra entre los cuerpos vertebrales.

Distal Ubicado a distancia desde el centro del cuerpo. Término anatómico que normalmente se refiere al extremo o parte más alejada, con respecto a otra, de una extremidad u órgano.

Dorsal Relacionado con la espalda, o ubicado más atrás respecto de otra estructura del organismo. *Ver también* **posterior**.

Dorsiflexión Movimiento que lleva el dorso del pie hacia arriba.

Efector Estructura orgánica capaz de presentar una respuesta efectiva ante el estímulo de un impulso nervioso.

Elastina La proteína principal del tejido conectivo fibroso que se encuentra en las estructuras elásticas.

Elevación Movimiento que eleva una parte del cuerpo.

Endocondral Ubicado dentro, o que tiene lugar dentro de un cartílago.

Endocrino Secreción interna. Normalmente se refiere a una glándula que vierte sus secreciones (hormonas) a la sangre.

Endometrio Membrana mucosa que reviste al útero por dentro.

Endotelio Capa de células planas que revisten los vasos linfáticos y sanguíneos.

Enzima Proteína que actúa como catalizador biológico.

Enzimas del borde en cepillo Enzimas adheridas a las microvellosidades en el intestino delgado.

Epífisis Extremo del hueso, compuesto por tejido óseo esponjoso.

Epimisio Vaina de tejido conectivo que une grupos de fascículos musculares.

Epinefrina, adrenalina Hormona secretada por la médula de las glándulas suprarrenales, en respuesta ante un estímulo por parte del sistema nervioso autónomo. Acelera el metabolismo en preparación para las respuestas de "luchar" o "huir".

Epineurio Vaina de tejido conectivo externo que rodea haces de fascículos nerviosos y los vasos sanguíneos del nervio.

Eritropoyetina Hormona liberada por los riñones. Estimula la producción de glóbulos rojos.

Esfínter Músculo en forma de anillo que funciona como una válvula.

Epiplón Pliegue del peritoneo que une un órgano con otro y lleva en su interior los vasos que nutren a esos órganos.

Estimulante de la tiroides, hormona (TSH) Hormona liberada por la hipófisis anterior. Estimula la liberación de la hormona tiroidea por la glándula tiroides.

Estimulante del folículo, hormona Hormona secretada por la hipófisis anterior. Estimula la maduración del óvulo y la liberación de estrógeno en el ovario, y la producción de testosterona.

Estrato Capa que forma parte de cualquier estructura determinada, como la piel o la retina.

Estrógenos Familia de hormonas sexuales producidas por los ovarios. Producen la maduración y mantenimiento del sistema reproductor femenino. Son responsables por el desarrollo de las características sexuales femeninas secundarias. Preparan el cuerpo para el embarazo.

Evertir Mover la planta del pie hacia afuera. Lo opuesto de invertir.

Exocrino Secreción glandular que se libera al exterior a través de un conducto.

Extensión Aumento en el ángulo de una articulación (lo opuesto de flexión).

Extracelular Fuera de las células.

Eyaculación Expulsión o emisión de semen a través del pene por la uretra.

Factor de liberación Hormona secretada por el hipotálamo que estimula la liberación de hormonas hipofisarias.

Fagocito Célula que rodea y digiere a otras células, bacterias, microorganismos o cuerpos extraños.

Fascia renal Tercera capa externa que rodea al riñón y lo fija a la pared abdominal.

Fascículo Haz de fibras musculares o nerviosas.

Fibrina Proteína insoluble del plasma que forma la parte fundamental de un coágulo sanguíneo.

Fibrinógeno Forma inactiva de proteína coagulativa. Se convierte en fibrina insoluble durante la formación de coágulos.

Fijador Músculo sinergista que proporciona estabilidad a una articulación, para la acción del músculo motor principal.

Flagelo Apéndice similar a un látigo que tienen ciertas células. Se usa para fines de locomoción, para impulsar una célula a través de un medio fluido.

Flato Gas producido por bacterias anaeróbicas en el intestino grueso.

Flexión Reducción en el ángulo de una articulación.

Flexión plantar Movimiento que lleva la planta del pie hacia abajo.

Fluido cerebroespinal Fluido transparente, similar al plasma sanguíneo, que llena los ventrículos del cerebro y el espacio que rodea el cerebro y la médula espinal (espacio subaracnoideo).

Fluido intersticial Fluido que se encuentra entre las células, que baña y alimenta los tejidos corporales que lo rodean.

Folículo Pequeña bolsa o cavidad secretoria.

Fondo Región superior del estómago.

Foramen Apertura natural a través de un hueso.

Foramen oval Apertura entre las dos aurículas en el corazón del feto, que desvía aproximadamente un tercio de la sangre que llega a la aurícula derecha directamente a la aurícula izquierda.

Fotorreceptores Receptores sensibles a la luz que se encuentran en la retina.

Fóvea gástrica Depresión en el revestimiento del estómago que contiene glándulas que producen el ácido estomacal (jugo gástrico).

Ganglio linfático Órgano con forma de guisante, ubicado en el trayecto de los vasos linfáticos, que filtra la linfa y la libera de gérmenes patógenos.

Ganglio nervioso Conjunto de neuronas ubicadas en el trayecto de los nervios, en el sistema nervioso periférico.

Gérmen patógeno Virus u otro microorganismo que provoque enfermedades.

Glande Extensión cónica del cuerpo esponjoso que forma la cabeza del pene.

Glándula mamaria Seno, pecho de la mujer. Eminencia redondeada formada principalmente por tejido adiposo (graso) y glandular. Produce leche durante la lactancia.

Glicógeno Polisacárido compuesto por inumerables moléculas de glucosa. Es la principal reserva de hidratos de carbono del organismo.

Glomérulo Masa de vasos capilares sanguíneos dentro del nefrón de un riñón.

Glucagón Hormona producida por el páncreas que promueve la conversión de glicógeno en glucosa.

Glucocorticoides Corticosteroides producidos por las glándulas suprarrenales. Son importantes en el metabolismo del las proteínas y los hidratos de carbono.

Glucosa Azúcar simple, muy importante en el metabolismo y la principal fuente de energía del organismo.

Gonadocorticoides Andrógenos u hormonas sexuales masculinas producidas por la corteza suprarrenal.

Gonadotropinas Hormonas (hormona luteinizante y hormona estimulante del folículo) liberadas por la hipófisis anterior. Influyen en la actividad de las gónadas.

Granulocito Glóbulo blanco. Detecta, rodea y digiere gérmenes patógenos.

Haustro Bolsa o saco del colon, formado por la tracción irregular de las cintas o tenias del colon.

Hemoglobina Proteína globular que contiene hierro, que se encuentra en los glóbulos rojos, responsable del transporte de oxígeno y dióxido de carbono.

Hepatocito Célula principal del hígado.

Hidrocortisona Hormona glucocorticoide. Estabiliza los niveles de glucosa en sangre.

Hidrólisis División de un compuesto mediante el agregado de agua.

Hilio Región de un órgano por donde entran o salen de él sus vasos y nervios.

Homeostasis Estado de equilibrio y estabilidad que existe en un organismo sano, más allá de los cambios en el entorno externo e interno.

Hormona Sustancia química sintetizada y secretada por las glándulas endocrinas en el torrente sanguíneo. Puede tener efectos locales o generales.

Impulso nervioso Señal eléctrica que pasa a alta velocidad desde un extremo de un nervio al otro.

Inserción Extremo de un músculo que se conecta con un hueso.

Insulina Hormona pancreática que regula los niveles de azúcar. Facilita la conversión de la glucosa en glicógeno.

Intracelular Dentro de las células.

Intramembranoso Dentro de la membrana.

Invertir Mover la planta del pie hacia adentro. Lo opuesto de evertir.

Islotes pancreáticos Grupos de células endocrinas del páncreas. Hay tres tipos: las células alfa secretan glucagón, las células beta secretan insulina y las células delta secretan gastrina.

Lactasa Enzima que transforma la lactosa (azúcar de la leche) en glucosa y galactosa en el intestino delgado.

Lateral En sentido opuesto a la línea media del cuerpo (hacia los costados).

Libido Deseo sexual consciente o inconsciente. Término acuñado por Freud.

Ligamento ancho del útero Pliegue del peritoneo que sostiene el útero, las trompas uterinas y los ovarios.

Ligamento falciforme Pliegue del peritoneo en forma de media luna que se extiende desde el diafragma hasta el hígado y fija el hígado a la pared anterior del abdomen.

Ligamento uteroovárico Ligamento que fija cada ovario medialmente al útero.

Ligamento suspensorio del ovario Ligamento que fija cada ovario lateralmente a la pared de la pelvis.

Linfocito Glóbulo blanco formado en el tejido linfático. Productor principal de anticuerpos.

Linfocito B Linfocito especializado que produce anticuerpos para un antígeno específico.

Lipasa Enzima del jugo pancreático que descompone las grasas.

Líquido amniótico Fluido protector que llena el amnios, la membrana que rodea al feto, dentro de la cual éste se mueve libremente.

Líquido sinovial Fluido oleoso que lubrica el cartílago que cubre el extremo de cada hueso, permitiéndoles deslizarse uno sobre otro con el menor roce posible.

Lumen Espacio interior dentro de un cuerpo hueco o una estructura en forma de tubo.

Luteinizante, hormona (LH) Hormona secretada por la hipófisis anterior. Estimula la ovulación y la secreción de progesterona en las mujeres, y la secreción de testosterona en los varones.

Macrófago Cualquier célula fagocítica mononuclear. Puede ser móvil o fija.

Mácula lútea Área central de la retina. Sólo contiene conos.

Maltasa Enzima del borde en cepillo que se encuentra en el jugo pancreático. Transforma la maltosa en glucosa.

Mecanismo de retroalimentación La devolución, bajo la forma de información, del resultado de un sistema determinado. Funciona como un mecanismo regulador.

Mediastino Espacio comprendido entre los pulmones. Contiene el esófago, la tráquea, los grandes vasos sanguíneos y el corazón.

Medial Término anatómico. Hacia la línea media del cuerpo.

Médula ósea Tejido blando que llena la cavidad del cuerpo de los huesos largos y los espacios entre los trabéculas del hueso esponjoso. En el adulto sólo se halla en el esternón, las costillas y el coxal, pues en los huesos largos es reemplazada por tejido graso.

Meninges Tres capas de tejido conectivo (duramadre, aracnoides y piamadre) que rodean y contienen el cerebro y la médula espinal.

Menopausia Cese del ciclo menstrual en las mujeres maduras.

Meso Pliegue del peritoneo que une una vícera a la pared abdominal posterior.

Mesenterio Meso del yeyunoíleon.

Mesocolon Meso del colon tranverso y del sigmoide.

Mesometrio Parte del ligamento ancho que fija al útero a la cavidad pélvica.

Metabolismo Suma de los procesos físicos y químicos que se producen en el organismo. Puede producir o descomponer sustancias.

Microvellosidades Proyecciones microscópicas similares a pelos que revisten la superficie intestinal interna.

Mineralocorticoides Hormonas corticoides secretadas por la corteza suprarrenal. Mantienen los niveles de sales (sodio y potasio).

Miofibrillas Pequeñas fibras componentes de una fibra muscular. Cada fibra muscular contiene miles de miofibrillas, extendidas de un extremo al otro de ésta.

Mioglobina Pigmento rojo, similar a la hemoglobina, que se encuentra en los músculos.

Miometrio Capa muscular media del útero.

Miosina Proteína de gran tamaño componente de los miofilamentos de las fibras musculares.

Monocito Fagocito mononuclear formado en la médula ósea y transportado a los tejidos, donde se transforma en macrófago.

Monocromático De un solo color. Imágenes generadas por los bastoncillos de la retina.

Músculo multipenniforme Músculo penniforme con varias unidades bipenniformes (por ej., deltoides).

Músculo penniforme Músculo en el que los fascículos se encuentran dispuestos en sentido oblicuo con respecto a un tendón largo.

Músculos del manguito rotador Los cuatro músculos de la escápula (supraespinoso, infraespinoso, redondo menor y subescapular) que estabilizan la articulación del hombro.

Nefrón Unidad funcional de filtración del riñón. Cada riñón contiene millones de nefrones, todos los cuales filtran independientemente la sangre para producir orina.

Neurona Célula nerviosa capaz de transmitir impulsos eléctricos.

Neurona motora Neurona que transmite la respuesta motriz desde el sistema nervioso central a los músculos y glándulas.

Neurona sensorial Neurona que transporta información desde los receptores sensoriales al sistema nervioso central.

Neurotransmisor Sustancia química liberada desde la protuberancia sináptica de una neurona, que se transporta a través de la sinapsis, generando un impulso nervioso en la neurona receptora.

Nitrogenado Que contiene nitrógeno.

Nódulo sinoauricular Marcapasos del corazón. Nódulo en la pared de la aurícula derecha que envía impulsos eléctricos regulares que hacen que el corazón se contraiga.

Noradrenalina Hormona secretada por la médula de la glándula suprarrenal en respuesta ante los estímulos del sistema nervioso autónomo. Acelera el metabolismo en preparación para la respuesta de "luchar o huir".

Nucleasa Enzima del jugo pancreático que descompone los ácidos nucleicos (ADN y ARN).

Núcleo Gran organela celular esférica contenida por una membrana. Se encuentra presente en la mayoría de las células, y contiene la mayor parte del ADN y ARN de la célula. También, grupo de cuerpos de neuronas en el sistema nervioso central.

Olfativo Que pertenece al sentido del olfato.

Oocito Óvulo inmaduro.

Oposición Movimiento del pulgar para tocar (oponerse) la yema de otro dedo.

Órgano espiral o de Corti Órgano receptor del sentido del oído, ubicado en el oído interno.

Osículos Huesos del oído medio: martillo, yunque y estribo.

Osificación Formación de hueso a partir de cartílago hialino blando o membrana fibrosa.

Osteoblasto Célula ósea con la capacidad para formar matriz ósea. Se encuentra normalmente en las porciones en crecimiento de los huesos.

Osteocito Célula ósea del tejido óseo maduro. Ayuda a regular las concentraciones de calcio en el organismo, liberando el calcio del hueso al torrente sanguíneo.

Osteoclasto Célula multinuclear con la capacidad de degradar la matríz osea. Normalmente se encuentra en los lugares de reabsorción ósea.

Osteona Cilindro concéntrico de hueso calcificado que compone el hueso compacto.

Ovulación Proceso mensual en el que un óvulo maduro es liberado por el ovario para ser fertilizado.

Óvulo Célula sexual femenina.

Oxitocina Hormona secretada por la hipófisis posterior. Estimula las contracciones del útero durante el trabajo de parto y la liberación de leche materna.

Papila gustativa Pequeña proyección de la superficie de la lengua, paladar, garganta y superficie posterior de la epiglotis, que contiene receptores gustativos.

Papila circunvalada Papila gustativa de mayor tamaño, que se encuentran en la parte posterior de la lengua, en el llamado surco lingual.

Papila filiforme Papila puntiaguda que cubre la superficie de la lengua. Son las más numerosas entre las papilas, y le otorgan a la lengua su aspecto áspero. Contienen receptores tactiles.

Papila fungiforme Papila gustativa en forma de hongo ubicada irregularmente sobre la superficie de la lengua. Contiene receptores gustativos.

Parasagital Plano paralelo al sagital. *Ver también* **sagital**.

Paratiroidea, hormona (PTH), paratormona Hormona liberada por las glándulas paratiroides. Ayuda a elevar los niveles de calcio en sangre.

Peptidasa Enzima del borde en cepillo. Transforma los péptidos en aminoácidos.

Parametrio Espacio comprendido entre las dos hojas del ligamento ancho que contiene los vasos y nervios del útero, y el uréter.

Perimisio Vaina de tejido conectivo que envuelve cada fascículo muscular.

Perineuro Vaina de tejido conectivo que envuelve cada fascículo nervioso.

Periostio Membrana que recubre los huesos.

Peristaltismo Ondas de contracciones y relajaciones musculares sucesivas que empujan las sustancias a través de tubos biológicos (por ej., alimentos a través del esófago, la orina a través del uréter).

Peritoneo parietal Membrana serosa que reviste por dentro la pared de la cavidad abdominal.

Peritoneo visceral Membrana serosa que reviste varios de los órganos del abdomen.

Pezón Proyección cónica o cilíndrica ubicada en la piel que cubre las glándulas mamarias, a través de la cual se segregan calostro y leche materna. En el varón es rudimentario.

pH Medida de acidez o alcalinidad de una solución.

Píloro Región inferior del estómago en forma de embudo, que se conecta con el duodeno.

Pirámides medulares Unidades cónicas de la médula renal que contienen nefrones.

Placenta Órgano esponjoso espeso que contiene un importante suministro vascular que se forma en la pared del útero durante el embarazo. Proporciona nutrientes al feto y recoge material de desecho a través del cordón umbilical.

Plaqueta Fragmento celular que se encuentra en la sangre, importante para la coagulación.

Pleura Membrana serosa que cubre los pulmones y las paredes internas del tórax.

Pliegues circulares Pliegues del intestino delgado que aumentan la superficie disponible para la absorción de nutrientes.

Posterior Detrás; lo opuesto de anterior. *Ver también* **dorsal**.

Posgangliónico Relativo a la segunda neurona en la cadena de dos neuronas del sistema nervioso autónomo.

Preganglionar o pregangliónico Relativo a la primera neurona en la cadena de dos neuronas del sistema nervioso autónomo.

Prolactina Hormona que estimula el crecimiento de los tejidos de los senos y la producción de leche.

Pronación Movimiento del antebrazo que rota la palma de la mano hacia atrás. Lo opuesto de supinación (rotar la palma hacia adelante).

Próstata Glándula secretoria masculina que rodea la uretra por debajo del cuello de la vejiga. Sus secreciones, que forman parte del semen, reducen la acidez vaginal y aumentan la movilidad de los espermatozoides.

Proximal Situado más cerca o en dirección al centro del cuerpo (o, en el caso de los miembros superiores e inferiores al extremo conectado al cuerpo).

Pulpa blanca Área del bazo involucrada en la respuesta inmunológica. Contiene gran cantidad de linfocitos.

Punto de apoyo Punto donde se apoya una palanca.

Queratina Proteína resistente que forma la capa externa del cabello y las uñas. Es blanda en aquél y dura en éstas.

Quilífero Vasos capilar linfático ubicado dentro de las vellosidades del intestino delgado.

Quimo Pasta semilíquida producida a partir de los alimentos debido a la acción del jugo gástrico y de las capas musculares de la pared del estómago.

Quimotripsina Enzima del jugo pancreático que descompone las proteínas.

Refracción Curvatura de las ondas de luz a medida que pasan entre dos medios de diferentes densidades.

Reposición Movimiento del pulgar en sentido opuesto a la yema de otro dedo. Lo contrario de la oposición.

Retináculo Banda plana de tejido fibroso que mantiene los tendones en su lugar.

Retroperitoneal Ubicado en posición posterior con respecto al peritoneo parietal.

Rostral Situado en el rostro, o dirigido hacia él.

Saco vesicouterino Pliegue del peritoneo que se forma detrás de la vejiga y delante del útero.

Sáculo Pequeña bolsa. El más pequeño de los detectores del equilibrio en el vestíbulo del oído.

Sagital Plano de sección que divide al cuerpo en mitades derecha e izquierda. *Ver también* **medial.**

Sarcómera Unidad fundamental de la contracción muscular. Se compone de cadenas paralelas de actina y miosina, filamentos contráctiles de proteína. Las cadenas de sarcómeras forman la miofibrilla.

Sebo Secreción aceitosa que se encuentra en la base de los folículos pilosos.

Segmentación Acción de dividir en segmentos. Término utilizado para referirse a la mezcla de alimentos en el intestino delgado.

Semen Fluido eyaculatorio del pene masculino, que contiene espermatozoides y secreciones del epidídimo, la próstata, las vesículas seminales y la glándulas bulbouretrales.

Seno renal Receso central dentro del riñón continuo con el hilio. Está casi completamente ocupado por la pelvis renal y los vasos sanguíneos renales.

Sinapsis Unión entre dos neuronas.

Sinergista Músculo que complementa la acción de un músculo motor principal.

Sinusoide Conducto sanguíneo dentro de ciertos órganos (hígado, bazo, médula ósea roja).

Sístole auricular Contracción de las dos aurículas durante el ciclo cardíaco, haciendo que se vacíen de sangre y llenando los ventrículos como consecuencia.

Sístole ventricular Contracción de los ventrículos durante el ciclo cardíaco, que hace que el ventrículo se vacíe de sangre.

Sucrasa Enzima que cataliza la hidrólisis de la sucrosa en glucosa y fructosa.

Superior Arriba, encima, hacia la cabeza. Término de dirección. *Ver también* **craneal.**

Supinación Movimiento del antebrazo que rota la palma de la mano hacia adelante. Lo opuesto de pronación.

Surco Ranura o pliegue en la superficie del cerebro, que separa entre sí a las circunvoluciones.

Sustrato Sustancia sobre la que actúa una enzima.

Sutura Articulación fija e inmóvil entre dos huesos.

Testosterona Hormona sexual masculina producida por las células intersticiales (de Leydig) de los testículos (o la corteza de las glándulas suprarrenales en las mujeres). Colabora en la producción de espermatozoides y es necesaria para el desarrollo de los órganos reproductores masculinos y de las características sexuales secundarias en el varón.

Tirocalcitonina *Ver* calcitonina.

Tiroidea, hormona Combinación de triyodotironina y tiroxina liberadas por la glándula tiroides. Funciona como "acelerador" del metabolismo. Ayuda a promover el crecimiento y garantiza el funcionamiento normal del corazón y el sistema nervioso.

Tiroxina o tetrayodotironina Hormona liberada por la glándula tiroides. Acelera el metabolismo y aumenta la sensibilidad del sistema cardiovascular al sistema nervioso.

Trabécula Pequeño puntal de tejido óseo rodeado por matriz ósea calcificada. Se encuentra formando parte del hueso esponjoso.

Tripsina Enzima del jugo pancreático que descompone las proteínas.

Triyodotironina Hormona liberada por la glándula tiroides. Acelera el metabolismo y la sensibilidad del sistema cardiovascular.

Tubo embrionario medio Porción central del tubo digestivo del embrión (da origen al intestino delgado). Se ubica entre el extremo cefálico y el tubo embrionario posterior.

Tubo embrionario posterior Extremo terminal o caudal del tubo digestivo del embrión. Eventualmente se transforma en el intestino grueso, el recto y el canal anal.

Túbulo renal Tubo que se enrolla entre la corteza y la médula del riñón (parte del nefrón) y que desemboca en la pelvis renal a través de un conducto colector.

Túbulos seminíferos Tubos enrollados en los testículos que producen espermatozoides.

Túnica adventicia Capa externa fibrosa de las paredes arteriales. Se compone principalmente de fibras de colágeno y tejido elástico.

Túnica íntima Revestimiento interno del lumen de una arteria o vena.

Túnica media Capa media, la más espesa, de la pared arterial o venosa. Se compone de músculo liso y tejido elástico.

Unipenniforme Músculo penniforme en el que los fascículos se encuentran unidos a un lado del tendón (por ej., extensor largo de los dedos).

Urea Producto nitrogenado de desecho producido por la descomposición química de proteínas en el organismo. Se excreta en la orina.

Uretra Conducto a través del cual pasa la orina (y el semen en el varón) desde la vejiga al exterior.

Útero Órgano muscular hueco ubicado detrás de la vejiga y delante del recto, que aloja, nutre y protege al feto en desarrollo.

Utrículo El mayor de los dos detectores del equilibrio del oído.

Válvula auriculoventricular Válvula dentro del corazón que permite que la sangre fluya en una sola dirección, desde las aurículas a los ventrículos.

Válvula ileocecal Válvula que separa el íleon del intestino grueso.

Válvula mitral Válvula cardíaca auriculoventricular izquierda. También se conoce como válvula bicúspide.

Válvulas semilunares Válvulas ubicadas en el nacimiento del tronco pulmonar y de la aorta que evitan que la sangre de estos vasos refluya hacia los ventrículos.

Válvula tricúspide Válvula cardíaca auriculoventricular derecha.

Válvulas rectales Tres pliegues transversales del recto que colaboran en la separación de las heces y los flatos, permitiendo que los flatos se expulsen sin expulsar las heces.

Vasos capilares Vasos sanguíneos minúsculos que unen los sistemas arterial y venoso.

Vellosidades Pequeñas protuberancias similares a dedos de la mucosa del intestino delgado, que aumentan el área disponible para la absorción.

Vena Vaso sanguíneo que normalmente transporta sangre desoxigenada al corazón.

Ventral Término de dirección. Hacia la parte delantera del cuerpo. *Ver también* **anterior**.

Vértebras cervicales Las siete vértebras que forman el esqueleto del cuello.

Vértebras lumbares Las cinco vértebras ubicadas en la región abdominal.

Vértebras torácicas Las doce vértebras que componen parte del esqueleto del tórax.

Vestíbulo Cavidad o canal que sirve como entrada a otra cavidad. También, parte del oído interno que contiene al utrículo y al sáculo.

Virus Agente específico de una enfermedad infecciosa. Grupo de microorganismos. Se compone de una capa de unidades proteicas dispuestas en torno a un núcleo central de ácido nucleico (ARN o ADN).

Vísceras Órganos internos del cuerpo.

Visión binocular Visión tridimensional.

Visión periférica Región exterior del campo visual.

ÍNDICE ANALÍTICO

LECTURAS COMPLEMENTARIAS

Agur, A. M. (1995), *Grant's Atlas of Anatomy (Atlas de Anatomía de Grant)*. Lippincott Williams & Wilkins, Filadelfia, EE.UU.

Bastian, G. (1993), *The Cardiovascular System (El sistema cardiovascular)*. Addison Wesley Longman Higher Education, NY, EE.UU.

Bastian, G. (1993), *The Lymphatic and Immune System (El sistema linfático e inmunológico)*. Addison Wesley Longman Higher Education, NY, EE.UU.

Bastian, G. (1993), *The Nervous and Skeletal Systems (Los sistemas nervioso y esquelético)*. Addison Wesley Longman Higher Education, NY, EE.UU.

Bastian, G. (1993), *The Reproductive System (El sistema reproductor)*. Addison Wesley Longman Higher Education, NY, EE.UU.

Chase, R. A. (1993), *The Bassett Atlas of Human Anatomy (El atlas de anatomía humana de Bassett)*. Gruber WB, Bassett DL (fotógrafos). Addison Wesley Publishing Co., NY, EE.UU.

Clemente, C. D. y Nathwani, B. (1997), *Anatomy: A Regional Atlas of the Human Body (Anatomía: Atlas regional del cuerpo humano)*, 4ª edición. Lippincott, Williams & Wilkins, Filadelfia, EE.UU.

Netter, F. H. (1997), *Atlas of Human Anatomy (Atlas de anatomía humana)*, 2ª edición. Dalley AF (editor). Novartis, NJ, EE.UU.

Rohen, J. W.; Yokochi, C. y Lutjen-Drecoll, E. (1999), *Color Atlas of Anatomy: A Photographic Study of the Human Body (Atlas de anatomía en color: estudio fotográfico del cuerpo humano)*, 4ª edición. Lippincott, Williams & Wilkins, Filadelfia, EE.UU.

Romanes, G. J. (1986), *Cunningham's Manual of Practical Anatomy; Volume 2. Thorax and Abdomen (Manual de anatomía práctica de Cunningham; volumen 2: Tórax y abdomen)*. Oxford University Press, Oxford, Reino Unido.

Romanes, G. J. (1986), *Cunningham's Manual of Practical Anatomy; Volume 3. Head and Neck and Brain (Manual de anatomía práctica de Cunningham; volumen 3: Cabeza y cuello y cerebro)*. Oxford University Press, Oxford, Reino Unido.

Sinnatamby, C. S. (1999), *Last's Anatomy (Anatomía de Last)*. Churchill Livingstone, Edimburgo, Reino Unido.

Sobotta, J. (1990), *Atlas of Human Anatomy: Head, Neck, Upper Extremities (Atlas de anatomía humana: Cabeza, cuello, extremidades superiores)*, 1ª edición. Williams & Wilkins, Baltimore, EE.UU.

Sobotta J (1990), *Atlas of Human Anatomy: Thorax, Abdomen, Pelvis, Lower Limbs, Skin (Atlas de anatomía humana: Tórax, abdomen, pelvis, extremidades inferiores, piel)*, 1ª edición. Williams & Wilkins, Baltimore, EE.UU.

Spitzer, V. M. y Whitlock, D. G. (1998), *National Library of Medicine Atlas of the Visible Human Male: Reverse Engineering of the Human Body (Atlas de la Biblioteca Nacional de Medicina sobre el Varón Humano Visible: Ingeniería inversa del cuerpo humano)*. Jones and Bartlet Publishers, Inc., Londres, Reino Unido.

Tenllado, A. M. (1997), *Atlas of Anatomy (Atlas de anatomía)*. Parramon's Editorial Team, Barrons Educational Series, Reino Unido.

Weir, J. y Abrahams, P. H. (1996), *Imaging Atlas of Human Anatomy (Atlas de anatomía humana en imágenes)*. Mosby, St. Louis, EE.UU.

AGRADECIMIENTOS

La editorial y Anatographica LLC agradecen por haber suministrado las ilustraciones que aparecen en este libro a las siguientes personas y organizaciones:

Todas las imágenes digitales de anatomía humana se obtuvieron del Visible Human Project™ © por Visible Productions, LLC.

Ilustraciones en las páginas 58-61, 88, 89, 96, 97, 124, 157, 152, 153, 156, 157 © Visible Productions, LLC.

Las imágenes de localización de las páginas 34-156 y 158-218 por Beatriz Waller para Anatographica LLC.

Imágenes históricas de las páginas 10, 12, 13 (superior e inferior), 14, 15, 19 suministradas por Agile Rabbit Editions.

Imágenes del Visible Human Project™ de las páginas 22, 23, 136, 137 (superior) suministradas por Vic Spitzer, doctor en Filosofía, Centro de Simulación Humana, Centro de Servicios de Salud de la Universidad de Colorado, Aurora, Colorado.

Se terminó de imprimir en 2007.

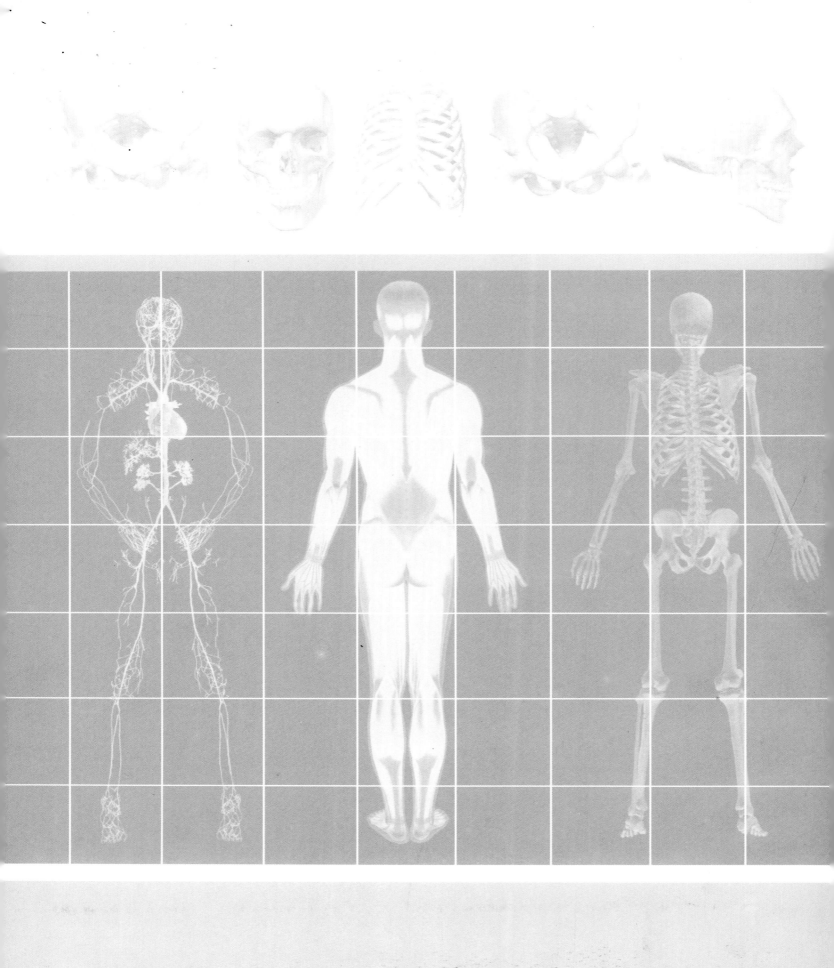